KB194690

지적 대화를 위한
이럴 때 이런 한자

지적 대화를 위한
이럴 때 이런 한자

③

김한수 지음

인간은 사회적 동물이기에 타인과의 소통 없이는 살아갈 수 없고, 그 소통의 핵심이 바로 대화입니다. 대화는 단순히 말을 주고받는 것을 넘어, 서로의 생각과 감정을 나누고 이해하며, 공감하는 과정입니다. 이런 대화에서는 자기의 생각과 감정을 명확하고 간결하게 표현하는 것은 중요합니다. 모호하거나 애매한 표현은 오해를 불러일으킬 수 있으므로, 구체적인 언어를 사용해야 자신의 의견을 명확하게 전달할 수 있습니다. 이럴 때 우리는 조금 더 대화의 품격을 높이고 자신이 알고 있는 지식과 경험으로 상황에 맞는 어휘를 다양하게 표현하고 싶은 욕구가 생기게 마련입니다. 그래서 상대에게 자신의 어휘력과 말의 신뢰도를 높이고 지적인 모습으로 보이고 싶어 합니다. 그러나 자신이 지식으로 배워 알고 있거나 경험에서 나오는 어휘나 문장이라 할지라도 어휘가 가지고 있는 뜻을 어느 때 사용해야 하는지, 어떤 상황에 표현되어야 하는지를 모른다면 그 어휘는 무용지물이 될 것입니다.

대화를 잘하는 사람들의 특징은 자신의 감정을 다양한 어휘로 자유롭고 적절하게 활용하여 표현한다는 것입니다. 그만큼 대화를 잘하는 사람들은 많은 어휘를 습득하고 학습하여 실생활에서 능수능란하고 적절하게 자신의 감성을 표현할 수 있는 것입니다.

우리가 사용하는 많은 어휘는 한자어가 많습니다. 사실 우리가 일상생활에서 사용되는 어휘의 70% 이상이 한자어라고 합니다. 한자어가 우리말에 많은 비중을 차지하고 있었던 것은 우리 문화가 한자를 사용하여 글을 쓰고 소통했기 때문에, 그 과정에서 자연스럽게 한자어가 우리말에 영향을 미쳤고, 오늘날까지도 우리말의 중요한 구성 요소로 자리 잡게 되었습니다. 단순히 외래어라고 생각하기 쉬운 단어들도, 깊이 들여다보면 한자의 흔적을 발견할 수 있습니다. 한자어는 단순히 말을 채우는 단어가 아닌, 한자 하나하나의 고유한 의미와 음과 운이 있어서 다양한 어휘를 만들어 낼 수 있습니다. 각 한자의 어원과 뜻과 의미를 알게 된다면 우리말에 대한 이해와 함께 대화를 이끌어 가는 데도 중요한 역할을 할 것으로 생각합니다.

그래서 『지적 대화를 위한 이럴 때 이런 한자 1, 2, 3』에서는 지적인 대화를 위해 다양한 한자 성어를 주제별로 소개하고 한자 성어의 한자 하나나 어원과 의미를 파악하여 전체적인 뜻을 이해하고 어떤 상황에 어떻게 표현해야 하는지, 활용하는 데 중점을 두고 집필하였습니다. 막연하게 한자 성어를 외우는 것이 아니라 다양한 표현 방법으로 빠르게 이해하고 학습할 수 있도록 하였습니다. 또한 한자에서 파생되는 비슷하거나 관련된 많은 한자 어휘를 소개하고 뜻과 함께 실생활에 활용할 수 있는 예문을 제시해 깊이 있는 대화를 이끌어 갈 수 있도록 하였습니다.

『이럴 때 이런 한자 3』은 이렇게 만들었습니다.

❶ 『이럴 때 이런 한자 3』에서는 욕심, 성공, 실패, 속담, 상황별 한자 성어 이럴
때 이렇게 등 각 장의 주제와 관련된 한자 성어를 모아, 이럴 때 이런 한자 성
어를 상황별로 어떻게 표현하는 가를 소개하였습니다.

❷ 각 장의 주제와 관련된 한자 성어의 겉 뜻풀이 순서와 함께, 속뜻을 명시하고,
한자 성어의 의미와 일상 대화에서 어떻게 사용하는지를 설명하고, 어휘의 적
절한 표현 방법을 다양한 예문을 제시하여 실생활 대화에 적절하게 표현할 수
있도록 하였습니다.

❸ 한자 성어 각각의 한자가 가지고 있는 뜻과 형성과정을 쉽게 이해할 수 있도록
정리하였으며, 각 한자와 관련된 새로운 한자 어휘를 소개하고 뜻과 예문을 제
시하여 어른들의 지적인 어휘력 향상에 도움이 될 수 있도록 하였습니다.

❹ 상황별 주제에 맞는 한자 성어나 전체적인 의미와 비슷한 한자 어휘를 키워드
로 뽑아 더 많은 어휘를 습득하고 이해할 수 있도록 하여, 적절하게 표현할 수
있도록 하였습니다.

❺ 상황별 주제에 맞는 한자 성어를 다양한 예문을 통해 표현할 수 있도록 하였으
며, 마지막에는 한자와 성어를 필사함으로써 깊이 있게 학습할 수 있도록 하였
습니다.

차례

들어가는 말 4

첫째 마당 **욕심**
욕심은 끝이 없고, 끝이 없는 욕심은 고통이다. 13

14 물건을 보면 소유하고 싶은 마음이 생길 때 **견물생심**

17 욕심보다는 주어진 삶에 만족하는 삶을 살고자 할 때 **안분지족**

20 작은 욕심으로 인해 더 큰 손해를 볼 때 **소탐대실**

23 개인의 사사로운 이익과 욕심이 많음을 표현할 때 **사리사욕**

26 인간의 욕심은 채우고 채워도 끝이 없음을 표현할 때 **계학지욕**

둘째 마당 **성공, 실패**
성공은 포기하지 않고 끊임없이 도전하는 결과물이다. 29

30 세 번은 실패할지라도 포기하지 않으면 끝내 이룰 수 있음을 표현할 때 **초부득삼**

33 크게 될 인물은 오랜 공적을 쌓아 늦게 이루어짐을 표현할 때 **대기만성**

36 성공하여 세상에 이름이 알려짐을 표현할 때 **입신양명**

39 뜻한바 이루지 못하고 모든 것을 포기할 때 **자포자기**

42 성공한 기세를 몰아 계속 전진하고자 할 때 **승승장구**

45 세상일은 성할 때가 있으면 쇠할 때도 있음을 표현할 때 **흥망성쇠**

48 수많은 실패에도 마음을 굽히지 않고 다시 도전하는 태도를 표현할 때 **백절불요**

셋째 마당 속담

속담에서 배우는 삶의 지혜　　　　　51

52　등잔 밑이 어둡다 **등하불명**

55　콩 심는 데 콩이 난다 **종두득두**

58　까마귀 날자 배 떨어진다 **오비이락**

61　내 코가 석 자 **오비삼척**

64　쇠뿔을 바로 잡으려다 소를 죽인다 **교각살우**

67　높은 곳에 오르려면, 낮은 곳부터 시작해야 한다. **등고자비**

70　달면 삼키고 쓰면 뱉는다 **감탄고토**

73　달걀에도 뼈가 있다 **계란유골**

76　일을 맺은 사람이 풀어야 한다 **결자해지**

79　제 논에 물 대기 **아전인수**

82　소귀에 경 읽기 **우이독경**

85　말을 타고 달리면서 산을 본다 **주마간산**

88　소 잃고 외양간 고친다 **망우보뢰**

91　바람 앞의 등불 **풍전등화**

94　낫 놓고 기역자도 모른다 **목불식정**

97　같은 값이면 다홍치마 **동가홍상**

100　고양이 목에 방울 달기 **묘두현령**

103　고래 싸움에 새우가 죽는다 **경전하사**

106　달걀로 바위를 친다 **이란투석**

109　목마른 자가 우물 판다 **임갈굴정**

112　흙이 쌓여 산이 된다 **적토성산**

115　어 다르고 아 다르다 **어이아이**

118　거지가 하늘을 불쌍히 여긴다 **걸인연천**

121   티끌 모아 태산 **진합태산**

124   믿는 도끼에 발등 찍힌다 **지부작족**

127   한 치의 쇠붙이로도 사람을 죽인다 **촌철살인**

130   새 발의 피 **조족지혈**

133   그림 속의 떡 **화중지병**

136   글자를 아는 것이 오히려 근심이 된다 **식자우환**

139   닭 쫓던 개 지붕 쳐다보듯 한다 **축계망리**

142   간에 붙었다 쓸개에 붙었다 한다 **부간부담**

145   호랑이는 죽어서 가죽을 남기고, 사람은 죽어서 이름을 남긴다 **호사유피 인사유명**

148   공을 들인 탑이 어찌 무너지랴 **적공지탑기훼호**

151   발 없는 말이 천 리까지 간다 **무족지언비우천리**

154   하룻강아지 범 무서운 줄 모른다 **일일지구부지외호**

157   서당 개 삼 년이면 풍월을 읊는다 **당구삼년폐풍월**

160   오르지 못할 나무 쳐다보지 말라 **난상지목물앙**

163   천 리 길도 한 걸음부터 **천리행시어족하**

166   물속 깊이는 알아도 사람의 마음속은 모른다 **측수심매인심**

169   이가 없으면 잇몸으로 산다 **치망순역지**

172   원수는 외나무 다리에서 만난다 **독목교원가조**

175   세 살 버릇 여든까지 간다 **삼세지습지우팔십**

넷째 마당 **상황별 한자 성어, 이럴 때 이렇게**

삶은 우리가 계획하는 것이 아니라, 우리가 선택하는 것이다   **179**

180 어떤 현상이나 일이 한두 번이 아니라 자주 일어날 때 **비일비재**

183 사고방식이나 성질이 비슷하거나 같을 때 **일맥상통**

186 어떤 일의 처음부터 끝까지의 과정을 표현할 때 **자초지종**

189 한 사건이나 현상이 그치지 않고 확대되거나 번져 나갈 때 **일파만파**

192 모든 접촉을 끊고 혼자만의 공간에 머무르는 상태를 표현할 때 **두문불출**

195 외부의 압력에도 신념이나 태도가 흔들리지 않고 변함없는 상태 **요지부동**

198 무슨 일에 대해 방향이나 갈피를 잡을 수 없음을 표현할 때 **오리무중**

201 요구 따위를 들어 달라고 애처롭고 간절하게 사정하고 빌 때 **애걸복걸**

204 두 당사자가 상황이나 조건이 같음을 표현할 때 **피차일반**

207 살가죽과 뼈가 맞붙을 정도로 쇠약해진 상태를 표현할 때 **피골상접**

210 어떤 장애물도 막지 못하고 압도적인 힘이나 기세를 표현할 때 **파죽지세**

213 처지를 바꾸어 생각할 때 **역지사지**

216 깊이 생각하고 신중하게 판단함을 표현할 때 **심사숙고**

219 어쩔 도리가 없어 아무런 대책이 없음을 표현할 때 **속수무책**

222 세상이 몰라볼 정도로 변화했을 때 **상전벽해**

225 문제의 뿌리를 뽑고 원천을 막아야 근본적인 해결이 됨을 표현할 때 **발본색원**

228 알려진 것과 실제의 상황이나 능력에 차이가 없음을 표현할 때 **명실상부**

231 우쭐하여 뽐내는 기세가 대단함을 표현할 때 **기고만장**

234 궁한 나머지 생각다 못해 짜낸 대책이나 계획을 표현할 때 **궁여지책**

237 문제를 일으킨 사람이 그 문제를 해결해야 한다고 표현할 때 **결자해지**

240 여러 사물이 거의 비슷비슷하여 특색이 없음을 표현할 때 **천편일률**

243 여러 가지 사물이 모두 차이가 있고 구별이 있음을 표현할 때 **천차만별**

246 적당한 재능을 가진 자에게 적합한 지위나 임무를 맡겨야 할 때 **적재적소**

249 자기가 한 일을 스스로 자랑할 때 **자화자찬**

252 작은 일에 감정의 기복이 지나치게 반응함을 표현할 때 **일희일비**

255 어리석은 질문에 현명하게 대답할 때 **우문현답**

258 지나친 것은 오히려 해가 됨을 표현할 때 **과유불급**

261 모든 일은 반드시 바른길로 돌아감을 표현할 때 **사필귀정**

264 점점 더 좋아져 좋아지고 있음을 표현할 때 **점입가경**

267 좋은 일이 생기면 예상치 못한 어려움도 찾아옴을 표현할 때 **호사다마**

첫째 마당

욕심

욕심은 끝이 없고,
끝이 없는 욕심은 고통이다

•

욕심은 마치 바람을 잡으려는 손과도 같습니다.
더 많은 것을 쥐고 싶을수록 손가락 사이로
흩어져 버리고, 결국 빈손만 남게 되는 것입니다.
채우려는 욕망이 아닌 비우는 마음이야말로,
진정한 충만함을 선물합니다.

물건을 보면
소유하고 싶은 마음이 생길 때

見物生心

견물생심

견물생심(見物生心)은 물건을 보면 마음이 생긴다는 뜻으로, 무엇인가 탐나는 물건을 보면 소유하고 싶은 욕심이 생겨나는 심리 상태를 표현할 때 사용되는 말입니다. 인간은 더 나은 삶을 향한 욕구와 부족함을 채우고 싶은 욕구를 기본적으로 가지고 있습니다. 그러나 부족함을 채우는 욕구는 긍정적인 효과를 가져 오지만, 지나친 욕구 충족은 도리어 사람을 불행하게 만들 수 있습니다. 사람은 눈에 보이는 물질적인 것에, 집착하기 쉬우며 그러한 집착이 인간관계나 정신적 성장에 장애가 될 수 있음을 명심해야 합니다. 눈에서 멀어지면 마음에서도 멀어진다는 말이 있듯이 눈앞의 유혹에 휘둘리기보다는 현재 가진 것에 만족하고 감사하는 마음을 가지는 것이 중요합니다. 견물생심은 우리에게 진정한 행복은 물질적인 소유가 아니라 자족하는 삶의 지혜에 있음을 일깨워주는 말입니다.

〖 **한자를 알면 뜻이 보인다** 〗

見物生心 : 물건[物]을 보면[見] 마음[心]이 생긴다[生].
어떤 물건을 실제로 보면 가지고 싶은 욕심이 생김.

見 : 볼 견, 7획 ──────────────────────── 부수: 見

눈 목(目)과 어진사람 인(儿)이 합하여 이루어진 모습으로, '보다'라는 뜻을 가진 글자이다. 사람의 '눈'을 강조해 눈으로 '보다'는 의미가 생성되었다.

> 소견(所見) : 바 소(所)와 볼 견(見)으로, 일이나 물건을 보고 느끼는 생각이나 의견.
> 예문 그는 주위의 눈치를 보지 않고 자신의 소견을 당당하게 밝히는 사람이다.

物 : 물건 물, 8획 ──────────────────────── 부수: 牜

소 우(牛)와 말 물(勿)이 합하여 이루어진 모습이다. 피 묻은 칼(勿)로 소를 잡는 모양인데, 고대에는 소가 다양한 색을 가지고 있어서 중요한 물건의 의미로 '물건'이나 '사물'이라는 뜻을 가진 글자가 되었다.

> 물의(物議) : 만물 물(物)과 의논할 의(議)로, 뭇사람의 서로 다른 비판이나 불평.
> 예문 다른 사람에 대하여 쓸데없는 말을 하여 물의를 자아냈다.

生 : 날 생, 5획 ──────────────────────── 부수: 生

대지에서 싹이 땅 위로 올라오는 모양을 본뜬 모습으로, '나다'나 '낳다', '살다'라는 뜻을 가진 글자이다.

> 생성(生成) : 날 생(生), 이룰 성(成)으로, 사물이 생겨남. 또는 생겨서 이루어지게 함.
> 예문 오 박사는 태양계의 생성 과정을 밝히기 위한 연구를 계속하고 있다.

心 : 마음 심, 4획 ──────────────────────── 부수: 心

'마음'이나 '생각', '심장', '중앙'이라는 뜻을 가진 글자이다. 사람의 심장 모양을 본뜬 글자로 고대에는 사람의 뇌에서 지각하는 개념을 모두 심장에서 나오는 것으로 인식해 '마음'의 의미로 쓰이게 되었다.

> 야심(野心) : 들 야(野)와 마음 심(心)으로, 무엇을 이루고자 마음속에 품고 있는 욕망.
> 예문 그녀의 권력에의 야심은 정말로 대단하다.

농축산물(農畜産物) : 농산물과 축산물을 아울러 이르는 말.
예문 어머니는 농축산물 공판장에서 배추를 잔뜩 사 오셨다.

무용지물(無用之物) : 쓸모가 없는 사람이나 물건.
예문 나는 사회에서 무용지물이 되는 것을 면하고자 열심히 노력하였다.

물질문명(物質文明) : 물질을 바탕으로 한 문명.
예문 과학과 기술은 물질문명의 근간이며 부를 창출하는 힘의 원천이기도 하다.

〖　　견물생심, 이럴 때 이렇게　　〗

1. 백화점에서 눈에 띄는 세일 품목을 보자 견물생심이 들어 계획에도 없던 물건을 사게 되었다.

2. 견물생심이라고 무심코 열어 본 경대 서랍에서 돈을 본 순간 자신도 모르게 손이 갔다고 한다.

3. 친구가 새로 산 명품 가방을 보니 견물생심이 생겨서 나도 같은 가방을 사고 싶어졌다.

4. 시장을 지나가다가 반짝이는 금반지를 보고 견물생심으로 지갑을 열 뻔했다.

5. 최신 휴대폰을 보며 견물생심이 생겨 결국 충동구매를 하고 말았다.

───── 》 ───────────── 《 ─────

욕심보다는
주어진 삶에 만족하는 삶을 살고자 할 때

安分知足

안분지족

───── 》 ───────────── 《 ─────

안분지족(安分知足)은 편안한 마음으로 자기 분수를 알고 만족한다는 뜻
으로, 자신의 처지에 감사하며 욕심을 부리지 않고 현재에 만족하는 삶의
태도를 표현할 때 사용하는 말입니다.

즉, 안분지족은 우리에게 물질만능주의가 만연한 현대 사회에서 견물생
심과 같은 과도한 욕심을 경계하고 잠시 멈춰 서서 자신을 돌아보고 진정
한 행복이 무엇인지 생각해 볼 수 있는 지혜를 가르치는 말이기도 합니다.
인간은 종종 더 많은 것을 원하게 채우게 되지만, 끝없는 욕심은 결국 불행
으로 이어질 수 있습니다. 이러한 욕심을 버리고 현재 상황에 감사하는 마
음을 가지는 것이, 행복의 출발점이라는 점을 일깨워주고 있으며, 우리가
진정한 행복을 찾기 위해 물질적 욕망에 휘둘리지 않고, 내면의 만족을 추
구해야 한다는 지혜를 가르쳐 주고 있는 말입니다.

〖   한자를 알면 뜻이 보인다   〗

安分知足 : 편안하게[安] 분수[分]를 알고[知] 만족[足]함.
욕심을 버리고 자기의 분수를 지키며 만족스럽게 살아감.

安 : 편안할 안, 6획 ──────────────── 부수: 宀

집 면(宀)과 여자 여(女)가 합하여 이루어진 모습으로, 집안에 여자가 있다는 의미에서 '편안하다'나 '편안하게 하다'라는 뜻을 가진 글자가 되었다.

> **안일(安逸)** : 편안할 안(安)과 숨을 일(逸)로, 편안하고 한가함.
> (예문) 그는 풍요로움과 안일에 젖어 젊은 시절을 보냈다.

分 : 나눌 분, 4획 ──────────────── 부수: 刀

여덟 팔(八)과 칼 도(刀)가 합하여 이루어진 모습이며, 칼로 나눈다는 의미에서 '나누다'나 '베풀어 주다'라는 뜻을 가진 글자로 쓰이고 있다.

> **분리(分離)** : 나눌 분(分)과 떠날 리(離)로, 서로 나뉘어 떨어지거나 떨어지게 함.
> (예문) 앞으로 우리 회사는 소유와 경영의 분리에 힘쓸 것입니다.

知 : 알 지, 8획 ──────────────── 부수: 矢

화살 시(矢)와 입 구(口)가 합하여 이루어진 모습으로, '알다'나 '나타내다'라는 뜻을 가진 글자이다. 아는 것을 입으로 말하는 것이 화살처럼 빠르다는 의미에서 '알다'는 의미 생성되었다.

> **미지(未知)** : 아닐 미(未)와 알지(知)로, 어떠한 사실 따위를 아직 알지 못함.
> (예문) 많은 사람들이 미지의 세계에 대한 탐험을 꿈꾼다.

足 : 발 족, 7획 ──────────────── 부수: 足

발지(止)와 입 구(口)가 합하여 이루어진 모습으로, '발'이나 '뿌리', '만족하다'라는 뜻을 가진 글자이다. 足(족)이 부수로 쓰일 때는 대부분이 '발의 동작'이나 '가다'라는 뜻을 의미하게 된다.

> **자족(自足)** : 스스로 자(自)와 발 족(足)으로, 스스로 만족하다.
> (예문) 어려운 가정 형편에도 우리 부모님은 남에게 손 벌리지 않고 자족하며 살아오셨다.

자급자족(自給自足) : 필요한 물건이나 자원 따위를 스스로의 생산으로 충당함.
[예문] 우리집 텃밭에는 채소를 골고루 심었기 때문에 웬만한 채소는 자급자족이 된다.

일거수일투족(一擧手一投足) : 손 한 번 들고 발 한 번 옮긴다는 뜻으로,
크고 작은 동작 하나하나를 이르는 말.
[예문] 그녀는 상대방의 일거수일투족을 주시하며 관찰하는 버릇이 있다.

발족식(發足式) : 어떤 조직이나 모임 따위가 새로 만들어져
활동을 시작하는 것을 기념하는 의식.
[예문] 그는 선대 본부 발족식에 참석하는 등 본격적인 유세에 돌입했다.

〚　　안분지족, 이럴 때 이렇게　　〛

1. 그는 큰 욕심 없이 지금의 직장에 만족하며, 안분지족하는 마음으로 살아가고 있다.

2. 시골에서 소박하게 농사를 지으며 안분지족하는 삶을 사는 것이 그의 오랜 꿈이었다.

3. 어떤 사람들은 성공을 위해 끊임없이 도전하는 반면, 다른 사람들은 안분지족한 삶을 살기를 선호한다.

4. 부자는 아니지만, 가족과 함께 건강하게 지내는 것만으로도, 충분하다고 생각하며 그녀는 안분지족하며 살고 있다.

5. 승진을 놓쳤지만, 그는 오히려 안분지족하며 현재의 자리에서 더 열심히 일하기로 결심했다.

작은 욕심으로 인해
더 큰 손해를 볼 때

小貪大失

소탐대실

소탐대실(小貪大失)은 작은 것을 탐하다가 큰 것을 잃는다는 뜻으로, 작은 이익이나 욕심을 추구하다가 오히려 더 큰 손해를 보게 되는 상황을 표현할 때 사용하는 말입니다. 이 표현은 소탐(小貪)의 작은 이익이나 욕심을 탐낸다는 의미와 대실(大失)의 큰 것을 잃는다는 의미가 합하여 작은 욕심이 큰 재앙이나 손해로 이어질 수 있는 어리석음을 비유적으로 표현한 말입니다. 우리 속담에 '빈대 잡으려다 초가삼간 태운다.'라는 말이 있습니다. 작은 것을, 잡으려다 큰 것을 잃는다는 의미로, 과도한 욕심은 불행을 초래할 수 있다는 점을 명심하고 만족하는 삶을 살아야 한다는 가르침을 주고 있습니다. 이와 같은 의미로 소탐대실은 눈앞의 작은 이익에 현혹되지 않고 신중하게 판단하며 균형을 유지하는 것이 중요하다는 점과 과도한 욕심을 경계하고, 작은 것을 탐을 내다 더 큰 것을 잃는 우를 범하지 않도록 하는 삶의 지혜를 선물하고 있습니다.

〖　　한자를 알면 뜻이 보인다　　〗

小貪大失 : 작음[小]을 탐하다가[貪] 큰[大] 것을 잃음[失]
작은 욕심을 내다가 큰 것을 잃게 됨.

小 : 적을 소, 3획 ──────────── 부수: 小
'작다'나 '어리다'라는 뜻을 가진 글자로, 작다는 의미를 만들기 위해 중심 좌우에 작은 점으로 표시하였다.

소작(小作) : 적을 소(小)와 지을 작(作)으로, 정한 대가를 지불하고, 남의 땅을 빌려서 농사를 지음.
예문 생활의 압박을 견디다 못해 자기 땅을 팔고 그 땅에서 소작 농사를 짓는 농민도 있다.

貪 : 탐낼 탐, 11획 ──────────── 부수: 貝
이제 금(今)과 조개 패(貝)가 합하여 이루어진 모습으로, 지금보다 과도하게 욕심을 낸다는 의미에서 '탐내다'나 '탐하다'라는 뜻을 가진 글자가 되었다.

식탐(食貪) : 밥 식(食)과 탐할 탐(貪)으로, 먹을 것을 몹시 탐냄.
예문 옥희는 식탐이 많아서 좋아하는 음식이 있을 때면 배탈이 날 정도로 먹는다.

大 : 큰 대, 3획 ──────────── 부수: 大
'크다'나 '높다', '많다', '심하다'와 같은 다양한 뜻으로 쓰이는 글자이다. 본래 사람을 정면에서 양팔을 벌린 모양을 본뜬 모습이다.

대권(大權) : 큰 대(大)와 권세 권(權)으로, 국가의 원수가 국가를 통치하는 헌법상의 권한.
예문 우리 지역의 국회 의원은 차기 대권을 거머쥐기 위해 동분서주하고 있다.

失 : 잃을 실, 5획 ──────────── 부수: 大
지아비 부(夫)에 획이 하나 그어져 있는 모습을 하고 있으며 '잃다'나 '달아나다'라는 뜻을 가진 글자이다.

실신(失神) : 잃을 실(失)과 신 신(神)으로, 병이나 큰 충격으로 잠시 의식을 잃음.
예문 지친 광철이는 거의 실신 상태였다.

탐관오리(貪官汚吏) : 재물을 탐하고 행실이 깨끗하지 못한 관리.
〔예문〕 탐관오리로 가득찬 관료 사회를 정화하기 위해서 특단의 조치가 필요했다.

탐다무득(貪多務得) : 많은 것을 욕심내어 얻으려고 애써 노력함
〔예문〕 그는 보기와 다르게 탐다무득의 모습을 보였다.

탐도불법(貪饕不法) : 재물을 탐내어 법을 어김.
〔예문〕 권력을 잡기만 하면 탐도불법하는 모습만 보여주는 정치 현실이 안타깝다.

〖   소탐대실, 이럴 때 이렇게   〗

1. 눈앞의 이익에만 집착하면 소탐대실의 우를 범할 수 있다.

2. 회사 대표는 작은 이익을 위해 경쟁사와의 합작을 거부해, 결국 시장 점유율의 감소로 소탐대실의 결과를 맞이했다.

3. 그녀는 친구의 제안으로 소액의 투자 기회를 찾았지만, 그로 인해 정기적으로 더 큰 투자 기회를 놓치는 소탐대실을 경험하였다.

4. 눈에 띄는 것만 쫓던 그는, 소중한 것을 잃어버리며 소탐대실의 깊은 깨달음을 얻었네.

5. 조급하게 작은 이익을 추구하다가 중요한 사업 기회를 놓친 그는 소탐대실의 교훈을 뼈저리게 느꼈다.

개인의 사사로운 이익과 욕심이 많음을 표현할 때

私利私慾

사리사욕

사리사욕(私利私慾)은 사사로운 이익과 사사로운 욕심이라는 뜻으로, 개인의 이익이나 욕심을 위해 행동하는 상황을 표현할 때 사용하는 말입니다. 이 표현은 공적인 이익보다 개인적인 이익을 우선시하는 태도를 비판할 때 주로 사용하게 됩니다. 사리사욕은 개인의 욕망에 지나치게 집착하면 공적인 책임이나 도리를 소홀히 할 수 있으며, 사회 전체에 부정적인 영향을 미칠 수 있음을 경고하는 말입니다. 따라서 개인의 이익보다는 공정하고 윤리적인 기준에 따라 공동체의 신뢰와 존중을 우선시하며 행동하는 것이 필요합니다. 특히 정치인이나 경제인 등 사회 지도층이나 공공의 이익을 대변하는 위치에 있는 사람들에게는 꼭 필요한 자기 절제와 도덕적 책임을 다하고 공공의 이익을 위해 헌신하는 윤리적인 지침이 되는 말이기도 합니다.

〖 한자를 알면 뜻이 보인다 〗

私利私慾 : 사사로운[私] 이익[利]과 사사로운[私] 욕심[慾].
사사로운 이익과 개인적인 욕심.

私 : 사사 사, 7획 ——————————————— 부수: 禾

벼 화(禾)와 사사 사(厶)가 합하여 이루어진 모습으로, '사사롭다'라는 뜻을 가진 글자이다. 厶(사)는 팔을 안으로 굽힌 모습을 본뜬 것으로 '사사롭다'라는 뜻이 있다. 여기에 禾(화)를 더해 지극히 '개인적인 것'이라는 뜻이다.

> 사적(私的) : 사사 사(私)와 과녁 적(的)으로, 개인에 관계되는 것.
> (예문) 나는 다른 사람들과 사적인 감정을 남기지 않는다.

利 : 이로울 리(이), 3획 ——————————————— 부수: 刂

벼 화(禾)와 칼 도(刀)가 합하여 이루어진 모습으로, '이롭다'나 '유익하다', '날카롭다'라는 뜻을 가진 글자이다. 벼(禾)를 베는 칼(刀)의 의미에서 '날카롭다'는 의미가 생성. 후에 수확의 결과로 '이익', '편하다' 등의 의미까지 파생되었다.

> 저리(低利) : 낮을 저(低)와 이로울 리(利)로, 낮은 비율의 싼 이자.
> (예문) 서민들이 집을 살 때는 은행에서 장기 저리 융자를 하는 경우가 많다.

私 : 사사 사, 7획 ——————————————— 부수: 禾

벼 화(禾)와 사사 사(厶)가 합하여 이루어진 모습으로, '사사롭다'라는 뜻을 가진 글자이다. 厶(사)는 팔을 안으로 굽힌 모습을 본뜬 것으로 '사사롭다'라는 뜻이 있다. 여기에 禾(화)를 더해 지극히 '개인적인 것'이라는 뜻이다.

> 사심(私心) : 사사 사(私)와 마음 심(心)으로, 제 욕심을 채우려는 사사로운 마음.
> (예문) 판사는 사심을 버리고 공정하게 판단해야 한다.

慾 : 욕심 욕, 15획 ——————————————— 부수: 心

하고자 할 욕(欲)과 마음 심(心)이 합하여 이루어진 모습으로, '욕심'이나 '욕정', '탐내다'라는 뜻을 가진 글자이다.

> 야욕(野慾) : 들 야(野)와 욕심 욕(慾)으로, 자기 분수보다 크게 품은 욕심.
> (예문) 무슨 일이 있어도 일본의 대륙 침략의 야욕을 분쇄해야 한다.

당리당략(黨利黨略) : 정당의 이익과 그 이익을 위한 정치적 계략을 아울러 이르는 말.
（예문） 여야의 당리당략은 단호히 배격되어야 한다.

박리다매(薄利多賣) : 이익을 적게 보고 많이 팖.
（예문） 장기적인 경기 침체의 대안으로 박리다매가 확산되고 있다.

국리복리(國利民福) : 나라의 이익과 국민의 행복.
（예문） 정치인은 권력에 아부하지 말고 국리민복을 위한 계획을 세우고 헌신해야 한다.

〚　　사리사욕, 이럴 때 이렇게　　〛

1. 정치인이 제각기 사리사욕이나 당리당략에 얽매여서는 우리 사회가 나아질 수 없다.

2. 그는 회사의 자금을 개인적인 이익을 위해 유용하며, 사리사욕으로 인해 동료들과의 신뢰를 잃었다.

3. 그들은 불법으로 사리사욕을 채우나 언젠가는 반드시 큰 벌을 받을 것이다.

4. 사회 지도층이 사리사욕을 채우는 데에만 급급해서는 안 된다.

5. 공직에 있는 사람들이 자신의 사리사욕을 챙기기 위해 부정부패를 저지르는 것은 사회에 큰 해를 끼친다.

인간의 욕심은 채우고 채워도
끝이 없음을 표현할 때

溪壑之慾

계학지욕

계학지욕(溪壑之慾)은 시냇물이 흐르는 골짜기의 욕심이라는 뜻으로, 끝 없이 흐르는 시냇물이 깊은 산골짜기를 채우려는 마음을 욕심에 비유하여 표현한 말입니다. 즉, 시냇물이 결코 채워질 수 없는 깊은 산골짜기를 메우려는 노력처럼 채워도 끝이 없는 사람의 욕심을 비유할 때 표현되는 말입니다. 계학지욕은 계곡(溪壑)과 욕심(之慾)이라는 두 한자가 결합하여 만들어진 한자 성어로 다소 생소한 말이지만 욕심이란 바로 계곡의 물처럼 한 없이 흐르는 우리 내부의 소용돌이 즉, 탐욕을 의미합니다. 고요한 계곡에서 끊임없이 흐르는 물처럼, 인간의 욕심 또한 끊임없이 샘솟아 나오는 것입니다. 욕심이 반드시 나쁜 것은 아닙니다. 그것은 때로는 우리가 더 나은 삶을 살아가기 위한 동기부여가 될 수 있습니다. 그러나 이 욕심이 과도해지면, 우리의 삶을 더 피폐하게 만들 수 있다는 점을 명심해야 할 것입니다.

〖   한자를 알면 뜻이 보인다   〗

溪壑之慾 : 시냇물[溪]이 흐르는 골짜기의[壑][之] 욕심[慾]
물릴 줄 모르는 한없는 욕심을 비유적으로 이르는 말.

溪 : 시내 계, 13획 ──────────────────────────── 부수: 氵

물 수(水)와 어찌 해(奚)가 합하여 이루어진 모습으로, '시냇물'이나 '산골짜기'라는 뜻을 가진 글자이다.

> **청계(淸溪)** : 맑을 청(淸)과 시내 계(溪)로, 맑고 깨끗한 시내.
> (예문) 청계 광장과 다산교 사이 설치된 화분들의 꽃들이 만발하면서 시민들의 즐거움은 한층 높아졌다.

壑 : 골 학, 17획 ──────────────────────────── 부수: 土

흙 토(土)와 골 학(叡)이 합하여 이루어진 모습으로, 골짜기나 구렁 등의 의미에서 '골짜기', '도랑', '개천'의 뜻을 가지게 되었다.

> **만학천봉(萬壑千峰)** : 첩첩이 겹친 골짜기와 수많은 봉우리.
> (예문) 옥을 깎아 세운 듯한 만학천봉의 삼엄한 설경이 눈앞에 그림인 듯 벌여졌다.

之 : 갈 지, 4획 ──────────────────────────── 부수: 丿

之 '가다'나 '~의', '~에'와 같은 뜻으로 쓰이는 글자이며, 사람의 발을 그린 것이다.

> **고육지책(苦肉之策)** : 자신의 피해를 무릅쓰고서 어쩔 수 없이 택한 방법이나 책략.
> (예문) 그 배우는 오디션을 앞두고 원형 탈모가 심해져서 고육지책으로 가발을 썼다.

慾 : 욕심 욕, 15획 ──────────────────────────── 부수: 心

하고자 할 욕(欲)과 마음 심(心)이 합하여 이루어진 모습으로, '욕심'이나 '욕정', '탐내다'라는 뜻을 가진 글자이다.

> **이욕(利慾)** : 이로울 리(利)와 욕심 욕(慾)으로, 사사로운 이익을 탐하는 마음.
> (예문) 용구는 언제나 제 이욕을 채우기에만 급급하여 주위에 친구가 없었다.

심산계곡(深山溪谷) : 높은 산과 깊은 골짜기.
[예문] 어머니의 병을 낫게 하기 위해 효수는 심산계곡을 찾아다니며 약초를 구했다.

벽계수(碧溪水) : 푸르고 맑은 시냇물.
[예문] 청산리의 벽계수를 보고 있자니 마음까지 깨끗해지는 것 같더라.

옥계청류(玉溪淸流) : 옥같이 맑은 시내에 흐르는 깨끗한 물
[예문] 내린천 계곡에서 흐르는 물은 옥계청류와 같았다.

〚   계학지, 이럴 때 이렇게   〛

1. 그는 계학지욕을 감당하지 못해 그 사업을 포기하고 말았다.

2. 모두에게 사랑받고자 했던 그 가수는 계학지욕의 욕심은 멈추지 않았다.

3. 인생의 모든 것을 탐하는 계학지욕을 버리고, 간단하고 평온한 삶을 살기로
   결심했다.

4. 나는 계학지욕을 갖지 않고 진정한 행복을 찾는 것이 중요하다는 것을 깨달았다.

5. 그의 계학지욕은 그를 성공의 길로 이끌었지만, 결국 그는 그에게 주어진 모든
   것을 잃고 말았다.

성공·실패

**성공은 포기하지 않고
끊임없이 도전하는 결과물이다**

·

성공은 높은 산의 정상이 아니라,
그 정상에 오르기 위해 내딛는 작은 발걸음에 있습니다.
실패는 길을 잃는 것이 아니라,
더 나은 길을 찾을 기회일 뿐입니다.
결국 성공과 실패는 우리의 마음가짐에 있습니다.
멈추지 않는 한, 실패는 그저 과정일 뿐이며,
성공은 그 끝에 기다리고 있습니다.

세 번은 실패할지라도 포기하지 않으면
끝내 이룰 수 있음을 표현할 때

初不得三

초부득삼

초부득삼(初不得三)은 처음에는 얻지 못하더라도 세 번째는 얻는다는 뜻으로, 처음 한두 번 실패하더라도 꾸준히 노력하면 세 번째는 성공할 수 있다는 긍정의 메시지로 표현할 때 사용하는 말입니다. 초부득삼의 표현은 우리에게 인내와 끈기를 가지고 노력하면 성공한다는 메시지를 전하고 있는 말입니다. 처음의 실패는 단순한 실패가 아니라 성장과 학습의 기회로 삼고 실패의 경험을 가지고 문제를 해결할 방법을 찾아낸다면 반드시 성공할 수 있다는 긍정의 암시를 주는 표현이기도 합니다. 우리는 성공을 향한 자기 신뢰를 유지하는 마음이 중요합니다. 자신의 목표에 대한 신뢰를 잃지 않고 계속 도전함으로써, 처음의 실패를 극복하고 세 번째 도전에서 성공할 수 있다는 자기암시를 가지고 꾸준히 도전하고 노력하면 성공적인 결과를 얻을 수 있음을 확신해야 합니다.

〚   한자를 알면 뜻이 보인다   〛

初不得三 : 처음[初]은 얻지 못[不]해도 세 번째는[三] 얻는[得]다
처음 한두 번 실패하더라도 꾸준히 노력하면 성공할 수 있다는 말.

初 : 처음 초, 7획 ───────────────────────── 부수: 刀

옷 의(衤)와 칼 도(刀)가 합하여 이루어진 모습으로 '처음'이나 '시작'이라는 뜻을 가진 글자이다. 옷을 만들 때 옷감을 마름질하는 의미로 옷 만드는 첫 번째 과정이라는 의미에서 '처음'의 의미 생성되었다.

초순(初旬) : 처음 초(初)와 열흘 순(旬)으로, 한 달의 초하루부터 초열흘까지의 사이.
(예문) 한반도 북쪽 지역에서는 빠르면 시월 초순부터 눈이 내린다.

不 : 아닐 부, 4획 ───────────────────────── 부수: 一

땅 아래로 뻗어있는 식물의 뿌리를 표현해 아직 자라지 않았다는데서 '아니다'나 '못하다', '없다'라는 뜻을 가진 글자이다.

부조리(不條理) : 아닐 부(不)와 가지 조(條), 다스릴 리(理)로, 이치나 도리에 맞지 않음.
(예문) 그는 국회 의원의 신분을 이용하여 온갖 부조리를 자행하였다.

得 : 얻을 득, 11획 ──────────────────────── 부수: 彳

조금 걸을 척(彳)과 조개 패(貝), 마디 촌(寸)이 합하여 이루어진 모습이다. 길에서 손으로 조개를 줍는다는 의미로, '얻다'나 '손에 넣다'라는 뜻을 가진 글자이다.

획득(獲得) : 얻을 획(獲)과 얻을 득(得)으로, 얻어내어 자기의 것으로 만듦.
(예문) 그는 이번 올림픽에서의 최종 목표가 메달 획득이라고 밝혔다.

三 : 석 삼, 3획 ───────────────────────── 부수: 一

나무막대기 세 개를 늘어놓은 모습을 그린 것으로, '셋'이나 '세 번', '거듭'이라는 뜻을 가진 글자이다.

삼삼오오(三三五五) : 서너 사람이나 대여섯 사람씩 떼를 지어 다니거나 무슨 일을 함.
(예문) 사람들이 여기저기 삼삼오오 모여서 숙덕거리고 있었다.

삼수갑산(三水甲山) : 함경남도에 있는 삼수와 갑산지방으로 오지에 있는 산골.
예문 삼수갑산에 가서 산전을 일궈 먹더라도 이 사업은 꼭 성공시키겠다.

삼간초가(三間草家) : 세 칸밖에 안 되는 초가라는 뜻으로, 아주 작은 집.
예문 내가 어려서 외딴 삼간초가에 살 때는 승냥이 울음소리 때문에 곧잘 잠을 설쳤다.

작심삼일(作心三日) : 결심이 사흘을 지나지 못함.
예문 나는 새해마다 하는 결심이 늘 작심삼일로 끝나고 만다.

〖　　초부득삼, 이럴 때 이렇게　　〗

1. 프로젝트 초기에는 여러 번의 좌절을 맛보았으나, 팀은 포기하지 않고 초부득삼의
   정신으로 노력하여 결국 성공적인 결과를 얻었다.

2. 그는 남들이 실패할 것이라고 말했지만 초부득삼, 다시 도전하여 대기업에
   입사하게 되었다.

3. 성호는 교사 임용에 실패했지만, 초부득삼이라고 꾸준한 노력 끝에 임용에
   합격하였다.

4. 여러 번의 도전 끝에 국회의원에 당선된 그는 초부득삼의 결과를 보여주어 많은
   사람에게 본보기가 되었다.

5. 그는 투자에서 두 번의 손해를 보았지만, 초부득삼의 마음으로 세 번째 투자에
   신중을 기해 결국 큰 수익을 얻을 수 있었다.

크게 될 인물은 오랜 공적을 쌓아
늦게 이루어짐을 표현할 때

大器晚成

대기만성

대기만성(大器晚成)은 큰 그릇은 늦게 이루어진다는 뜻으로, 크고 중요한 인물이나 큰 성과는 시간이 걸리지만 결국에는 이루어진다는 의미로 표현할 때 사용하는 말입니다. 즉, 재능이나 능력이 뛰어난 사람은 시간이 지나면서 점차 성장하고 공적을 쌓아 결국에는 큰일을 해낸다는 의미로 표현합니다. 대기만성은 큰 성과나 성공을 이루기 위해서는 시간이 필요하며, 그 과정에서 인내심을 가지고 꾸준히 노력하는 자세가 중요합니다. 빠르게 변화하는 현대 사회에서는 빠르게 성공을 강요하는 분위기이지만, 성장과 성숙의 과정이 시간과 경험을 통해 이루어짐을 깨닫고 서두르지 않고 차근차근 노력하여 자기의 능력을 갈고닦아야 비로소 큰일을 해낼 수 있음을 가르쳐 주고 있습니다.

〖 **한자를 알면 뜻이 보인다** 〗

大器晚成 : 큰[大] 그릇은[器] 늦게[晚] 이루어진다[成].
크게 될 인물은 오랜 공적을 쌓아 늦게 이루어짐

大 : 큰 대, 3획 ─────────────────────── 부수: 大

본래 사람을 정면에서 본 모양을 본뜬 모습으로, '크다'나 '높다', '많다', '심하다'와 같은
다양한 뜻으로 쓰이는 글자이다.

> **대강(大綱)** : 큰 대(大)와 벼리 강(綱)으로, 자세하지 않고 기본적인 정도로.
> (예문) 시간이 너무 늦어서 나는 대강 일을 마무리하고 집에 갔다.

器 : 그릇 기, 16획 ─────────────────────── 부수: 口

개 견(犬)과 네 개의 입 구(口)가 합하여 이루어진 모습으로, '그릇'이나 '접시', '도구'라
는 뜻을 가진 글자이다. 개가 주변 그릇을 지키는 모습이나 개고기를 담은 그릇을 의미
한다.

> **용기(容器)** : 얼굴 용(容)과 그릇 기(器)로, 물건을 담는 그릇.
> (예문) 플라스틱병이나 유리병, 알루미늄 캔 등의 용기류는 분리수거를 해 주십시오.

晩 : 늦을 만, 12획 ─────────────────────── 부수: 日

해 일(日)과 면할 면(免)이 합하여 이루어진 모습으로, '늦다'나 '쇠하다', '(해가)저물다'
라는 뜻을 가진 글자이다. 해가 저물어 가는 시기의 의미에서 '늦다'는 의미가 생성되었
다.

> **만경(晩景)** : 늦을 만(晩)과 그림자 영(景)으로, 해질 무렵의 경치.
> (예문) 가을의 만경이 아름답다.

成 : 이룰 성, 6획 ─────────────────────── 부수: 戈

창 모(戊)와 못 정(丁)이 합하여 이루어진 모습으로, 충실하고 성하게 이루어져 간다는
의미에서 '이루다'나 '갖추어지다', '완성되다'라는 뜻을 가진 글자가 되었다.

> **성화(成火)** : 이룰 성(成)과 불 화(火)로, 매우 귀찮게 졸라 댐.
> (예문) 그녀는 요즘 어른들 성화에 선보러 다니느라 바쁘다.

대란(大亂) : 크게 일어난 사건. 또는 큰 혼란.

예문 지하철 전원 장치 고장으로 인해 출근길 대란이 일어났다.

양대(兩大) : 두 개의 큰.

예문 그는 우리나라 양대 정당 중 한 당을 이끌고 있다.

대승적(大乘的) : 사사로운 이익이나 일에 얽매이지 않고
전체적인 관점에서 판단하고 행동하는 것.

예문 이번 회담은 민족 화합과 민족 통일이라는 대승적인 관점에서 접근해야 한다.

〚　　　대기만성, 이럴 때 이렇게　　　〛

1. 그는 젊은 시절에는 큰 성과를 내지 못했지만, 끊임없이 노력한 결과 중년에
   이르러 대기만성의 예를 보여주며 성공적인 학자로 성공했다.

2. 그 배우는 오랜 무명 시절을 보내고 나이 마흔에 연기력을 인정받은 대기만성의
   전형이다.

3. 용호가 설립한 회사는 대기만성의 사례로, 창업 초기 어려움을 이겨내고 성장한
   회사로 인정 받았다.

4. 그는 어려운 환경에서도 불철주야로 공부한 결과, 대학 교수가 되어 대기만성의
   모습을 보여주었다.

5. 대기만성의 교훈을 실천한 그녀는, 오랜 시간의 노력 끝에 결국 자신이 꿈꾸던
   목표를 달성하게 되었다.

성공하여
세상에 이름이 알려짐을 표현할 때

立身揚名

입신양명

입신양명(立身揚名)은 몸을 세우고 이름을 널리 알린다는 뜻으로, 사회적으로 성공하여 높은 지위에 올라 자신의 이름을 널리 알리는 사람을 표현할 때 사용하는 말입니다. 이 표현은 개인의 성취가 단순히 자기만족에 그치는 것이 아니라, 부모와 가문, 더 나아가 사회에 긍정적인 영향을 미치고 자부심을 줄 수 있어야 한다는 점을 강조하고 있는 말입니다. 즉, 올바른 도덕적 책임을 다하고 사회에 긍정적인 본보기가 되는 인물이 되어야 한다는 점입니다. 현대 사회에서도 입신양명은 여전히 많은 사람들의 목표일 것입니다. 하지만 과거와 달리 다양한 성공의 기준이 제시되고 있으며, 단순히 높은 지위에 오르는 것뿐만 아니라 사회에 기여하고 긍정적인 영향을 미치는 것이 중요한 가치로 여겨지고 있습니다. 그만큼 입신양명은 명예와 도덕적으로 올바른 삶을 살아야 하는 책임감도 부여된다는 것을 명심해야 할 것입니다.

〚　　한자를 알면 뜻이 보인다　　〛
立身揚名 : 몸을[身] 세우고[立] 이름을[名] 널리 알린다[揚]
출세하여 이름을 세상에 널리 알림.

立 : 설 립, 5획 ─────────────────────────────── 부수: 立

사람이 땅위에 서 있는 모양을 본뜬 모습으로, '서다'나 '똑바로 서다', '임하다'라는 뜻을 가진 글자이다.

> **수립(樹立)** : 심을 수(樹)와 설 립(立)으로, 국가나 정부, 제도 · 계획 따위를 이룩하여 세움.
> (예문) 이제 새로운 전통문화의 수립이 필요하다.

身 : 몸 신, 7획 ─────────────────────────────── 부수: 身

'몸'이나 '신체'를 뜻하는 글자로, 갑골문자를 보면 배가 볼록한 임신한 여자가 그려져 있으며 본래 의미는 '임신하다', '(아이를)배다'라는 뜻이다.

> **망신(亡身)** : 잃을 망(亡)과 몸 신(身)으로, 말이나 행동을 잘못하여 자기의 명예나 체면 따위가 손상을 입음.
> (예문) 그 일로 인해 나는 망신을 톡톡히 당했다.

揚 : 날릴 양, 12획 ─────────────────────────────── 부수: 扌

손 수(手)와 볕 양(昜)이 합하여 이루어진 모습으로, 위로 쳐들어 올린다는 의미에서 '오르다'나 '칭찬하다'라는 뜻을 가진 글자가 되었다.

> **지양(止揚)** : 그칠지(止)와 오를 양(揚)으로, 더 높은 단계로 오르기 위하여 어떠한 것을 하지 아니함.
> (예문) 갈등의 지양과 극복을 통해 보다 나은 사회를 건설하자.

名 : 이름 명, 6획 ─────────────────────────────── 부수: 口

저녁 석(夕)과 입 구(口)가 합하여 이루어진 모습이다. 어두운 저녁 저 멀리 오는 누군가를 식별하기 위해 이름을 불러본다는 의미에서 '이름'이나 '평판'이라는 뜻을 가진 글자이다.

> **명목(名目)** : 이름 명(名)과 눈 목(目)으로, 면에 내세우는 형식상의 구실이나 근거.
> (예문) 일제 강점기에는 지원병이라는 명목 아래에서 강제 징용이 이루어졌다.

고양감(高揚感) : 정신이나 기분 따위가 높이 올라가는 느낌.

예문 공동의 목표를 위해서 함께 힘을 모으고 있다는 것이 묘한 고양감을 느끼게 하였다.

의기양양(意氣揚揚) : 기세가 등등하고 뽐내는 모양이 가득하다.

예문 준호는 선생님께 칭찬을 듣고 으쓱해져서 친구들 앞에서 의기양양하게 서 있었다.

격양(激揚) : 격할 격(激)과 오를 양(揚)으로, 감정이나 기운 따위가 격렬하게 일어나 들날림.

예문 그는 다소 격양되어 언성이 점차 높아져 갔다.

〖　　　입신양명, 이럴 때 이렇게　　　〗

1. 그는 입신양명을 목표로 삼아, 학문에 매진하며 결국 사회적으로 존경받는 인물이
   되었다.

2. 그는 입신양명의 뜻을 이루기 위해, 끊임없이 노력하며 자신의 이름을 널리
   알리고 가문의 명예를 높였다.

3. 입신양명을 위해 그는 도덕적 책임을 다하여, 사회의 본보기가 되는 삶을 살고
   있다.

4. 그는 자신이 하루빨리 입신양명하여 부모님의 이름을 빛내는 것이 효도라고
   생각하였다.

5. 미영이는 입신양명의 뜻을 품고 학업에 정진한 끝에 결국 사회에서 존경받는
   인물이 되었다.

뜻한바 이루지 못하고
모든 것을 포기할 때

自暴自棄

자포자기

자포자기(自暴自棄)는 자신을 헤치고 스스로 버린다는 뜻으로, 절망에 빠져 모든 것을 포기하고 스스로 돌보지 않으며 방치하는 상태를 표현할 때 사용하는 말입니다. 자포자기라는 말은 맹자의 가르침에서 유래되었습니다. 맹자는 자포자기를 단순히 포기하는 것이 아니라, 도덕적인 삶을 살려고 노력하지 않고 예의를 비난하며 스스로 해치는 행위라고 정의했습니다. 즉, 자포자기는 단순히 좌절하는 것이 아니라, 도덕적인 가치를 외면하고 스스로 망치는 행위를 의미합니다. 현대 사회에서 자포자기는 개인의 능력 부족, 사회 시스템의 문제 등 다양한 요인에 의해 발생할 수 있습니다. 하지만 자포자기는 단순히 부정적인 측면만 있는 것은 아닙니다. 자신을 돌아보고 개선해야 할 점을 찾는 계기가 될 수 있으며, 긍정적인 마음가짐과 끊임없는 자기 계발을 통해 극복할 수 있음을 명심해야 할 것입니다.

〖   한자를 알면 뜻이 보인다   〗

自暴自棄 : 자신을[自] 헤치고[暴] 스스로[自] 버림[棄]
절망 상태에 빠져 스스로 자신을 돌보지 않음.

自 : 스스로 자, 6획 ──────────────────────────────────── 부수: 自

사람의 코 모양을 본뜬 것으로, 자신을 가리키는 의미에서 '스스로'나 '몸소', '자기'라는 뜻을 가진 글자이다. 지금은 鼻(코 비)가 '코'라는 뜻을 대신 쓰이고 있다.

> **자사(自社)** : 스스로 자(自)와 모일 사(社)로, 자기가 소속하여 있는 회사.
> 예문 업체들은 유명 선수가 자사의 제품을 착용하는 대가로 후원금을 지급하기도 한다.

暴 : 사나울 포(폭), 15획 ─────────────────────────────── 부수: 日

해 일(日)과 함께 공(共), 물 수(水)가 합하여 이루어진 모습으로, '사납다'나 '난폭하다', '모질다'라는 뜻을 가진 글자이다. 햇빛에 곡물을 두 손으로 쬐어서 말리는 모양에서 '드러내다'는 의미에서 후에 '사납다'까지 확대되었다.

> **폭언(暴言)** : 사나울 폭(暴)과 말씀 언(言)으로, 난폭하게 말함. 또는 그런 말.
> 예문 감정이 앞선 사람들은 아주 자그마한 자동차 사고가 나도 폭언을 일삼곤 한다

自 : 스스로 자, 6획 ──────────────────────────────────── 부수: 自

사람의 코 모양을 본뜬 것으로, 자신을 가리키는 의미에서 '스스로'나 '몸소', '자기'라는 뜻을 가진 글자이다. 지금은 鼻(코 비)가 '코'라는 뜻을 대신 쓰이고 있다.

> **자원(自願)** : 스스로 자(自)와 원할 원(願)으로, 스스로 원하여 어떤 일을 하거나 조직체에 들어가고자 나섬.
> 예문 영철은 대학 진학에 실패한 후 군에 자원으로 입대하였다.

棄 : 버릴 기, 12획 ──────────────────────────────────── 부수: 木

나무 목(木)과 버릴 기(弃)가 합하여 이루어진 모습으로, 두 손으로 멀리 밀어 내친다는 의미에서 '버리다'나 '그만두다', '돌보지 않다'라는 뜻을 가진 글자가 되었다.

> **파기(破棄)** : 깨뜨릴 파(破)와 버릴 기(棄)로, 계약이나 약속 따위를 일방적으로 깨뜨려 무효로 만듦.
> 예문 거래처가 불공정하게 거래했다는 사실이 밝혀지자 사장은 계약 파기를 결심했다.

직무유기(職務遺棄) : 맡은 일이나 책임을 다하지 않고 방치함.

[예문] 검찰은 일부 공무원들을 대상으로 독직 및 직무유기 부분을 수사 중이다.

방기(放棄) : 놓을 방(放)과 버릴 기(棄)로, 어떤 책임과 의무 따위를 내버리고 돌보지 않음.

[예문] 그들은 하나같이 자신들의 고유한 직능을 태연하게 방기하고 있다.

권리포기(權利抛棄) : 주체적으로 자유롭게 처리하거나 타인에 대하여 당연히
주장하고 요구할 수 있는 자격이나 힘을 쓰지 않거나 버림.

[예문] 투표에 불참하는 것은 민주 시민의 권리를 포기하는 일이다.

〖　　　　자포자기, 이럴 때 이렇게　　　〗

1. 그는 실패가 반복되자 모든 것을 포기하고 자포자기에 빠져버렸다.

2. 회사에서 해고 통보를 받은 후 그녀는 자포자기 상태에 빠져 아무것도 할 의욕이
   없었다.

3. 의사는 좌절과 자포자기가 쉽게 범죄로 연결되는 경향이 있다고 충고했다.

4. 아무리 힘들어도 자포자기하지 말고, 희망을 잃지 않는 것이 중요하다.

5. 최근 들어 자포자기형 분노 범죄 '묻지 마 범죄'가 과거보다 흉포화, 잔인화로
   치닫고 있다.

성공한 기세를 몰아
계속 전진하고자 할 때

乘勝長驅

승승장구

승승장구(乘勝長驅)는 승리의 기세를 몰아 계속 나아감을 뜻하는 말로, 어떤 사람이 처음에 성공을 거둔 뒤, 그 성공을 기반으로 더 큰 성공을 이루어가는 모습을 표현할 때 사용하는 말입니다. 즉, 사업이나 경력에서 첫 성공을 발판 삼아 점점 더 큰 성과를 이루며 나가는 상황을 설명할 때 사용합니다. 승승장구는 첫 성공에 만족하고 안주하는 것이 아니라, 그 성공을 디딤돌 삼아 끊임없이 새로운 목표를 향해 나아가는 것이 중요하다는 가르침을 주고 있는 말입니다. 또한 이 표현은 단순한 행운이 아니라, 끊임없는 노력과 준비, 그리고 긍정적인 마음가짐이 만들어내는 결과입니다. 그래서 승승장구는 누구에게나 열려있는 기회임을 명심하고 끊임없는 노력과 긍정적인 마음가짐으로 자신만의 목표를 향해 나아간다면 누구든지 승승장구의 길이 열릴 것입니다.

〚   한자를 알면 뜻이 보인다   〛

乘勝長驅 : 이긴[勝] 기세를 타고[乘] 계속[長] 몰아침[驅].
승리나 성공의 여세를 몰아 계속 나아감.

乘 : 탈 승, 10획 ── 부수: ㇒

벼 화(禾)와 북녘 북(北)이 합하여 이루어진 모습으로, '타다'나 '오르다'라는 뜻을 가진 글자이다. 갑골문에 나온 乘(승)을 보면 사람이 나무에 올라가 있는 모습이었다.

> **합승(合乘)** : 합할 합(合)과 탈 승(乘)으로, 다른 승객이 타고 있는 택시를 함께 탐.
> (예문) 지하철 막차 시간에는 택시를 잡으려는 승객이 많아 합승이 이루어지기도 한다.

勝 : 이길 승, 12획 ── 부수: 力

나 짐(朕)과 힘 력(力)이 합하여 이루어진 모습으로, 싸움에서 이기거나 나라를 훌륭하게 만든다는 의미에서 '이기다'나 '뛰어나다', '훌륭하다'라는 뜻을 가진 글자가 되었다.

> **폭언(暴言)** : 사나울 폭(暴)과 말씀 언(言)으로, 난폭하게 말함. 또는 그런 말.
> (예문) 감정이 앞선 사람들은 아주 자그마한 자동차 사고가 나도 폭언을 일삼곤 한다

長 : 길 장, 8획 ── 부수: 長

뚫을 곤(丨)과 석 삼(三)과 옷의변 의(衣)가 합하여 이루어진 모습으로, 노인이 지팡이를 짚고 머리를 길게 아래로 늘어뜨리고 있는 모습을 본뜬 글자에서 '길다', '어른', '오래다'는 뜻을 가진 글자이다.

> **위원장(委員長)** : 맡길 위(委)와 인원 원(員)과 어른 장(長)으로, 특정한 목적을 위해 위원으로써 구성된 단체의 우두머리.
> (예문) 월드컵 유치를 위해 축구 협회 회장과 월드컵 유치 위원장이 유럽으로 떠났다.

驅 : 몰 구, 21획 ── 부수: 馬

말 마(馬)와 지경 구(區)가 합하여 이루어진 모습으로, 말이 마차를 끄는 모습에 '(말을)몰다'나 '빨리 달리다', '내쫓다'라는 뜻을 가진 글자가 되었다.

> **구동(驅動)** : 몰 구(驅)와 움직일 동(動)으로, 동력을 가하여 기구를 움직임.
> (예문) 신형 자동차에는 미끄럼 방지용 구동 제어 장치가 장착되어 있다.

선구자적(先驅者的) : 어떤 분야에서 다른 사람보다 앞서 실행한 사람다운.

[예문] 어떤 분야에서든 선구자적 역할을 하기는 쉽지 않다.

구제약(驅除藥) : 몸속의 기생충을 없애는 데 쓰는 약.

예문 :예전에는 때마다 구제약을 먹는 일이 많았다.

구동력(驅動力) : 동력 기구를 움직이는 힘.

[예문] 이 차는 구동력이 좋을 뿐만 아니라 승차감도 뛰어납니다.

〖　　　승승장구, 이럴 때 이렇게　　　〗

1. 최근 은행 업종 주가가 승승장구하고 있습니다.

2. 우리 팀 승승장구의 원동력은 개인의 실력도 있겠지만 그 무엇보다도 팀워크에 있다.

3. 한국 가전업체들이 현지화된 이색 제품을 앞세워 해외 시장에서 승승장구하고 있다.

4. 그녀는 승승장구하던 연기 경력 도중에도 겸손한 태도를 잃지 않았다.

5. 그의 예술에 대한 열정은 승승장구하여 세계적인 명성을 얻게 되었다.

세상일은 성할 때가 있으면
쇠할 때도 있음을 표현할 때

興亡盛衰

흥망성쇠

흥망성쇠(興亡盛衰)는 흥하고 망하고 번성하고 쇠퇴함이라는 뜻으로, 세상의 모든 일이나 존재는 번성할 때도 있고 쇠퇴할 때도 있음을 표현할 때 사용하는 말입니다. 즉, 이 말은 모든 일이 항상 번성하거나 쇠퇴하는 것이 아니라, 번영과 쇠락이 반복되는 세상 만물의 변화와 무상함을 나타내는 표현이라 할 수 있습니다. 흥망성쇠는 세상의 모든 것, 즉, 개인의 삶, 국가의 운명, 기업의 성과 등이 일정한 주기와 패턴에 따라 번창과 쇠퇴를 반복한다는 것을 의미합니다. 번영의 결정에 있을 때조차 변화를 염두에 두어야 하며, 쇠퇴의 시기에도 희망을 잃지 말고 새롭게 일어설 기회를 찾아야 한다는 의미입니다. 우리는 성공이나 번영에 너무 집착하거나 교만해지지 말고, 그것이 영원하지 않음을 받아들여야 합니다. 변화를 수용하고 매 순간의 소중함을 느끼며, 겸손하게 살아야 함을 명심해야 합니다.

〚   한자를 알면 뜻이 보인다   〛

興亡盛衰 : 흥[興]하고 망[亡]하고 번성[盛]하고 쇠퇴[衰]함
흥하고 망함과 번성하고 쇠퇴함의 기복이 있음.

興 : 일 흥, 16획 ──────────────── 부수: 臼

마주들 여(舁)와 한가지 동(同)이 합하여 이루어진 모습으로, 힘을 합하여 함께 일으킨다는 의미에서 '일으키다'나 '창성하다'라는 뜻을 가지게 되었다.

> **감흥(感興)** : 느낄 감(感)과 일 흥(興)으로, 마음에 깊이 느끼어 일어나는 흥취.
> (예문) 이번 축제는 기획과 준비가 부족한 탓에 사람들의 감흥을 불러일으키지 못했다.

亡 : 망할 망, 3획 ──────────────── 부수: 亠

사람이 잘못을 저지르고 숨어있는 상황에서 '망하다'나 '도망가다', '잃다'라는 뜻을 가진 글자이다. 亠(돼지해머리 두)자가 부수로 지정되어 있지만, 돼지머리와는 관계가 없다.

> **망조(亡兆)** : 잃을 망(亡)과 조짐 조(兆)로, 실패하거나 망할 조짐.
> (예문) 아들이 노름에 빠져 그 많던 재산을 탕진한 걸 보면 이제 그 집도 망조가 들었다.

盛 : 성할 성, 11획 ──────────────── 부수: 皿

그릇 명(皿)과 이룰 성(成)이 합하여 이루어진 모습이다. 고대에는 전쟁에 나가기 전 신에게 제사를 지내 승리를 기원했었다. 盛(성)은 제기의식이 성대하게 치러지고 있다는 의미에서 '성하다'나 '성대하다'라는 뜻을 갖게 되었다.

> **성업(盛業)** : 성할 성(盛)과 업 업(業)으로, 영업이나 사업이 아주 잘됨.
> (예문) 우리 직장 맞은편에 깔끔한 식당 하나가 성업 중이다.

衰 : 쇠할 쇠, 21획 ──────────────── 부수: 衣

우비나 상복의 의미인데, 후에 짜임이 엉성하다는 의미에서 '약하고 기운 없다'는 뜻의 '쇠하다'나 '약하다', '도롱이'라는 뜻을 가진 글자가 되었다.

> **쇠락(衰落)** : 쇠할 쇠(衰)와 떨어질 락(落)으로, 기운이나 힘 등이 줄어들어 약해짐.
> (예문) 혁신하지 않는 기업은 쇠락의 길을 걷기 마련이다.

〚　　키워드로 보는 사자성어 #쇠하다, 약하다, 쇠할 쇠(衰)　　〛

영고성쇠(榮枯盛衰) : 세월이 흐름에 따라 변전하는 번영과 쇠락.
예문 이 나라의 영고성쇠는 청년들에게 달렸다.

일성일쇠(一盛一衰) : 한 번 성하면 한 번 쇠함.
예문 일성일쇠를 거듭하던 고려는 드디어 1392년 이성계에 의해 멸망하였다.

성쇠지리(盛衰之理) : 성하고 쇠퇴함이 끊임없이 바뀌는 이치.
예문 성쇠지리라고 세상사 영원한 것은 없음이라.

〚　　흥망성쇠, 이럴 때 이렇게　　〛

1. 정치가 잘되고 못된 데 따라서 그 나라의 흥망성쇠가 달려 있다.

2. 한 나라의 흥망성쇠를 관통하는 역사의 교훈은 세대를 넘어 인간의 욕심과 권력에 대한 경계를 일깨워준다.

3. 그의 인생은 흥망성쇠의 역사였지만, 그는 끝내 승리하며 이름을 떨쳤다.

4. 삼성과 애플의 경쟁은 전자 제품 산업의 흥망성쇠를 대표적으로 보여주는 사례 중 하나이다.

5. 수많은 나라들은 흥망성쇠를 거듭하는 대혼란의 소용돌이에 휩쓸렸다.

수많은 실패에도 마음을 굽히지 않고
다시 도전하는 태도를 표현할 때

百折不搖

백절불요

백절불요(百折不撓)는 백 번 꺾여도 흔들리지 않는다는 뜻으로 어떤 어려움이나 실패가 있어도 절대 흔들리거나 굴복하지 않는 의지를 표현할 때 사용하는 말입니다. 즉, 이 표현은 인생의 시련이나 장애물에 직면했을 때, 절대로 포기하지 않고 끊임없이 노력하는 성공에 대한 희망을 잃지 않는 태도를 의미합니다. 백절불요는 중국 후한 시대의 관리였던 교현이 당시 정치적 혼란기에도 불구하고 자신의 소신을 굽히지 않고 올곧은 정치를 펼치려 노력했으며, 결국 역경을 이겨내고 자신의 이상을 실현한 것에서 유래한 말입니다. 이처럼 성공은 하루아침에 이루어지는 것이 아니라 어떤 어려움이 있더라도 포기하지 않고 지속적인 도전과 끊임없는 노력의 결과라는 점을 명심하고, 백 번 넘어져도 다시 일어서는 것이, 진정한 승리임을 깨닫기를 바라는 마음입니다.

〖 **한자를 알면 뜻이 보인다** 〗

百折不搖 : 백 번[百] 꺾여도[折] 흔들리지[搖] 않는다[不].
어떠한 어려움에도 흔들리거나 굽히지 않는다.

百 : 일백 백, 6획 ——————————————————————— 부수: 白
흰 백(白)과 한 일(一)이 합하여 이루어진 모습으로, '일백'이나 '백 번', '온갖'과 같은 수
를 나타내는 글자이다.

백방(百方) : 일백 백(百)과 모 방(方)으로, 온갖 방법이나 방면.
예문 그녀는 죽어 가는 동생을 살리려고 백방으로 약을 써 보았으나 허사였다.

折 : 꺾을 절, 7획 ——————————————————————— 부수: 扌
손 수(手)와 도끼 근(斤)이 합하여 이루어진 모습으로, 도끼로 나무를 동강 낸 모습을 의
미하여 '꺾다'나 '깎다'라는 뜻을 가진 글자가 되었다.

요절(夭折) : 일찍 죽을 요(夭)와 꺾을 절(折)로, 젊은 나이에 일찍 죽음.
예문 그는 차남이지만 요절한 형을 대신하여 맏아들 역할을 하고 있다.

不 : 아니 불, 4획 ——————————————————————— 부수: 一
땅속으로 뿌리를 내린 씨앗을 본뜬 모습으로, '아니다'나 '못하다', '없다'라는 뜻을 가진
글자이다.

부지기수(不知其數) : 그 수를 알 수 없다는 뜻으로, 헤아릴 수 없을 만큼 매우 많음을
나타내는 말.
예문 지구상에는 신기한 먹을거리 문화를 가진 나라들이 부지기수다.

搖 : 구부러질 요, 13획 ——————————————————————— 부수: 扌
손 수(手)와 질그릇 요(䍃)가 합하여 이루어진 모습으로, 고기를 꺼내는 과정에서 항아리
가 흔들린다는 의미에서 '흔들리다'나 '움직이다'라는 뜻을 가진 글자가 되었다.

불요(不搖) : 아닐 불(不)과 흔들 요(搖)로, 마음이 흔들리지 않음.
예문 그의 불요한 의지는 어떠한 역경 속에서도 그를 좌절시키지 못했다.

구절양장(九折羊腸) : 양의 창자처럼 이리저리 꼬부라지고 험한 산길.

예문 깊은 산속 계곡을 따라 난 그 길은 그야말로 구절양장이었다.

필유곡절(必有曲折) : 반드시 무슨 까닭이 있음.

예문 설에도 고향에 안 오셨다면 필유곡절이 있었을 겁니다

백절불굴(百折不屈) : 수없이 많이 꺾여도 굴하지 않고 이겨 나감.

예문 우리 대원들은 백절불굴의 의지로 이번 임무를 완수해 낼 것이다.

〖　　　백절불, 이럴 때 이렇게　　　〗

1. 그의 백절불요의 정신은 모든 사람의 본보기가 되었다.

2. 당신의 백절불요 정신이 이 회사를 이끌 수 있는 유일한 열쇠가 될 것이다.

3. 회사 대표는 직원들에게 백절불요의 정신을 갖춰야 한다고 강조했다.

4. 아시안 게임에서 금메달을 딴 선수들의 백절불요한 노력은 선수들이 얼마나
   헌신적으로 훈련했는지를 보여준다.

5. 백절불요의 정신으로 공부에 매진하던 그는 결국 스스로 꿈을 이루었다.

셋째 마당

속담

속담에서 배우는 삶의 지혜

●

속담은 세월의 무게를 담은 지혜의 안내자입니다.
짧은 말 속에 담긴 가르침은 우리 삶의 방향을 바로잡아 주고,
수많은 지혜 위에 남겨진 흔적은 삶의 길을 안내하기 때문입니다.
'급할수록 돌아가라'는 말처럼, 삶은 때로는 천천히,
더 깊이 생각하며 나아갈 때
비로소 그 참된 의미를 깨닫게 됩니다.

등잔 밑이 어둡다

燈下不明

등하불명

등하불명(燈下不明)은 등잔 밑도 밝지 않는 뜻으로, 가까운 곳이나 가까운 상황에서조차 제대로 보지 못하거나 이해하지 못하는 상황을 표현할 때 사용되는 속담 성어입니다. 즉, 가까이 있는 것이나 당연한 것을 놓치거나 제대로 인식하지 못하는 상황을 뜻합니다. 등하불명의 표현은 우리가 너무 가까이 있는 것들에 대해 너무 익숙해져서 그 중요함을 간과하거나 그 진가를 제대로 인식하지 못하는 경우를 말합니다. 우리가 매일 보는 가족이나 친구, 일상 속의 작은 행복들은 지나치기 쉬운 것들이지만, 이러한 것들이야말로 진정으로 소중한 것들일 수 있습니다. 당연히 인식할 것 같은 것들도 제대로 살펴보지 않으면 그 중요함을 깨닫지 못할 수 있음을 깨닫게 하는 말입니다. 결국 등하불명은 일상에서 흔히 마주치는 것들에 인식을 새롭게 하고, 소중한 것들을 깊이 이해하며 소중히 여기는 마음이 필요함을 다시금 생각하게 하는 속담 성어입니다.

〖   한자를 알면 뜻이 보인다   〗

燈下不明 : 등잔[燈] 밑도[下] 밝지[明] 않다[不].
남의 일은 잘 알 수 있으나 제 일은 자기가 잘 모른다는 말.

燈 : 등 등, 16획 ──────────────────────────── 부수: 火

불 화(火)와 오를 등(登)이 합하여 이루어진 모습으로, '등'이나 '등잔', '초'라는 뜻을 가진 글자이다. 登(등)은 제사음식을 들고 제단에 오르는 모습과 여기에 火(화)가 결합해 높은 곳에서 불을 밝히는 '등'으로 표현되었다.

> 등잔(燈盞) : 등 등(燈)과 잔 잔(盞)으로, 기름을 붓고 심지를 꽂아 불을 붙이도록 만든 작은 그릇.
> (예문) 날이 어두워지자 노인은 불을 밝히기 위해 등잔에 기름을 부었다.

下 : 아래 하, 3획 ──────────────────────────── 부수: 一

아래를 뜻하기 위해 만든 지사문자(指事文字)로, '아래'나 '밑', '끝'이라는 뜻을 가진 글자이다.

> 부하(部下) : 나눌 부(部)와 아래 하(下)로, 다른 사람에게 소속되거나 고용되어 그 사람의 명령에 따르는 사람.
> (예문) 최 사장은 부하를 진정으로 아낄 줄 아는 사람이었다.

不 : 아닐 불, 4획 ──────────────────────────── 부수: 一

땅속으로 뿌리를 내린 씨앗을 본뜬 모습으로, '아니다'나 '못하다', '없다'라는 뜻을 가진 글자이다.

> 부진(不振) : 아닐 부(不)와 떨친 진(振)으로, 어떤 일이나 그 일을 해 나가는 힘 등이 활발하지 못하고 달림.
> (예문) 민기는 성적 부진으로 인해 어머니께 꾸중을 들었다.

明 : 밝을 명, 8획 ──────────────────────────── 부수: 日

날 일(日)과 달 월(月)이 합하여 이루어진 모습으로, '밝다'나 '나타나다', '명료하다'라는 뜻을 가진 글자이다. 해와 달의 밝은 의미를 합해 '밝다'는 의미와 작은 창가에 비친 달빛의 의미로 보기도 하였다.

> 분명(分明) : 나눌 분(分)과 밝을 명(明)으로, 어긋남이 없이 확실하게.
> (예문) 분명 날 부르는 소리가 들렸는데 밖에 나가 보니 아무도 없었다.

명시적(明示的) : 밖으로 드러나 보여 분명한 것.

예문 은유는 원관념과 보조 관념 사이의 관계가 명시적으로 드러나 있지 않는 것이다.

정체불명(正體不明) : 정체가 분명하거나 확실하지 아니한 것.

예문 한밤중에 걸려 온 정체불명의 전화는 식구들의 잠을 깨워 놓았다.

금명간(今明間) : 오늘이나 내일 사이.

예문 금명간 합격자를 발표하겠습니다.

〖　　　등하불명, 이럴 때 이렇게　　　〗

1. 회의를 거듭하며 해결책을 찾으려 했지만, 등하불명이라 문제의 본질을 정확히 파악하지 못했다.

2. 가장 친했던 친구 영빈이가 나에 대한 악의적 소문을 퍼트리는 당사자라는 사실에 등하불명이라는 것을 느낄 수 있었다.

3. 가까운 사람의 진심을 이해하지 못하는 것이 등하불명이다.

4. 우리는 같은 회사에서 일하면서도 회사의 장래가 어떻게 될지 등하불명이다.

5. 그는 매일 일상에 바빠서 등하불명처럼 주변의 작은 행복을 놓치고 있었다.

콩 심는 데 콩이 난다

種豆得豆

종두득두

　종두득두(種豆得豆)는 콩을 심으면 콩을 얻는다는 뜻으로, 어떤 행위를 하면 그에 상응하는 결과를 얻는다는 의미로 표현할 때 사용하는 속담 성어입니다. 이는 우리가 어떤 일을 시작하거나 노력할 때 그에 따른 적절한 결과를 얻게 된다는 점을 비유적으로 표현한 말입니다. 우리가 어떤 목표를 이루기 위해서는 그 목표에 맞는 행동과 노력을 기울여야 합니다. 농부가 콩을 심으면 그 밭에서 콩이 자라듯이, 우리가 특정한 일을 위해 열심히 노력하면 그에 맞는 결과를 얻게 된다는 지혜를 가르치는 말입니다. 스스로 행한 일에 대한, 결과는 스스로 받게 되는 자업자득이라는 말이 있듯이 선한 일을 하면 좋은 결과를, 악한 일을 하면 나쁜 결과를 얻게 된다는 진리를 가르치고 있는 말이기도 합니다. 어떤 행동을 하든 그 결과는 자신이 감당해야 하며, 우리가 행한 일에 대한 책임을 지는 것이 중요하다는 것을 명심해야 할 것입니다.

〚　　한자를 알면 뜻이 보인다　　〛

種豆得豆 : 콩을[豆] 심으면[種] 콩을[豆] 얻음[得].
원인이 같으면 결과도 같음을 뜻함.

種 : 씨 종, 14획 ──────────────── 부수: 禾

벼 화(禾)와 무거울 중(重)이 합하여 이루어진 모습으로, 볍씨를 등에 짊어지고 있다는 뜻을 표현하여 '씨'나 '종자', '종류'를 뜻하는 글자이다. 種(종)은 종의 다양성에 빗대어 '종류'를 뜻하기도 한다.

> **종족(種族)** : 씨 종(種)과 겨레 족(族)으로, 같은 종류에 딸리는 생물 전체를 이르는 말.
> (예문) 생물은 종족의 보존을 위해 가능한 한 많이 번식하려는 본능을 지닌다.

豆 : 콩 두, 7획 ──────────────── 부수: 豆

'콩'이나 '제기'라는 뜻을 가진 글자로, 갑골문을 보면 제기 그릇이 그려져 있는데 제기 그릇에 주로 콩을 담았었기 때문에 '콩'이라는 뜻을 가지게 되었다.

> **두유(豆乳)** : 콩 두(豆)와 젖 유(乳)로, 물에 불린 흰콩을 으깨어 물을 붓고 끓여서 거른 걸쭉한 액체.
> (예문) 나는 두유를 먹으면 소화가 잘 안된다.

得 : 얻을 득, 11획 ──────────────── 부수: 彳

조금 걸을 척(彳)과 조개 패(貝), 마디 촌(寸)이 합하여 이루어진 모습이다. 길에서 손으로 조개를 줍는다는 의미로, '얻다'나 '손에 넣다'라는 뜻을 가진 글자이다.

> **납득(納得)** : 들일 납(納)과 얻을 득(得)으로, 남의 말을 잘 이해하고 긍정함.
> (예문) 충분히 설명을 했는데도 현정이는 여전히 납득이 가지 않는다는 표정이었다.

豆 : 콩 두, 7획 ──────────────── 부수: 豆

'콩'이나 '제기'라는 뜻을 가진 글자로, 갑골문을 보면 제기 그릇이 그려져 있는데 제기 그릇에 주로 콩을 담았었기 때문에 '콩'이라는 뜻을 가지게 되었다.

> **원두(原豆)** : 근원 원(原)과 콩 두(豆)로, 가공하기 전의 커피 열매를 이르는 말.
> (예문) 이 커피는 아라비카산 원두로 만들어 맛과 향기가 아주 좋다.

우량종(優良種) : 뛰어나게 좋은 씨앗이나 품종.

[예문] 그 연구소는 우량종의 가축을 얻기 위한 실험을 하고 있다.

다품종(多品種) : 물품의 종류가 다양함.

[예문] 고부가 가치 품목으로 수출 방향을 개선할 필요가 있다.

재래종(在來種) : 전부터 있어 내려오는 품종.

[예문] 월정사는 재래종 전나무 숲으로 유명하다.

【　　종두득두, 이럴 때 이렇게　　】

1. 선한 일을 하면 결국 그 선행이 돌아와서 복을 받게 되는 것, 바로 종두득두의 법칙이다.

2. 그는 노래를 열심히 연습하고 노력한 결과, 유명한 가수가 되어 종두득두라는 말이 생각이 났다.

3. 그녀는 고마운 마음으로 이웃에게 작은 선물을 건넸고, 이웃은 더 큰 선물로 화답했다. 정말 종두득두라고 할 수밖에 없다.

4. 도움을 주는 것은 결국 자신에게 돌아오는 복이 되는 것을 알게 되었다. 종두득두의 원리를 느낄 수 있었다.

5. 그는 매일 꾸준히 공부하더니 결국 종두득두의 원칙이 그대로 적용된 결과로 좋은 성적을 얻었다.

까마귀 날자 배 떨어진다

烏飛梨落

오비이락

오비이락(烏飛梨落)은 까마귀 날자, 배 떨어진다는 뜻으로, 어떤 사건이나 상황이 우연히 일치하여 사람들 사이에서 불필요한 오해나 의심을 초래하는 상황을 표현할 때 사용되는 속담 성어입니다. 즉, 까마귀가 날아가고 바로 그 시점에 배가 떨어지는 것처럼, 두 사건이 우연히 겹쳐서 불필요한 연관성을 일으켜 사람들이 오해나 의심을 사게 하는 상황을 뜻합니다. 오비이락은 어떤 상황에서 두 사건이 우연히 동시에 일어난다고 해서 그것이 서로 연관이 있다는 의미는 아니라는 점을 알려주고 있습니다. 우리는 사건이나 상황을 정확히 분석하고, 불필요한 오해나 의심을 피하는 것이 중요합니다. 또한 우연히 일어난 일들이 실제 원인과 결과와 무관함을 이해하고, 주변 사람들과의 관계에서 불필요한 갈등이나 오해를 줄이는 것이 중요하다는 점을 가르쳐주고 있습니다.

〚   한자를 알면 뜻이 보인다   〛

烏飛梨落 : 까마귀[烏] 날자[飛] 배[梨] 떨어진다[落].
우연의 일치로 의심받거나 오해받게 되어 난처한 위치에 있는 상황.

烏 : 까마귀 오, 10획 — 부수: 灬

온몸이 검은 까마귀의 모양을 본뜬 글자로, 눈까지 새까맣게 표현해 '까마귀'나 '탄식'이라는 뜻으로 표현했다.

오합지중(烏合之衆) : 목적이나 조직력 없이 무작정 모인 사람들.
(예문) 그 집단은 오합지중으로 아무런 성과를 내지 못하고 해산하였다.

飛 : 날 비, 9획 — 부수: 飛

사람인변 인(亻)과 뚫을 곤(丨), 날 비(飞)가 합하여 이루어진 것으로 새의 날개와 몸통을 함께 그린 것이다. '날다'나 '오르다'라는 뜻을 가진 글자이다.

비거리(飛距離) : 날 비(飛)와 떨어질 거(距), 떠날 리(離)로, 야구나 골프에서, 친 볼이 날아간 거리.
(예문) 비거리가 150미터나 되는 장쾌한 홈런이 나왔다.

梨 : 배나무 리(이), 11획 — 부수: 木

나무 목(木)과 이로울 리(利)가 합하여 이루어진 모습으로, '배나무'라는 뜻을 가진 글자이다. '이로운 나무'라는 뜻으로 쓰임이 매우 적어 주로 지명이나 상호, 배의 종류를 표기할 때만 쓰이고 있다.

황리(黃梨) : 누를 황(黃)과 배나물 리(梨)로, 배의 품종의 하나.
(예문) 황리는 빛깔이 누렇고 크며 맛이 좋기로 소문난 배다.

落 : 떨어질 락(낙), 12획 — 부수: 艹

초두머리 초(艹)와 물 이름 락(洛)이 합하여 이루어진 모습으로, 나뭇잎이나 비가 떨어지는 모습을 표현한 것으로 '떨어지다'나 '떨어뜨리다'라는 뜻을 가진 글자가 되었다.

누락(漏落) : 샐 루(漏)와 떨어질 락(落)으로, 마땅히 기록되어야 할 것이 기록에서 빠짐.
(예문) 기사문은 과장이나 수식 또는 누락이 없도록 객관적으로 작성되어야 한다

옥오지애(屋烏之愛) : 그 사람을 사랑하면 지붕에 있는 까마귀까지도 사랑스럽게 보인다는 뜻.
　　　예문 슬비의 기철이를 사랑하는 마음은 옥오지애와 같다.

오지자웅(烏之雌雄) : 까마귀의 암수를 구별하기 어렵다는 뜻으로,
선악과 시비를 가리기 어려운 경우를 뜻함.
　　　예문 그 일은 도무지 누가 잘못했는지를 모를 정도로 오지자웅에 빠져있다.

오비일색(烏飛一色) : 까마귀가 모두 같은 빛깔이라는 뜻으로, 모두 같은 부류이거나 서로 똑같음.
　　　예문 서로 오비일색과 같은 말들만 들어놓아 나는 더 이상 끼어들지 않기로 했다.

【　　오비이락, 이럴 때 이렇게　　】

1. 그가 중요한 발표를 준비하는 날, 회사의 기밀문서가 유출되어 그를 의심하는
　　사람들도 있었지만, 이는 오비이락에 불과하다.

2. 새로 승진한 팀장이 실수로 중요한 자료를 잃어버린 날, 바로 경쟁사에서 유리한
　　정보가 공개되었는데, 이는 단순히 오비이락일 뿐이다.

3. 사고가 난 차량의 주인이 우연히 지나가던 경찰관의 친척이었던 건 정말
　　오비이락이라고 할 수 있다.

4. 꿈에 이빨이 빠졌는데, 오늘 아침에 중요한 서류를 잃어버렸어. 역시 꿈은
　　징조가 있는 건가 봐. 완전 오비이락이네.

5. 이번 사건은 단순한 우연의 일치가 아니라, 오비이락이라고밖에 볼 수 없어.

내 코가 석 자

吾鼻三尺

오비삼척

　　오비삼척(吾鼻三尺)은 내 코가 석 자라는 뜻으로, 자신의 문제나 상황이 매우 중요하거나 긴급하여 다른 사람의 문제를 신경 쓸 여유가 없는 상황을 표현할 때 사용하는 속담 성어입니다. 즉, 자신의 문제를 해결하기에도 어려운 상황에서 다른 사람의 사정까지 신경 쓸 여유가 없다는 뜻입니다. 빠르게 변화하는 사회를 살아가는 우리에게는 많은 일들을 동시에 해결해야 하는 상황에 놓일 때가 많습니다. 이럴 때 오비삼척은 단순히 남의 일을 돕지 못하는 상황을 넘어 자신의 정신 건강까지 위협할 수 있는 문제로 이어질 수 있습니다. 따라서 자신에게 맞는 적절한 휴식을 취하고, 우선순위를 명확히 하여 건강한 삶을 유지하는 것이 중요합니다. 자신의 상황이 긴급하고 중요한 경우 이를 우선으로 처리해야 하며, 여유가 생길 때 다른 사람의 문제를 고려하는 것이, 바람직하다는 점을 일깨워주는 말입니다.

〚　　한자를 알면 뜻이 보인다　　〛

吾鼻三尺 : 내[吾] 코가[鼻] 석[三] 자[尺].
내 일도 감당하기 어려워 남의 사정을 돌볼 여유가 없음.

吾 : 나 오, 7획 ──────────────── 부수: 口

다섯 오(五)와 입 구(口)가 합하여 이루어진 모습으로, '나'나 '우리'라는 뜻을 가진 글자이다.

오불관언(吾不關焉) : 나는 상관하지 아니함.
(예문) 아버지는 결혼을 앞둔 딸이 느끼는 심리적인 부담에 대해서 오불관언의 태도로 행동하였다.

鼻 : 코 비, 14획 ──────────────── 부수: 鼻

스스로 자(自)와 줄 비(畀)가 합하여 이루어진 모습으로, '코'를 뜻하는 글자이다. 옛날에는 自(자)가 코를 뜻했지만, 나중에 自(자)는 自己(자기), 自然(자연)이란 뜻으로 쓰여 코의 뜻을 따로 鼻(코 비)란 글자를 만들었다.

비성(鼻聲) : 코 비(鼻)와 소리 성(聲)으로, 코가 막힌 듯이 내는 소리.
(예문) 채희는 한껏 비성을 발하며 응석을 부렸다.

三 : 석 삼, 3획 ──────────────── 부수: 一

나무막대기 세 개를 늘어놓은 모습을 그린 것으로, '셋'이나 '세 번', '거듭'이라는 뜻을 가진 글자이다.

삼복(三伏) : 석 삼(三)과 길 복(伏)으로, 일 년 중에서 여름철의 가장 더운 기간.
(예문) 삼복이 다 지나갔는데도 더위가 여전하다.

尺 : 자 척, 4획 ──────────────── 부수: 尸

갑골문자를 보면 사람의 다리에 획이 하나 그어져 있는데 이것은 발만큼의 길이를 표현한 것으로 '자'나 '길이'라는 뜻을 가진 글자이다.

척도(尺度) : 자 척(尺)과 법도 도(度)로, 측정하거나 평가하는 기준.
(예문) 소비 수준이 삶의 척도는 아니다.

삼척동자(三尺童子) : 키가 아직 석 자밖에 자라지 않은 아이라는 뜻.
예문 이순신 장군은 삼척동자도 다 아는 우리나라의 위인이다.

백척간두(百尺竿頭) : 백 자나 되는 높은 장대 위에 올라섰다는 뜻.
예문 지금은 국가의 운명이 백척간두에 선 절박한 시기라는 것을 잊지 마라.

구척장신(九尺長身) : 아홉 자나 되는 큰 키라는 뜻.
예문 그는 구척장신에 위풍이 늠름한 청년이었다.

〚　　　오비삼척, 이럴 때 이렇게　　　〛

1. 너무 많은 일로 바빠져 있어, 친구의 요청을 들어줄 여유가 없어서 오비삼척 같은
느낌이다.

2. 최근 경제 상황 때문에 자선 활동에 참여하기가 오비삼척 같은 상황이다.

3. 새로운 사업을 준비하느라 다른 일에 신경 쓸 여유가 없어 오비삼척 같은
느낌이다.

4. 나도 지금 개인적인 문제로 정신이 없는 오비삼척이라 남의 문제를 신경 쓸
상황이 아니다.

5. 지금은 오비삼척이라 다른 사람의 일을 도와줄 수 없다고 솔직하게 말했다.

쇠뿔을 바로 잡으려다
소를 죽인다

矯角殺牛

교각살우

교각살우(矯角殺牛)는 뿔을 바로잡으려다가 소를 죽인다는 뜻으로, 작은 잘못이나 문제를 바로잡으려다 도리어 큰 해를 입히거나 상황을 악화시킬 때 표현하는 속담 성어입니다. 즉, 작은 결점을 고치려고 무리한 조치로 전체를 망치거나 더 큰 문제를 일으키는 상황을 표현한 말입니다. 예를 들어 회사에서 작은 규정 하나를 수정하려다가 전체 시스템에 혼란을 가져오는 경우나, 교육 현장에서 학생들의 작은 습관을 바로잡으려다가 교육의 본질을 훼손하는 상황이 종종 발생하는 경우가 있습니다. 이처럼, 문제를 해결하려는 과정에서 지나치게 신중하지 못하면, 의도치 않게 더 큰 문제를 일으킬 수 있습니다. 따라서 작은 문제를 고칠 때도 전체 상황을 고려하고, 그로 인해 발생할 수 있는 부작용까지 숙고하는 것이 중요합니다. 교각살우는 문제 해결에 있어서 균형감각과 신중한 판단이 얼마나 중요한가를 알려주는 지혜의 말입니다.

〖　　한자를 알면 뜻이 보인다　　〗

矯角殺牛 : 쇠뿔을[角] 바로잡으려다[矯] 소를[牛] 죽인다[殺].
결점이나 흠을 고치려다 수단이 지나쳐 도리어 일을 그르침.

矯 : 바로잡을 교, 17획 ———————————————————————— 부수: 矢

화살 시(矢)와 높을 교(喬)가 합하여 이루어진 모습으로, 화살의 구부러진 곳을 편다는 의미에서 '바로잡다'나 '거짓'이라는 뜻을 가진 글자가 되었다.

교정(矯正) : 바로잡을 교(矯)와 바를 정(正)으로, 틀어지거나 잘못된 것을 바로잡아 고침.
(예문) 나는 치아 교정을 시작하고 한 달간은 이가 너무 아파서 밥을 먹지 못했다.

角 : 뿔 각, 7획 ———————————————————————— 부수: 角

짐승의 뿔 모양을 본떠 '모난 것', '끝' 등의 뜻과 함께 '뿔'이나 '모퉁이'라는 뜻을 가진 글자이다.

총각(總角) : 거느릴 총(總)과 뿔 각(角)으로, 결혼하지 않은 성년 남자.
(예문) 나도 내년이면 총각 신세를 면하겠지.

殺 : 죽일 살, 11획 ———————————————————————— 부수: 殳

죽일 살(杀)과 몽둥이 수(殳)가 합하여 이루어진 모습이다. 해를 끼치는 미상의 동물을 몽둥이로 때려죽이는 의미로 '죽이다'나 '죽다', '없애다'라는 뜻을 가진 글자이다.

살상(殺傷) : 죽일 살(殺)과 다칠 상(傷)으로, 사람을 죽이거나 상처를 입힘.
(예문) 야생 동물에 대한 포획이나 살상을 전면 금지해야 한다.

牛 : 소 우, 4획 ———————————————————————— 부수: 牛

뿔이 있는 소의 얼굴 모양을 본뜬 모습으로, '소'를 뜻하는 글자이다.

우시장(牛市場) : 소 우(牛)와 저자 시(市), 마당 장(場)으로, 소를 사고파는 곳.
(예문) 아들의 학비 마련하느라 집에서 기르던 소를 우시장에 내다 팔았다.

면장우피(面張牛皮) : 얼굴에 쇠가죽을 발랐다는 뜻으로, 몹시 뻔뻔스러움을 비유한 말.

예문 그는 잘못하고도 뻔뻔하게 면장우피만 하고 있어 친구들에게 미움만 사고 있다.

만우난회(萬牛難回) : 만 마리의 소가 끌어도 돌려세우기 어렵다는 뜻으로,
고집이 매우 센 사람을 이르는 말.

예문 기흥이의 고집은 만우난회와 같아 친구들도 포기했다.

한우충동(汗牛充棟) : 짐으로 실으면 소가 땀을 흘리고,
쌓으면 대들보에까지 미친다는 뜻에서 유래한 말.

예문 책이 겹겹이 쌓인 방 안에 들어가면 한우충동이라는 말이 절로 나온다.

〖   교각살우, 이럴 때 이렇게   〗

1. 안보상의 비밀도 중요하지만, 국민의 알 권리를 희생시키는 교각살우의 잘못을
   범하지 말아야 한다.

2. 나는 작은 문제를 해결하려다, 큰 손실을 입어 교각살우라는 말을 실감할 수
   있었다.

3. 부장님은 프로젝트를 진행할 때 교각살우 하지 않도록 유의해야 한다고
   강조하셨다.

4. 학생들의 학습 태도를 개선하려고 너무 강압적인 규율을 도입하다가 오히려
   학생들이 반발하고 학습 의욕을 잃게 되는 교각살우가 되어버렸다.

5. 회사의 작은 문제를 바로잡으려다 오히려 중요한 인재들이 회사를 떠나는
   교각살우의 실수를 범하게 되었다.

높은 곳에 오르려면,
낮은 곳부터 시작해야 한다.

登高自卑

등고자비

등고자비(登高自卑)는 높은 곳에 오르려면, 낮은 곳부터 시작해야 한다는 뜻으로, 인생에서 높은 목표를 달성하거나 성공을 이루기 위해서는 먼저 기초부터 착실하게 다져야 한다는 의미로 표현할 때 사용하는 말입니다. 이 표현은 성급하게 큰 성공이나 높은 자리를 바라보기보다는 현재 자신이 있는 위치에서 필요한 경험과 지식을 쌓아가며 점진적으로 성장해야 한다는 가르침을 주는 속담 성어입니다. 한 사람이 낮은 직급으로 시작하여 경험을 쌓고 성실히 일한 끝에 높은 자리에 오르게 된 것은, 등고자비의 전형적인 사례라 할 수 있습니다. 이는 큰 목표나 높은 자리를 바라보며 서두르기보다는 현재의 위치에서 자신이 할 수 있는 일에 최선을 다하고 필요한 경험과 지식을 쌓아가야 함을 가르쳐 주고 있습니다. 또한 기초를 튼튼히 다지고, 하나하나의 단계를 겸손한 자세로 충실히 밟아가야 성장할 수 있음을 일깨워주는 말이기도 합니다.

〚 **한자를 알면 뜻이 보인다** 〛

登高自卑 : 높은[高] 곳에 오르려면[登] 낮은[卑] 곳부터[自] 오른다
큰 목표를 이루기 위해서는 작은 것부터 시작해야 한다는 뜻.

登 : 오를 등, 12획 ——————————————————— 부수: 癶

등질 발(癶)과 콩 두(豆)가 합하여 이루어진 모습으로, 신에게 바칠 음식을 들고 제단 위로 올라가는 모습을 본뜬 것으로, '오르다'나 '나가다'라는 뜻을 가지게 되었다.

> **등반(登攀)** : 오를 등(登)과 더위잡을 반(攀)으로, 험한 산이나 높은 곳의 정상에 이르기 위해 기어오름.
> [예문] 영수와 종빈이는 에베레스트 등반을 준비하고 있다.

高 : 높을 고, 10획 ——————————————————— 부수: 高

돼지해 머리 두(亠)와 입 구(口), 들 경(冋)이 합하여 이루어졌으며, 口(입 구)와 전망대가 있는 높은 누각의 모양을 본뜬 모습으로, '높다'나 '크다'라는 뜻을 가진 글자이다.

> **고도(高度)** : 높을 고(高)와 법도 도(度)로, 수준이나 정도 따위가 높거나 뛰어남. 또는 그런 정도.
> [예문] 고도로 발달한 현대 의학의 덕택으로 많은 병이 정복되었다.

自 : 스스로 자, 6획 ——————————————————— 부수: 自

사람의 코 모양을 본뜬 것으로, 자신을 가리키는 의미에서 '스스로'나 '몸소', '자기'라는 뜻을 가진 글자이다. 지금은 鼻(코 비)가 '코'라는 뜻을 대신 쓰이고 있다.

> **자각(自覺)** : 스스로 자(自)와 깨달을 각(覺)으로, 자기 결점이나 지위 · 책임 따위를 스스로 깨달음.
> [예문] 환경 문제가 날로 심각해지고 있는데도 사람들은 여전히 자각을 못하고 있는 것 같다.

卑 : 낮을 비, 8획 ——————————————————— 부수: 十

머리의 모양인 '甲'(갑)에 왼손(屮)을 더해 '右(우)'가 높고 '左(좌)'가 낮다는 의미에서 '낮다'나 '천하다', '비루하다'라는 뜻을 가진 글자이다.

> **존비(尊卑)** : 높을 존(尊)과 낮을 비(卑)로, 신분이나 지위 따위의 높음과 낮음.
> [예문] 사람은 지위의 존비에 의해 차별받아서는 안 된다.

남존여비(男尊女卑) : 사회적 지위나 권리에 있어 남자가 여자보다 우대받는 일.
[예문] 과거에는 남존여비의 영향으로 남아를 선호하는 경향이 있었다.

관존민비(官尊民卑) : 관리는 높고 귀하며 백성은 낮고 천하다는 사고방식.
[예문] 아직도 관존민비의 사고방식이 남아 있다는 것은 큰 문제가 아닐 수 없다.

존비귀천(尊卑貴賤) : 지위 · 신분 등의 높고 낮음과 귀하고 천함.
[예문] 법의 집행은 존비귀천이 따로 없어야 한다.

〖   등고자비, 이럴 때 이렇게   〗

1. 그는 기본기를 탄탄하게 쌓으며 등고자비란 말처럼 유명한 대학교수가 되었다.

2. 회사에서 성공하려면 등고자비의 마음가짐으로 하나하나의 업무에 정진해야
한다.

3. 그녀는 좋은 직장에 취업하기 위해 등고자비를 생각하며 1년간의 공부와 노력
끝에 취직할 수 있었다.

4. 성빈이는 축구 국가대표가 되기 위해 등고자비의 말을 생각하며, 훈련과 꾸준한
노력을 통해 세계적인 축구선수가 되었다.

5. 등고자비라 했듯이, 처음부터 큰일을 도모하기보다는 기초부터 탄탄히 쌓아가는
것이 중요하다.

달면 삼키고 쓰면 뱉는다

甘吞苦吐

감탄고토

감탄고토(甘吞苦吐)는 달면 삼키고 쓰면 뱉는다는 뜻으로, 어떤 상황이나 이익에 따라 자신의 태도나 행동을 쉽게 바꾸는 사람을 비판할 때 사용하는 속담 성어입니다. 즉, 이 표현은 주로 자신에게 유리할 때는 받아들이고 불리하거나 마음에 들지 않는 상황에서는 즉시 외면하거나 버리는 상황을 묘사합니다. 감탄고토는 주로 사람의 변덕스러운 태도나 이기적인 행동을 경계하라는 의미로 사용됩니다. 감탄고토의 태도는 일관성이 없고 신뢰를 무너뜨릴 수 있으며, 이러한 태도를 통해서는 진정한 관계를 유지하기 어렵습니다. 따라서 단순히 자신의 이익만을 추구하기보다는 상황에 상관없이 일관된 태도를 유지하며 신뢰와 의리를 지키는 것이 중요합니다. 진정한 신뢰와 관계는 변덕이 아니라 일관성과 상호 존중에서 비롯된다는 점을 명심해야 할 것입니다.

〖 　　한자를 알면 뜻이 보인다　　 〗

甘吞苦吐 : 달면[甘] 삼키고[吞] 쓰면[苦] 뱉는다[吐]
자기 비위에 맞으면 취하고 싫으면 버린다는 뜻.

甘 : 달 감, 5획 ──────────────────────── 부수: 甘

스물 입(廿)과 한 일(一)이 합하여 이루어진 모습으로, 입안에 음식이 들어와 있다는 의미에서 '달다'나 '맛좋다', '만족하다'라는 뜻을 가지게 되었다.

> **감수(甘受)** : 달 감(甘)과 받을 수(受)로, 어려운 상황이나 고통 따위를 달게 받아들임.
> [예문] 자전거를 배울 때 여러 번 넘어지는 건 감수를 해야 해.

吞 : 삼킬 탄, 7획 ──────────────────────── 부수: 口

입 구(口)와 일찍 죽을 요(夭)가 합하여 이루어진 모습으로, 음식을 입에 머금고 있는 의미에서 '삼키다', '싸다', '감추다'라는 뜻을 가지게 되었다.

> **병탄(倂吞)** : 아우를 병(倂)과 삼킬 탄(吞)으로, 남의 재물이나 영토, 주권 따위를 강제로 제 것으로 만듦.
> [예문] 일본은 무력으로 한국의 병탄을 서둘렀다.

苦 : 쓸 고, 8획 ──────────────────────── 부수: ⺿

풀 초(⺿)와 옛 고(古)가 합하여 이루어진 모습으로, 약초의 쓴맛을 의미하는 '쓰다'의 뜻을 가진 글자이다. 후에는 '괴롭다'라는 의미까지 파생되었다.

> **고뇌(苦惱)** : 쓸 고(苦)와 괴로워할 뇌(惱)로, 정신적 아픔과 괴로움에 시달림.
> [예문] 그녀의 얼굴에는 고뇌와 울분의 표정이 짙게 서려 있었다.

吐 : 토할 토, 6획 ──────────────────────── 부수: 口

입 구(口)와 흙 토(土)가 합하여 이루어진 모습으로, 입에서 음식물을 뱉어낸다는 의미로 '토하다'나 '게우다', '털어놓다'라는 뜻을 가지게 되었다.

> **실토(實吐)** : 열매 실(實)과 토할 토(吐)로, 솔직하게 털어놓다.
> [예문] 회초리 맛을 봐야 실토를 하겠냐고 어머니는 동생을 다그쳤다.

학수고대(鶴首苦待) : 애타게 기다리다.

[예문] 국민들은 우리나라 선수단의 승전보를 학수고대했다.

동고동락(同苦同樂) : 괴로울 때나 즐거울 때나 항상 함께함.

[예문] 그들은 생도 시절 엄격한 훈련과 교육을 받으며 동고동락의 우정을 쌓았다.

고대고대(苦待苦待) : 몹시 애타게 기다리는 모양을 나타내는 말.

[예문] 나는 고대고대 기다리고 있을 어머니의 얼굴이 떠올라 가슴이 쓰렸다.

〖　　　감탄고토, 이럴 때 이렇게　　　〗

1. 정치인들은 선거철에만 표를 얻으려고 유권자들에게 친절하게 대하면서 선거가 끝나면 관심을 끊는 감탄고토의 형태에 많은 사람은 크게 실망하고 있다.

2. 경영인들은 경기가 호황일 땐 야근을 시키며 노동자들의 희생을 강요하고 불황일 땐 임금부터 삭감하려 드는 감탄고토의 자세를 버려야 한다.

3. 자신의 이익에 맞는 법안만 지지하고 감탄고토의 모습을 보이는 정치는 이제 사라져야 한다.

4. 감탄고토하는 사람들은 자신에게 유리한 상황에서만 일을 벌이기 때문에 신뢰를 얻기 어렵다.

5. 친구가 필요할 때는 찾아와 도움을 청하지만, 내가 어려울 때는 외면하는 그의 행동이 너무나 감탄고토처럼 느껴졌다.

달걀에도 뼈가 있다

鷄卵有骨

계란유골

　　계란유골(鷄卵有骨)은 달걀에도 뼈가 있다는 뜻으로, 평범하고 순조롭게 진행될 것이라고 기대했던 일이 예상치 못한 문제로 실패하거나 이루어지지 않는 상황을 표현할 때 사용하는 말입니다. 보통 운이 나쁘거나 일이 계획대로 풀리지 않을 때 표현합니다. 계란유골은 우리가 세우는 계획이나 목표가 아무리 철저하고 완벽하게 준비된 것처럼 보일지라도, 현실에서는 불확실성과 변수가 언제든지 개입할 수 있음을 가르치고 있습니다. 따라서 우리는 단순히 결과만을 추구하며 낙관적으로 생각하는 대신, 어떤 상황에서도 발생할 수 있는 문제를 미리 염두에 두고 준비하는 자세가 필요합니다. 또한 예기치 못한 실패나 장애를 맞닥뜨렸을 때 좌절하지 않고 오히려 그 상황을 통해 배우고 성장하는 기회로 삼을 수 있어야 합니다.

〚　　한자를 알면 뜻이 보인다　　〛

鷄卵有骨 : 달걀에도[鷄][卵] 뼈가[骨] 있다[有]
복이 없는 사람은 아무리 좋은 기회를 만나도 덕을 못 본다는 말.

鷄 : 닭 계, 21획 ──────────────────── 부수: 鳥

어찌 해(奚)와 새 조(鳥)가 합하여 이루어진 모습으로, '닭'을 뜻하는 글자이다.

> **양계(養鷄)** : 기를 양(養)과 닭 계(鷄)로, 닭을 먹여 기름. 또는 그 닭.
> (예문) 그는 양계 사업을 하려고 계획 중이다.

卵 : 알 란(난), 7획 ──────────────────── 부수: 卩

두 개의 물고기 알의 모습을 본뜬 글자로 '알'이나 '고환', '굵다'라는 뜻을 가진 글자이다. 닭 따위 새의 알의 뜻으로 쓰이지만, 본디는 물고기나 개구리의 알과 같이 얽혀 있는 모양의 것이라고도 한다.

> **산란(産卵)** : 낳을 산(産)과 알 란(卵)으로, 알을 낳음.
> (예문) 대부분의 새들은 산란을 앞두고는 푸른 나뭇잎을 따다 깃 속에 깐다고 한다.

有 : 있을 유, 6획 ──────────────────── 부수: 月

또 우(又)와 육달 월(月)이 합하여 이루어진 모습으로, 값비싼 고기를 손에 쥔 의미에서 '있다', '존재하다', '가지고 있다', '소유하다'라는 뜻을 가지게 되었다.

> **향유(享有)** : 누릴 향(享)과 있을 유(有)로, 자기의 것으로 소유하여 누림.
> (예문) 현대인들은 문화와 예술의 향유에 많은 관심을 가진다고 합니다.

骨 : 뼈 골, 10획 ──────────────────── 부수: 骨

살을 발라내고 뼈만 남겨 놓았다는 뜻에서 '뼈'나 '골격', '몸'이라는 뜻을 가진 글자이며, 뼈뿐만 아니라 신체의 부위를 나타내는 부수로도 쓰이고 있다.

> **골격(骨格)** : 뼈 골(骨)과 바로잡을 격(格)으로, 무슨 일을 형성하는 데 있어서 기본적인 틀.
> (예문) 기본 골격은 그대로 유지하며 거기에 살을 붙이는 것이 좋아.

미수정란(未受精卵) : 정자를 받지 못하여 수정이 되지 않은 상태의 난자.

[예문] 수컷이 정자를 내보내지 않았을 때 산란이 일어나면 그 알은 미수정란이 된다.

유정란(有精卵) : 수정이 이루어진 상태에서 낳은 알.

[예문] 시중에 유통되는 계란 중 유정란은 무정란에 비해 더 비싸게 팔린다.

쌍란(雙卵) : 노른자가 두 개인 알.

[예문] 터뜨린 달걀에서 쌍란이 나오자 조카 녀석들이 탄성을 내질렀다.

〚   계란유골, 이럴 때 이렇게   〛

1. 승진이 확정적이라 믿었던 그는 마지막 면접에서 뜻밖의 실수를 저지르며 기회를 놓쳐 계란유골이라 할 만한 상황이었다.

2. 이번 여행 계획은 모든 것이 완벽해 보였지만, 계란유골이라고 출발 당일 비행기가 결항 되면서 결국 무산되고 말았다.

3. 친구는 복권에 당첨되었지만, 당첨금을 받기 전에 복권을 잃어버려 불운을 겪고 있으니 계란유골이 따로 없었다.

4. 시험 준비를 철저히 했는데, 정작 시험 당일 아침에 늦잠을 자서 시험을 치르지 못하는 계란유골 같은 상황이 벌어지고 말았다.

5. 모든 경기에서 뛰어난 성적을 거둔 선수가 결승전에서 갑작스러운 부상으로 경기를 포기해야 했다. 정말 계란유골이라고 할 수밖에 없다.

일을 맺은 사람이 풀어야 한다

結者解之

결자해지

　결자해지(結者解之)는 맺은 사람이 풀어야 한다는 뜻으로, 어떤 일을 시작하거나 문제를 일으킨 사람이 그 일을 끝까지 책임지고 해결해야 한다고 표현할 때 사용하는 말입니다. 즉, 자신이 시작한 일이나 만들어 놓은 문제는 다른 사람에게 맡기지 말고, 책임을 지고 스스로 해결해야 한다는 원칙을 강조하는 말입니다. 결자해지는 우리에게 몇 가지 중요한 가르침을 주고 있습니다. 첫째, 책임감입니다. 문제가 발생했을 때, 그 문제를 다른 사람에게 떠넘기거나 회피하는 것이 아니라, 자신이 직접 나서서 문제를 해결해야 한다는 것을 뜻합니다. 둘째, 투명한 의사소통과 협력의 중요성입니다. 문제가 발생했을 때, 관련된 모든 사람과 솔직하게 소통하고 협력하여 문제를 해결해야 한다는 것입니다. 셋째, 성실한 태도와 신뢰 회복입니다. 문제를 성실하게 해결해야 주변 사람들로부터 다시 신뢰를 회복하고 신뢰받을 수 있는 것입니다.

〚　　한자를 알면 뜻이 보인다　　〛

結者解之 : 일을 맺은[結] 사람이[者][之] 풀어야[解] 한다
일을 저지른 사람이 그 일을 해결해야 한다는 말.

結 : 맺을 결, 12획 ——— 부수: 糸

가는 실 사(糸)와 길할 길(吉)이 합하여 이루어진 모습으로, '맺다'나 '모으다', '묶다'라는 뜻을 가진 글자이다. 실로 묶는다는 의미에서 '묶다'는 의미 생성되었으며, 후에 묶어서 끝맺었다는 의미로 '마치다', '맺다'는 의미로 파생되었다.

종결(終結) : 끝날 종(終)과 맺을 결(結)로, 일이나 사건, 사태 따위를 매듭지어 끝냄.
[예문] 냉전의 종결로 세계는 새로운 전환기를 맞았다.

者 : 놈 자, 9획 ——— 부수: 耂

늙을 노(耂)와 흰 백(白)이 합하여 이루어진 모습으로, '놈'이나 '사람'이라는 뜻을 가진 글자이다. 본래 장작불을 태우면서 제사 지내는 모양에서 출발해, 후에 단순한 대명사로 전용되어 사용되고 있다.

화자(話者) : 말할 화(話)와 놈 자(者)로, 말하는 사람.
[예문] 소월은 자신의 시에서 유년 화자를 내세워 노래하고 있다.

解 : 풀 해, 13획 ——— 부수: 角

뿔 각(角)과 칼 도(刀), 소 우(牛)가 합하여 이루어진 모습으로, '풀다'나 '깨닫는다', '벗기다'라는 뜻을 가진 글자이다. 칼(刀)로 소(牛)의 뿔(角)을 발려내는 의미에서 '해체하다.'의 의미로 생성되었으며, 후에 '해결하다'는 의미까지 파생되었다.

해소(解消) : 풀 해(解)와 사라질 소(消)로, 좋지 않은 일이나 감정 따위를 풀어서 없앰.
[예문] 우리 정치권이 안고 있는 가장 큰 숙제는 국민의 정치 불신 해소이다.

之 : 갈 지, 4획 ——— 부수: 丿

'가다'나 '~의', '~에'와 같은 뜻으로 쓰이는 글자이며, 사람의 발을 그린 것이다.

사양지심(辭讓之心) : 겸손하여 남에게 사양할 줄 아는 마음.
[예문] 지금은 겸손이나 사양지심을 발휘할 때가 아니다.

해명(解明) : 까닭이나 내용 따위를 풀어서 밝힘.

(예문) 이번 사건의 경위에 대한 해명이 협상의 선행 조건입니다.

해석(解釋) : 어떤 현상이나 행동, 글 따위의 의미를 이해하거나 판단함.

(예문) 이 논문에는 학계의 쟁점에 대한 총괄적 해석이 누락되어 있다.

해약(解約) : 계약을 깨뜨려서 없었던 것으로 함.

(예문) 보험 가입에서 해약까지 채 1년이 되지 않았다.

〚　　　결자해지, 이럴 때 이렇게　　　〛

1. 제가 이 사업을 시작했으니, 결자해지 차원에서 제가 수습하겠습니다.

2. 이번 일은 전적으로 내가 잘못 선택한 결과이니 결자해지 차원에서 내가 풀어야만 했다.

3. 정부는 문제가 있는 사안을 결자해지의 원칙에 따라 해결해야 한다.

4. 사업을 시작한 사장님은 결자해지의 원칙을 따라 회사의 어려움을 극복하려 노력했다.

5. 정치인들은 결자해지를 생각하며 선거 공약을 이행하기 위해 노력해야 한다.

제 논에 물 대기

我田引水

아전인수

　아전인수(我田引水)는 자기 밭에만 물을 끌어다 쓴다는 뜻으로, 자신의 이익만을 생각하는 이기적인 행태를 꼬집는 상황을 표현할 때 사용하는 속담 성어입니다. '제 논에 물 대기'라고도 표현합니다. 즉, 아전인수는 다른 사람의 입장이나 전체적인 맥락을 고려하지 않고, 오로지 자신의 이익을 추구하는 태도를 비판적으로 표현할 때 사용합니다. 예를 들어, 논쟁에서 자신의 주장을 유리하게 만들기 위해 편파적으로 정보를 해석하거나, 어떤 상황에서든 자신에게만 유리하도록 상황을 바꾸려는 행동이 이에 해당합니다. 아전인수는 우리에게 자신만의 이익을 추구하다 보면 공정성과 객관성을 잃을 수 있음을 경고합니다. 또한 상황을 자신에게 유리하게 조작하는 대신, 모든 이해당사자의 입장을 고려하고, 보다 균형 잡힌 시각을 유지하는 점이 중요합니다. 즉, 아전인수는 자신만의 이익을 고려하는 것뿐만이 아니라, 전체의 공정성을 유지하려는 노력이 필요하다는 점을 일깨워주고 있음을 명심해야 할 것입니다.

〚　　한자를 알면 뜻이 보인다　　〛

我田引水 : 자기[我] 논에만[田] 물을[水] 끌어[引]넣는다
자기의 이익을 먼저 생각하고 행동함.

我 : 나 아, 7획 ──────────────────── 부수: 戈

'나'라는 뜻을 가진 글자이다. 창과 같은 무기를 들고 있는 모양인데, 몸을 구부려 자신을 드러내는 의미에서 '자신'의 뜻을 가지게 되었다.

> **무아(無我)** : 없을 무(無)와 나 아(我)로, 자기의 존재를 잊는 것.
> (예문) 종빈이는 그 음악에 빠져들어 금세 무아의 경지에 도달한 듯 했다.

田 : 밭 전, 5획 ──────────────────── 부수: 田

'밭'이나 '경작지'를 뜻하는 글자이다. 밭고랑으로 이어진 밭의 모양을 본뜬 것으로, 부수로 쓰일 때는 대부분이 '밭'이나 '농사'와 관련된 의미를 전달한다.

> **전답(田畓)** : 밭 전(田)과 논 답(畓)으로, 논과 밭을 아울러 이르는 말.
> (예문) 아버지는 전답 몇 평을 처분했다.

引 : 당길 인, 4획 ──────────────────── 부수: 弓

활 궁(弓)과 뚫을 곤(丨)이 합하여 이루어진 모습으로, 활을 손으로 당기는 의미에서 '끌다'나 '당기다'라는 뜻을 가지게 되었다.

> **유인(誘引)** : 꾈 유(誘)와 당길 인(引)으로, 주의나 흥미를 유발하여 꾀어 이끎.
> (예문) 집 나간 딸이 혹시 어떤 몹쓸 놈에게 유인이나 되지 않았는지 걱정이 됩니다.

水 : 물 수, 4획 ──────────────────── 부수: 水

'물'이나 '강물', '액체'라는 뜻을 가진 글자이다. 글자 모양 가운데의 물줄기와 양쪽의 흘러가는 모습을 본뜬 글자로 물과 관련된 상태나 동작과 관련된 의미로 사용한다.

> **수면(水面)** : 물 수(水)와 낯 면(面)으로, 물의 표면.
> (예문) 맑게 갠 하늘과 먼산을 둘러본 후 나는 잔잔한 수면에 첫 낚시를 던졌다.

무아지경(無我之境) : 마음이 어느 한 곳으로 온통 쏠려 자신의 존재를 잊고 있는 경지.
예문 그들은 무아지경으로 몸을 흔들어 대면서 스트레스를 발산하였다.

유아독존(唯我獨尊) : 세상에서 자기만 잘났다고 뽐내는 태도.
예문 그 친구는 유아독존의 태도 때문에 다른 사람들의 말을 잘 들으려 하지 않아.

곡자아의(曲者我意) : 마음이 비뚤어진 사람이 모든 일을 자기 마음대로 함을 이르는 말.
예문 김 씨는 괜한 곡자아의로 심술을 부리며 가게 물건을 헤집어 놓았다.

〖　　아전인수, 이럴 때 이렇게　　〗

1. 회의에서 자신의 의견만을 고집하며 다른 사람들의 의견은 전혀 반영하지 않던 그는 아전인수의 전형적인 모습을 보였다.

2. 회사의 성과를 보고할 때, 실적이 좋았던 부분만 강조하고 문제점을 무시하는 보고서를 제출한 그의 태도는 아전인수라 할 수 있다.

3. 어제의 논쟁에서 상대방이 제기한 문제를 일부러 무시하고 자신이 유리한 부분만 강조한 것은 아전인수의 행동이었다.

4. 이번 정부의 감세 정책은 소수의 부유층만이 혜택을 받았다는 아전인수라고 비판이 높아지고 있다.

5. 그는 자신의 유리한 상황을 만들기 위해 법률 조항을 자기에게 맞게 해석하는 아전인수의 태도를 보였다.

소귀에 경 읽기

牛耳讀經

우이독경

우이독경(牛耳讀經)은 소의 귀에 경전을 읽는다는 뜻으로, 어떤 일이 아무리 반복되거나 강요되더라도 효과가 없거나, 그 일이 이해되거나 받아들여지지 않는 상황을 표현할 때 사용하는 속담 성어입니다. 즉, 좋은 말을 하거나 중요한 가르침을 주더라고, 그 상대방이 이해하지 못하거나 관심을 가지지 않는다는 뜻입니다. 예를 들어 부모가 자녀에게 도덕적인 교훈을 반복해서 설명해도 자녀가 전혀 관심을 기울이지 않거나, 직장에서 상사가 팀원들에게 중요한 업무의 지침을 주지만 팀원들이 이를 무시하는 경우, 이 표현을 사용하게 됩니다. 결국 우이독경은 소통의 효과성을 높이기 위해서는 상대방의 이해와 관심을 존중하고, 그에 맞는 적절한 소통 방법을 찾아 사용하는 점이 중요합니다. 이를 통해 더 나은 소통과 효과적인 전달을 도모할 수 있음을 깨닫게 하는 지혜의 말입니다.

〖　　한자를 알면 뜻이 보인다　　〗

牛耳讀經 : 소[牛]의 귀[耳]에 경전[經] 읽기[讀]
우둔한 사람은 아무리 가르치고 일러주어도 알아듣지 못함을 비유한 말.

牛 : 소 우, 4획 ─────────────────────── 부수: 牛

뿔이 있는 소의 얼굴 모양을 본뜬 모습으로, '소'를 뜻하는 글자이다.

> **투우(鬪牛)** : 싸움 투(鬪)와 소 우(牛)로, 소와 소를 싸움 붙이는 경기.
> (예문) 해마다 열리는 마을 축제에서 투우는 한 번도 빠진 적이 없었다.

耳 : 귀 이, 6획 ─────────────────────── 부수: 耳

오른쪽 귀의 귓바퀴와 귓불을 본뜬 모습으로, '귀'나 '듣다'라는 뜻을 가진 글자이다.

> **이목(耳目)** : 귀 이(耳)와 눈 목(目)으로, 남들의 주의나 시선.
> (예문) 오늘 일본과의 축구 경기에 전 국민의 이목이 집중되고 있다.

讀 : 읽을 독, 22획 ─────────────────────── 부수: 言

말씀 언(言)과 팔 매(賣)가 합하여 이루어진 모습으로, 소리 내어 말로 글을 읽는 모습이거나, 설명하다는 의미에서 '읽다'나 '이해하다'라는 뜻을 가지게 되었다.

> **오독(誤讀)** : 그릇될 오(誤)와 읽을 독(讀)으로, 글자나 뜻을 잘못 읽음.
> (예문) 오독 하는 바람에 문제의 의도를 잘못 파악하였다.

經 : 지날 경, 13획 ─────────────────────── 부수: 糸

가는 실 사(糸)와 물줄기 경(巠)이 합하여 이루어진 모습으로, 비단실을 엮어 베를 짜듯이 기초를 닦고 일해 나간다는 의미에서 '지나다'나 '다스리다', '날실'이라는 뜻을 가진 글자가 되었다.

> **경협(經協)** : 지날 경(經)과 화합할 협(協)으로, 경제 협력'의 준말.
> (예문) 민간 차원에서 대만과의 경협이 급진적으로 이루어지고 있다.

주경야독(晝耕夜讀) : 낮에는 농사를 짓고 밤에는 글을 읽는다는 뜻.
예문 이모는 주경야독으로 방송 통신 대학을 졸업하였다.

독서삼매(讀書三昧) : 오직 책 읽기에만 골몰함.
예문 정우는 독서삼매에 빠져 초인종이 울리는 것도 듣지 못했다.

청경우독(耕雨讀) : 갠 날은 논밭을 갈고 비 오는 날은 책을 읽는다는 뜻.
예문 그는 청경우독을 하며 청년 시절을 알차게 보냈다.

【 　우이독경, 이럴 때 이렇게 　】

1. 정치인들이 환경 보호의 중요성을 아무리 강조해도 일부 기업들은 여전히 환경을
파괴하는 활동을 계속하여 우이독경의 상황이 지속되고 있다.

2. 친구가 운동의 중요성을 몇 번이나 말했지만, 그는 우이독경처럼 계속해서
게으름을 피워 친구의 충고는 아무런 효과를 발휘하지 못하는 상황이었다.

3. 나는 동료에게 프로젝트 계획을 설명했지만, 그는 우이독경처럼 도저히 이해하지
못했다.

4. 선생님은 학생들에게 올바른 학습 방법을 설명했지만, 학생들은 우이독경처럼
전혀 신경 쓰지 않는 모습이었다.

5. 부모님이 자녀에게 올바른 생활 습관을 가르치려 해도 자녀는 계속해서 나쁜
습관을 버리지 않아 부모님의 말씀은 우이독경일 뿐이었다.

말을 타고 달리면서 산을 본다

走馬看山

주마간산

주마간산(走馬看山)은 말을 타고 달리면서 산을 본다는 뜻으로, 어떤 일을 성급하게 대충 훑어보는 상황을 표현할 때 사용하는 말입니다. 즉, 중요한 세부 사항이나 본질을 깊이 있게 파악하지 않고 표면적으로만 보고 지나치는 상황을 의미하는 말입니다. 예를 들어, 어떤 프로젝트를 진행하면서 세부적인 사항을 무시하고 표면적으로만 문제를 해결하려고 하거나, 중요한 부분을 간과한 채 일을 급히 마무리하려는 태도를 지적할 때 이 표현을 사용합니다. 주마간산은 우리에게 일이나 문제를 처리할 때 신중함과 꼼꼼함이 필요하다는 점을 알려주고 있습니다. 사물을 대충 보고 지나치거나 서두르는 태도는 결국 중요한 부분을 놓치게 하고, 문제의 본질을 파악하지 못하게 만듭니다. 따라서 일을 처리하는 데 있어서 급하게 진행하거나 대충 넘기지 말고 문제의 본질을 정확히 파악하여 신중하게 해결하는 지혜가 있어야 할 것입니다.

〚   한자를 알면 뜻이 보인다   〛

走馬看山 : 말을[馬] 타고 달리면서[走] 산을[山] 본다[看]
사물을 대충 훑어보고 지나치는 상황

走 : 달릴 주, 7획 ──────────────────────────── 부수: **走**

흙 토(土)와 발지(止)가 합하여 이루어진 모습으로, '달리다'나 '달아나다'라는 뜻을 가진 글자이다. 갑골문을 보면 양팔을 휘두르며 달리는 사람을 의미했으며, 이후 발아래에 止(지)가 더해지면서 '달리다'라는 뜻을 가지게 되었다.

독주(獨走) : 홀로 독(獨)과 달릴 주(走)로, 남을 의식하거나 배려함이 없이 독자적으로 행동함.
(예문) 국민은 독주와 독선에 빠지지 않는 성실한 집권당을 바란다.

馬 : 말 마, 10획 ──────────────────────────── 부수: **馬**

갑골문을 보면 '말'의 모양을 본뜬 모습으로, 말의 특징을 표현하기 위해 큰 눈과 갈기가 함께 그려져 있으며, '말'을 뜻하는 글자이다.

곡마단(曲馬團) : 굽을 곡(曲), 말 마(馬), 둥글 단(團)으로, 코끼리나 원숭이 따위의 동물을 다스리고, 접시돌리기나 줄타기, 요술 등을 부려 흥행하는 단체.
(예문) 유명 곡마단이 우리 동네에서 공연을 한다는 포스터가 붙었다.

看 : 볼 간, 9획 ──────────────────────────── 부수: **目**

손 수(手)와 눈 목(目)이 합하여 이루어진 모습으로, 사물을 세심히 관찰하기 위해 눈언 저리에 손을 갖다 대고 살펴본다는 의미에서 '보다'나 '바라보다', '관찰하다'라는 뜻을 가지게 되었다.

간파(看破) : 볼 간(看)과 깨뜨릴 파(破)로, 드러나지 않은 일이나 숨겨진 마음 따위를 눈치나 짐작으로 앎.
(예문) 경찰은 범인들의 도주로를 미리 간파하고 있다.

山 : 뫼 산, 3획 ──────────────────────────── 부수: **山**

우뚝 솟은 세 개의 봉우리를 본뜬 것으로, '뫼'나 '산', '무덤'이라는 뜻을 가진 글자이다.

산천(山川) : 뫼 산(山)과 내 천(川)으로, 산과 내라는 뜻으로, '자연'을 이르는 말.
(예문) 이 풍경화를 보니 어릴 적 뛰어놀던 고향 산천이 생각난다.

간판선수(看板選手) : 어느 팀에서 대표로 내세울 만한 선수.
예문 그녀는 한국 여자 배드민턴의 간판선수이다.

간과(看過) : 어떤 문제나 현상 따위를 대수롭지 않게 대강 보아 넘김.
예문 청소년 문제의 심각성에 대한 간과는 더 큰 사회 문제를 야기할 수 있다.

간주(看做) : 그렇다고 여김.
예문 그들은 나를 적으로 간주라도 했는지 험악한 얼굴로 나를 위협했다.

〖　　　주마간산, 이럴 때 이렇게　　　〗

1. 그곳을 다 구경하려면 약 세 시간 정도가 걸리나 대부분 관광객은 주마간산으로 지나친다.

2. 새로운 정책을 적용할 때, 전체적인 방향성만 살펴보고 실질적인 시행 세부 사항을 무시한 것은 주마간산으로 끝난 결과였다.

3. 학생이 시험 준비를 대충 하고 중요한 개념을 깊이 이해하지 않은 채 문제를 풀려고 한 것은 주마간산의 좋은 예였다.

4. 연구 보고서를 주마간산식으로 검토하다가 실수를 발견하지 못한 결과로, 큰 손실을 보았다.

5. 신제품 출시 준비를 서두르다 보니, 주마간산처럼 제품의 품질 검사나 사용자 피드백을 충분히 고려하지 못해 피해를 보고 말았다.

소 잃고 외양간 고친다

亡牛補牢

망우보뢰

    망우보뢰(亡牛補牢)는 소 잃고 외양간 고친다는 뜻으로, 이미 발생한 문제나 손실을 해결하려고 해도 이미 늦었음을 표현할 때 사용하는 속담 성어입니다. 즉, 문제가 발생한 뒤에 대책을 세우는 것은 효과가 없다는 의미를 담고 있습니다. 예를 들어, 사고가 난 뒤에 자동차 보험에 가입하거나, 건강 문제가 생긴 후에 운동을 시작하는 것 같은, 상황일 때 표현하게 됩니다. 망우보뢰는 우리에게 문제를 예방하고 사전에 준비하는 것이, 무엇보다 중요하다는 점을 상기시켜주고 있습니다. 이미 문제가 발생한 후에 대책을 세우는 것보다는, 문제가 발생하기 전에 미리 대비하고 준비하는 것이, 훨씬 효과적이라는 것입니다. 또한 일을 진행할 때, 문제를 사전에 예측하고 준비하는 것이 필요합니다. 결국 망우보뢰는 철저한 사전 준비가 성공적인 결과를 가져오는 데 도움이 되며, 불필요한 위험을 줄일 수 있다는 가르침을 주는 말입니다.

〖   한자를 알면 뜻이 보인다   〗

亡牛補牢 : 소[牛] 잃고[亡] 외양간[牢] 고친다[補]
일이 이미 잘못된 뒤에는 손을 써도 소용이 없음을 이르는 말.

亡 : 망할 망, 3획 ──────────────────── 부수: 亠

사람이 잘못을 저지르고 숨어있는 상황에서 '죽다', '잃다' 등의 의미 생성'망하다'나 '도 망가다', '잃다'라는 뜻을 가진 글자이다. 亠(돼지해머리 두)가 부수로 지정되어 있지만, 돼지머리와는 관계가 없다.

> **존망(存亡)** : 있을 존(存)과 잃을 망(亡)으로, 존속과 멸망 또는 삶과 죽음을 아울러 이르는 말.
> (예문) 이 사업에 우리 회사의 존망이 걸렸다.

牛 : 소 우, 4획 ──────────────────── 부수: 牛

뿔이 있는 소의 얼굴 모양을 본뜬 모습으로, '소'를 뜻하는 글자이다.

> **우마차(牛馬車)** : 소 우(牛)와 말 마(馬), 수레 차(車)로, 소나 말이 끄는 수레.
> (예문) 요즘은 시골에서는 경운기를 주로 이용하기 때문에 우마차를 구경하기 힘들다.

補 : 기울 보, 12획 ──────────────────── 부수: 衤

옷 의(衣)와 클 보(甫)가 합하여 이루어진 모습이다. 옷의 해지거나 떨어진 부분을 꿰맨 다는 뜻을 표현하기 위해 만든 글자로, '깁다'나 '돕다', '고치다'라는 뜻을 가지게 되었 다.

> **보직(補職)** : 기울 보(補)와 벼슬 직(職)으로, 어떤 직무를 맡도록 명함. 또는 임명을 받아 맡은 직.
> (예문) 이 부장은 비리 사건에 휘말려 보직에서 전격 해임되었다.

牢 : 우리 뢰(뇌), 7획 ──────────────────── 부수: 牛

소 우(牛)와 집 면(宀)이 합하여 이루어진 모습이며 본래 우마(牛馬)를 넣어놓은 '우리'의 모양과 '牛'를 본뜬 것으로, '우리', '감옥'을 뜻하는 글자이다.

> **곡뢰(牿牢)** : 우리 곡(牿)과 우리 뢰(牢)로, 소나 말을 기르는 곳.
> (예문) 곡뢰를 지을 때 들어가는 기자재와 약품값이 올라 소의 가격도 오를 수밖에 없었다.

상보적(相補的) : 서로 보충하는 관계에 있는 것.
예문 창작과 비평은 서로 상보적인 관계에 놓여 있다.

증보(增補) : 불어날 증(增)과 기울 보(補)로, 책이나 글의 모자라는 부분을 더 보충함.
예문 그의 저서는 증보되어 출판되자마자 베스트셀러가 되었다.

전보(轉補) : 원래 있던 자리에서 다른 관직으로 옮겨 직무를 받게 함.
예문 이번 뇌물 수수 사건에 연루된 상당수 공무원이 보직 해임 또는 전보의 조처를 받았다.

〖   망우보뢰, 이럴 때 이렇게   〗

1. 나의 소중한 것들을 잃어버린 후에 한탄하지 말고 망우보뢰의 뜻을 새겨 보아야 할 것 같다.

2. 나는 학기 초에 성적이 좋지 않아 망우보뢰를 생각하며 기말고사를 위해 열심히 공부했다.

3. 새로운 정부는 부실한 정책을 보완하여 망우보뢰의 실수를 반복하지 않기 위해 더욱 세밀한 정책으로 국민에게 희망을 주었다.

4. 선수들은 월드컵 진출의 실패 경험을 잊지 않고, 망우보뢰를 생각하며 훈련에 최선을 다하고 있다.

5. 회사의 보안 시스템을 강화하는 것을 미루다가 결국 해킹 사고가 발생하여 보완을 강화하려는 것은 망우보뢰에 불과하다.

바람 앞의 등불

風前燈火

풍전등화

풍전등화(風前燈火)는 바람 앞의 등불이라는 뜻으로, 매우 불안정하거나 위태로운 상황을 표현할 때 사용하는 속담 성어입니다. 즉, 바람 앞에 있는 등불이 곧 꺼질 것 같은 위태로운 상태처럼, 어떤 일이 매우 불안정하고 금방이라도 위기나 파멸에 처할 수 있는 상황을 의미합니다. 이 표현은 우리가 일상생활에서나 사회적, 국가적 상황에서 겪을 수 있는 위기 상황을 묘사하는 데 자주 사용되는 표현입니다. 풍전등화의 위기 상황에서는 작은 지체나 실수가 큰 손실을 초래할 수 있기 때문에, 빠르고 정확한 대응이 필요합니다. 상황을 방치하거나 안일하게 대응한다면, 상황은 더욱 악화할 것이며, 그 결과는 돌이키지 못할 수도 있습니다. 이처럼 풍전등화는 우리가 일상에서 마주하는 다양한 도전과 어려움에 대해 끊임없이 경계하며 대비해야 한다는 지혜를 가르치고 있습니다.

〖 한자를 알면 뜻이 보인다 〗

風前燈火 : 바람[風] 앞의[前] 등불[燈][火]
매우 위태로운 처지나 오래 견디지 못할 상태를 비유한 말.

風 : 바람 풍, 9획 ──────────────────────────── 부수: 風

새 나는 모양 수(几)와 벌레 충(虫)이 합하여 이루어진 모습으로, 봉황의 깃털로 바람 의미를 표현한 것으로 보거나, 凡(범)이 '널리 퍼지다'는 의미가 있어 '바람'의 뜻으로 쓰이는 글자이다.

> **풍문**(風聞) : 바람 풍(風)과 들을 문(聞)으로, 바람결에 떠도는 소문.
> (예문) 풍문으로 듣자니 네가 내년 가을에 장가를 간다고 하던데?

前 : 앞 전, 9획 ──────────────────────────── 부수: 刂

본래 사람 발[止]이 배[舟] 앞에 있는 모양으로 생성되었으나 후에 해서에서는 ⺌(초두머리 초) + 刖(벨 월)로 변형이 되어 '앞'이나 '먼저', '앞서 나가다'라는 뜻을 가진 글자로 쓰이고 있다.

> **전자**(前者) : 앞 전(前)과 놈 자(者)로, 두 가지의 사물이나 사람을 들어 말할 때, 먼저 들었던 사물이나 사람.
> (예문) 그녀는 사과와 배 중 전자를 택했다.

燈 : 등 등, 16획 ──────────────────────────── 부수: 火

불 화(火)와 오를 등(登)이 합하여 이루어진 모습으로, '등'이나 '등잔', '초'라는 뜻을 가진 글자이다. 登(등)은 제사음식을 들고 제단에 오르는 모습과 여기에 火(화)가 결합해 높은 곳에서 불을 밝히는 '등'으로 표현되었다.

> **외등**(外燈) : 바깥 외(外)와 등 등(燈)으로, 집 바깥에 다는 등.
> (예문) 어린이 놀이터 앞에는 외등이 켜져 있다.

火 : 불 화, 4획 ──────────────────────────── 부수: 火

불꽃이 위로 솟아오르는 모양을 본뜬 것으로, '불'이라는 뜻을 가진 글자이다. 다른 글자와 결합할 때는 '열'이나 '불의 성질'과 관련된 뜻을 전달한다.

> **점화**(點火) : 점 점(點)과 불 화(火)로, 불을 켜거나 붙임.
> (예문) 가스가 다 되었는지 버너는 점화가 되지 않았다.

전향적(前向的) : 어떤 대상에 대한 태도가 긍정적인.

예문 국민의 여론을 감안한 정부의 전향적 자세가 요구되는 바입니다

문전성시(門前成市) : 문 앞에 저자를 이룬다는 뜻으로, 찾아오는 사람이 많음을 비유한 말.

예문 맛 좋은 음식을 배부르게 먹을 수 있는 무한 리필 식당은 문전성시를 이룬다.

전대미문(前代未聞) : 이제까지 들어 본 적이 없다는 뜻으로,
아주 놀랍고 획기적인 일을 이르는 말.

예문 이 작품에서 독자들은 전대미문의 시적, 정신적 모험을 대하고는 놀라움을 금치 못했다.

〖 풍전등화, 이럴 때 이렇게 〗

1. 유통 시장 개방을 앞두고 국내 유통업계가 풍전등화의 위기에 놓이게 되었다는
   우려가 높다.

2. 전쟁의 여파로 도시는 마치 풍전등화와 같이 언제 무너질지 모르는 위태로운
   상황에 놓여 있었다.

3. 회사의 재정 상태가 악화되어 이제는 풍전등화처럼 언제 도산할지 모를 위기에
   놓였다.

4. 청춘은 풍전등화처럼 순식간에 지나가 버리니 젊은 시절을 소중히 여기라.

5. 그의 건강은 심각하게 악화되어 지금은 풍전등화처럼 언제 쓰러질지 모르는
   상황이다.

낫 놓고 기역자도 모른다

目不識丁

목불식정

목불식정(目不識丁)은 눈으로 보고도 정(丁)자를 알지 못한다는 뜻으로, 글자나 기본적인 지식조차 모르는 무지한 상태를 표현할 때 사용하는 말입니다. 이 표현은 낫 놓고 기역 자도 모른다는 속담과 유사한 의미를 지니고 있으며, 학문적인 지식이나 기본적인 상식조차 모르는 무지를 강조하며, 이러한 무지가 얼마나 불리하고 불편할 수 있는지를 상기시키는 말입니다. 기본적인 지식이 부족하면 일상생활에서의 문제 해결이나 사회적 상호작용에서 어려움을 겪을 수 있음을 의미합니다. 목불식정은 우리에게 배움의 중요성을 가르치고 있습니다. 즉, 지식이 부족한 상태는 개인의 발전과 사회의 발전에 큰 걸림돌이 될 수 있으므로, 꾸준한 학습과 자기 계발이 필요함을 일깨워주고 있습니다. 따라서 우리는 자신의 부족함을 인식하고 겸손한 자세로 끊임없이 배우고자 하는 열정을 마음에 담아야 할 것입니다.

〖　　한자를 알면 뜻이 보인다　　〗

目不識丁 : 눈으로[目] 보고도 정[丁]자를 알지[識] 못한다[不]
한 글자도 읽을 수 없을 정도로 아는 것이 없음을 비유한 말.

目 : 눈 목, 5획 ─────────────────── 부수: 目

사람 눈을 그린 것으로 '눈'이나 '시력', '안목'이라는 뜻을 가진 글자이다.

> **목례(目禮)** : 눈 목(目)과 예도 례(禮)로, 눈으로 가볍게 인사함.
> (예문) 나는 그녀를 보고 반갑게 웃었으나 그녀는 가볍게 목례만 하고 지나갔다.

不 : 아닐 불, 4획 ─────────────────── 부수: 一

땅속으로 뿌리를 내린 씨앗을 본뜬 것으로, 아직 싹을 틔우지 못한 상태라는 의미에서 '아니다'나 '못하다', '없다'라는 뜻을 갖게 되었다.

> **부득불(不得不)** : 아닐 부(不)과 얻을 득(得), 아닐 불(不)로, 할 수 없이.
> (예문) 나는 여러 번 청탁이 들어와서 부득불 원고를 쓰게 되었다.

識 : 알 식, 19획 ─────────────────── 부수: 言

말씀 언(言)과 찰흙 시(戠)가 합하여 이루어진 모습으로, 말(言)과 소리(音)를 통해서 식별한다는 뜻을 전달하고자 '알다'나 '지식', '표시하다'라는 뜻을 가지게 되었다.

> **불식간(不識間)** : 아닐 불(不)과 알 식(識), 사이 간(間)으로, 무슨 일이 일어났는지 채 알지도 깨닫지도 못하는 사이.
> (예문) 나는 불식간에 그녀에게 사랑한다고 고백해 버렸다.

丁 : 고무래 정, 2획 ─────────────────── 부수: 一

못을 닮은 모습으로 그려졌는데, 목수가 사용하는 '못 정(釘)'의 모양을 본뜬 글자로, 본래 '못'의 의미였으나, 후에 '젊은 남자'의 의미로 확대되어 '장정'이나 '일꾼', '못'이라는 뜻으로 쓰이는 글자가 되었다.

> **정녕(丁寧)** : 고무래 정(丁)과 편안할 녕(寧)으로, 거짓이 없이 진실하게. 또는 틀림없이 꼭.
> (예문) 그를 만난다는 것은 정녕 쉬운 일이 아니었다.

조목조목(條目條目) : 하나하나의 조목마다 낱낱이.

예문 그녀는 내 글을 조목조목 짚어 가면서 깐깐하게 따졌다.

목불인견(目不忍見) : 눈으로 차마 볼 수 없음.

예문 술을 마실 거면 적당히 마실 것이지, 어제 취한 너의 모습은 정말 목불인견이었어.

요목조목(要目條目) : 중요한 부분이나 낱낱의 부분을 하나하나 빠짐없이.

예문 아이는 유치원에서 돌아오면 그날 있었던 일을 요목조목 이야기했다.

〖　　　목불식정, 이럴 때 이렇게　　　〗

1. 그는 사회에 첫발을 내딛는 신입사원으로서, 기본적인 업무용어조차 모르는
   상태여서 동료들은 그를 목불식정이라고 생각했다.

2. 문제 해결 능력이 부족한 팀원은 기초적인 원칙도 이해하지 못해, 상사는 그를
   목불식정으로 보고 교육을 강화할 필요가 있다고 판단했다.

3. 목불식정으로 시작해 열심히 공부하여 결국 세계적인 전문가가 된 그의 인생은
   모두에게 감동을 주었다.

4. 과학 수업에서 기본적인 원리조차 알지 못하는 학생을 보며, 교사는 그가
   목불식정 상태에서 벗어나기 위해 더 많은 노력이 필요하다고 느꼈다.

5. 목불식정임에도 불구하고 그는 자신의 날카로운 직관으로 문제를 해결해나갔다.

같은 값이면 다홍치마

同價紅裳

동가홍상

　동가홍상(同價紅裳)은 같은 값이면 다홍치마라는 뜻으로, 같은 가격이라면 더 좋은 품질이나 더 매력적인 것을 선택하는 상황을 표현할 때 사용하는 속담 성어입니다. 즉, 이 표현은 물건을 구매하거나 선택할 때, 가격이 동일할 경우 더 가치 있는 것, 더 아름다운 것을 선택할 때 사용됩니다. 예를 들어, 새 가방을 구입할 때 두 가지 옵션이 동일한 가격일 경우, 더 질 높은 소재로 제작된 가방이나 더 세련된 디자인을 선택하는 경우를 들 수 있습니다. 또한 음식점에서 두 가지 메뉴가 같은 가격이라면, 더 맛있고 품질이 높은 음식을 선택함으로써 더 만족스러운 식사를 할 수 있습니다. 결국 동가홍상은 선택의 상황에서 가치를 중시하고 최선의 결과를 추구하는 태도를 강조하며, 가격이 같을 때는 더 나은 품질이나 미적 가치를 가진 상품을 선택하는 것이 바람직하다는 지혜의 표현입니다.

〚　　　한자를 알면 뜻이 보인다　　　〛

同價紅裳 : 같은[同] 값이면[價] 다홍치마[紅][裳]
값이 같거나 똑같은 노력을 들인다면 더 좋은 것을 가짐을 비유한 말.

同 : 한가지 동, 6획 ──────────────── 부수: 口

무릇 범(凡)과 입 구(口)가 합하여 이루어진 모습이다. 口(구)를 제외한 부분은 덮어 가린 일정한 장소의 의미로, 사람들[口]이 일정 장소에 '모이다'는 의미로 생성되었으며, 후에 함께 모였다는 의미에서 '한가지', '같다' 등의 의미 파생되었다.

> **동정(同情)** : 한가지 동(同)과 뜻 정(情)으로, 남의 어려움을 딱하고 가엾게 여김.
>
> (예문) 잘 생각해 봐. 동정과 사랑을 헷갈리면 안 돼.

價 : 값 가, 15획 ──────────────── 부수: 亻

사람 인(人)과 값 가(賈)가 합하여 이루어진 모습으로, 사람과 사람 간의 거래를 의미하여 '값'이나 '가격'이라는 뜻을 가진 글자가 되었다.

> **지가(地價)** : 땅 지(地)와 값 가(價)로, 땅이 매매되는 값.
>
> (예문) 정부에서는 지가 안정 대책을 발표했다.

紅 : 붉을 홍, 9획 ──────────────── 부수: 糸

가는 실 사(糸)와 장인 공(工)이 합하여 이루어진 모습으로, 실에 중국인들이 가장 좋아하는 붉은 색을 가공한다는 의미에서 '붉다'나 '번창하다'라는 뜻을 가지게 되었다.

> **홍조(紅潮)** : 붉을 홍(紅)과 조수 조(潮)로, 부끄럽거나 술에 취하여 붉게 달아오른 얼굴빛.
>
> (예문) 그녀는 얼굴에 홍조를 띠며 슬며시 나를 바라보았다.

裳 : 치마 상, 14획 ──────────────── 부수: 衣

오히려 상(尙)과 옷 의(衣)가 합하여 이루어진 모습으로, '치마'나 '아랫도리'라는 뜻을 가진 글자이다. 집에서 입는 옷'이라는 뜻으로 만들어졌으나 후에 '아랫도리'의 의미까지 형성되었다.

> **의상(衣裳)** : 옷 의(衣)와 치마 상(裳)으로, 겉에 입는 옷.
>
> (예문) 그는 대기실에 들어오자마자 촬영 때 입을 의상으로 갈아입었다.

천자만홍(千紫萬紅) : 울긋불긋하게 만발해 있는 꽃의 온갖 색깔.

예문 봄을 맞은 산야는 천자만홍의 화려함으로 겨우내 얼었던 마음을 설레게 한다.

만산홍엽(滿山紅葉) : 단풍이 들어 온 산이 붉게 물들어 있음.

예문 가을 산의 만산홍엽은 수많은 등산객들의 옷 색깔과 어울려 화려한 색을 마음껏 드러낸다.

만산홍록(滿山紅綠) : 붉고 푸른 것이 온 산에 가득하다는 뜻으로, '봄'을 비유한 말.

예문 겨울이 가고 어느덧 만산홍록의 계절이 찾아왔구나.

〖   동가홍상, 이럴 때 이렇게   〗

1. 나는 동가홍상이라고, 같은 가격대의 스마트폰 중에서 카메라 성능이 좋은 것을
   선택했다.

2. 어떤 두 대학의 학비가 같다면, 동가홍상이라고 좋은 학과와 시설을 갖춘 대학을
   선택하는 것이 현명하다.

3. 동가홍상이라고, 같은 거리에 있는 두 가게 중에, 서비스가 더 좋은 곳을
   찾아가는 것이 좋겠다.

4. 같은 금액으로 인생의 터전을 살 수 있다면, 동가홍상이라고, 그림 같은 자연
   경치를 감상할 수 있는 곳에서 살고 싶다.

5. 새 가방을 사려고 할 때, 동가홍상이라는 원칙에 따라 같은 가격이라면 더 질
   좋은 가방을 선택하는 것이 좋다.

고양이 목에 방울 달기

猫頭懸鈴

묘두현령

묘두현령(猫頭懸鈴)은 고양이 목에 방울 달기라는 뜻으로, 불가능한 일을 시도하거나 해결책이 없는 상황을 논의할 때 비유적으로 표현하는 속담 성어입니다. 이 표현은 고양이가 쥐를 잡기 위해 목에 방울을 달면 쥐들이 그 소리를 듣고 도망칠 것이라는 생각에서 유래하였습니다. 그러나 실제로 고양이에게 방울을 달 수 있는, 방법이 없다는 점에서 이 계획은 실행 불가능하다는 것을 의미하고 있습니다. 묘두현령은 우리에게 두 가지의 교훈을 주고 있습니다. 첫째, 이론상으로는 좋은 아이디어일 수 있지만 현실적으로는 실현할 수 없거나 효과가 없는 경우를 말합니다. 둘째, 어떤 계획이나 아이디어가 실질적으로 실행 가능한지, 여부를 먼저 검토하는 것이 중요하다는 점입니다. 이처럼 묘두현령은 우리에게 계획이나 아이디어를 제안할 때 그 실행 가능성을 충분히 고려하고, 이론과 현실의 차이를 이해하는 것이 중요하다는 점을 가르치고 있습니다.

〖 **한자를 알면 뜻이 보인다** 〗

猫頭懸鈴 : 고양이[猫] 목에[頭] 방울[鈴] 달기[懸]

실행하지 못할 것을 헛되이 논의함을 이르는 말.

猫 : 고양이 묘, 11획 ──────────────── 부수: 犭

개사슴록변 견(犭)과 모 묘(苗)가 합하여 이루어진 모습으로, 고양이 살쾡이를 뜻하는 글자이다.

> 궁서설묘(窮鼠囓猫) : 궁지에 몰린 쥐가 고양이를 문다는 뜻으로, 위급한 상황에 몰리면 약자라도 강자에게 필사적으로 반항함을 이르는 말.
> 예문 대기업의 압박에도 소상공인들은 궁서설묘의 투지로 맞섰다.

頭 : 머리 두, 16획 ──────────────── 부수: 頁

콩 두(豆)와 머리 혈(頁)이 합하여 이루어진 모습으로, '머리'나 '꼭대기', '처음'이라는 뜻을 가진 글자이다.

> 필두(筆頭) : 붓 필(筆)과 머리 두(頭)로, 나열하여 이름을 적을 때 맨 처음의 사람이나 단체.
> 예문 : 반장을 필두로 학급 전원이 이름을 적었다.

懸 : 달 현, 20획 ──────────────── 부수: 心

고을 현(縣)과 마음 심(心)이 합하여 이루어진 모습으로, 마음이 멀어진다는 것에서 '매달다'라는 뜻을 가진 글자이다.

> 현안(懸案) : 매달 현(懸)과 책상 안(案)으로, 해결해야 할 문제로 남아 있는 일. 또는 안건.
> 예문 통일은 이제 우리 사회의 가장 중요한 정책 현안이 되었다.

鈴 : 방울 령, 13획 ──────────────── 부수: 金

쇠 금(金)과 하여금 령(令)이 합하여 이루어진 모습으로, 흔들어 소리 나게 만든 종 모양의 물건인 '방울'을 뜻하는 글자이다.

> 아령(啞鈴) : 벙어리 아(啞)와 방울 령(鈴)으로, 쇠나 나무막대기 양쪽에 공처럼 생긴 쇠뭉치를 단 운동 기구.
> 예문 그는 아령을 들어 올리며 열심히 근육 운동을 한다.

자고현량(刺股懸梁) : 게으름을 이겨 내고 열심히 공부함
예문 해창이는 마음을 잡고 자고현량하기로 하였다.

심현담한(心懸膽寒) : 마음이 조마조마하여 간이 떨릴 정도로 몹시 두렵다.
예문 그는 시험 결과를 기다리며 심현담한한 마음으로 밤을 지새웠다.

묘항현령(猫項懸鈴) : 고양이 목에 방울 달기라는 뜻으로, 실행하지 못할 것을 헛되이 논의함.
예문 정부의 미세먼지 대책, 묘항현령일 뿐인가?

〖 묘두현령, 이럴 때 이렇게 〗

1. 어떤 조직의 비리를 사회에 고발하고 양심선언을 하는 일은 묘두현령에 비할 수 있는 용감한 일이라고 말할 수 있다.

2. 회의에서 어떤 팀원이 비용을 절감하기 위해 과도한 절감안을 제시했지만 그 계획은 현실적인 대안이 부족해 묘두현령과 다름없었다.

3. 회사가 매출을 두 배로 늘리겠다는 목표를 설정했지만, 현재의 시장 상황과 자원을 고려할 때 이 목표는 묘두현령에 불과할 뿐이었다.

4. 황상을 개선할 수 있는 실제적인 조치 없이 계속해서 논의만 하는 것은 무의미한 묘두현령에 지나지 않는다.

5. 이론적으로는 완벽한 전략 같지만, 현실에서는 그 전략을 실행할 수 있는 자원이 부족하기에 이런 전략은 묘두현령과 같다.

고래 싸움에 새우가 죽는다

鯨戰蝦死

경전하사

경전하사(鯨戰蝦死)는 고래 싸움에 새우가 죽는다는 뜻으로, 강자들 사이의 격렬한 대립이나 싸움이 직접적으로 관련이 없는 약자에게 피해를 줄 때 표현하는 말입니다. 즉, 강자들의 대립이 주변의 약자에게 불필요한 피해를 줄 수 있음을 경고하는 표현입니다. 우리 속담에 '고래 싸움에 새우 등 터진다'와 같은 의미를 가진 말입니다. 예를 들어, 고위 임원들이 싸우면서, 직접적인 관련이 없는 직원들이 과중한 업무와 스트레스를 겪게 되는 상황이나, 두 나라 간의 무역 갈등이 장기화되면서, 중소기업과 농민들이 경제적 피해를 보는 경우, 또는 정치인들 간의 논쟁이 공공 정책에 영향을 미쳐, 일반 시민들이 필요한 서비스와 지원을 받지 못하는 상황의 경우에 표현됩니다. 경전하사는 강자들이 자신의 문제를 해결하기 위해 싸우기보다는 협력하고 대화로 문제를 해결하는 것이, 바람직하다는 점을 일깨워 주는 지혜의 표현입니다.

〖   한자를 알면 뜻이 보인다   〗

鯨戰蝦死 : 고래[鯨] 싸움에[戰] 새우가[蝦] 죽는다[死]
강자끼리 싸우는 틈에 끼여 약자가 아무런 상관없이 화를 입는다는 말.

鯨 : 고래 경, 19획 ———————————————————————— 부수: 魚

魚(물고기 어)와 京(서울 경)이 합하여 이루어진 모습으로, '고래', '크다', '들다'라는 뜻을 가진 글자이다.

경랑(鯨浪) : 고래 경(鯨)과 물결 랑(浪)으로, 고래처럼 커다란 물결이라는 뜻으로, 바다에서 이는 큰 파도를 비유한 말.
[예문] 집채만 한 경랑이 순식간에 배를 덮쳤다.

戰 : 싸움 전, 16획 ———————————————————————— 부수: 戈

單(홑 단)과 戈(창 과)가 합하여 이루어진 모습이다. '單(단)'과 '戈(과)' 모두 무기를 의미해 무기들이 충돌하는 '싸움'이나 '전쟁'이라는 뜻을 가진 글자이다.

교전(交戰) : 사귈 교(交)와 싸움 전(戰)으로, 서로 병력을 가지고 전쟁을 함.
[예문] : 정부는 서해안 교전 사태와 관련하여 북한 측에 강력히 항의하기로 했다.

鰕 : 새우 하, 15획 ———————————————————————— 부수: 虫

魚(물고기 어)와 叚(빌릴 가)가 합하여 이루어진 모습으로, '새우', '암고래'를 뜻하는 글자이다.

어하(魚鰕) : 물고기 어(魚)와 새우 하(鰕)로, 물고기와 새우.
[예문] 어망에는 어하로 가득하였다.

死 : 죽을 사, 6획 ———————————————————————— 부수: 歹

歹(뼈 알)과 匕(비수 비)가 합하여 이루어진 모습이다. 뼈(歹)만 앙상하게 남아 있는 모습과 匕(비수 비)는 손을 모으고 있는 사람을 그린 것으로, 누군가의 죽음을 애도 한다는 뜻으로, '죽음', '죽다'라는 뜻을 가지게 되었다.

치사(致死) : 이룰 치(致)와 죽을 사(死)로, 죽음에 이름. 또는 죽게 함
[예문] 과실에 의한 치사인지 아니면 고의에 의한 것인지가 우선 밝혀져야 한다.

사각지대(死角地帶) : 관심이나 영향이 미치지 못하는 구역을 비유적으로 이르는 말.

예문 문명의 사각지대라 불리던 아프리카에도 서서히 개발의 바람이 불기 시작했다.

생로병사(生老病死) : 사람이 반드시 겪어야 하는, 나고 늙고 병들고 죽는 네 가지 큰 고통

예문 그녀는 생로병사의 괴로움으로부터 해탈하였다.

결사반대(決死反對) : 죽기를 각오하고 있는 힘을 다하여 반대함.

예문 농민들이 쌀 수입 개방 결사반대를 외치며 시위를 벌이고 있었다.

.

〖   경전하사, 이럴 때 이렇게   〗

1. 경전하사라는 말이 있듯이 대기업들의 경쟁 속에서 중소기업들은 어려움을 겪게
   되었다.

2. 그녀는 두 상사 사이에서 경전하사의 처지에 놓여 끊임없는 압박을 받았다.

3. 두 나라의 무역 전쟁 때문에 소비자들은 경전하사의 피해자가 되었다.

4. 두 정당의 치열한 선거 경쟁 속에서 지역주민들은 경전하사의 처지에 처해
   불편을 겪었다.

5. 정당 간의 논쟁으로 복지 지원이 지연되면서 저소득층이 경전하사의 처지에
   피해를 보고 있다.

달걀로 바위를 친다

以卵投石

이란투석

이란투석(以卵投石)은 달걀로 바위를 친다는 뜻으로, 자신보다 훨씬 강한 대상에 맞서려는 시도가 무의미하거나 불가능할 때 표현하는 속담 성어입니다. 이 표현은 자기의 능력이나 자원으로는 상대가 될 수 없는 강한 상대를 무리하게 상대하려는 상황을 비유적으로 설명합니다. 예를 들어, 중소기업이 대기업의 자원과 시장 점유율에 맞서 무리하게 가격을 낮추려는 시도는 이란투석의 전형적인 사례라고 할 수 있습니다. 이는 중소기업은 현실적으로 대기업의 가격 전략에 대응할 능력이 부족하므로 이러한 무리한 시도가 결국 경제적 손실만 가져올 가능성이 높기 때문입니다. 이란투석은 자신의 능력과 자원에 맞지 않는 과도한 도전은 자원과 시간을 낭비할 뿐만 아니라, 실제로는 아무런 성과도 얻지 못할 수 있음을 경고하는 말입니다. 결국 자신의 능력에 맞는 현실적인 접근과 계획이 중요함을 일깨워주는 표현이라 할 수 있습니다.

〖 한자를 알면 뜻이 보인다 〗

以卵投石 : 달걀[卵]로[以] 바위를[石] 친다[投]
약한 것으로 강한 것을 당해 내려는 어리석은 짓을 말함.

以 : 써 이, 5획 ——————————————————————— 부수: 人

'~로써'나 '~에 따라', '~부터'와 같은 뜻으로 쓰이는 글자이다. 갑골문을 보면 수저와 같은 모양이 그려져 있는데, 밭을 가는 도구이거나 탯줄을 뜻하는 것으로 추측하고는 있지만, 아직 명확한 해석은 없다.

> 이외(以外) : 써 이(以)와 바깥 외(外)로, 그러한 기준이나 범위의 밖.
> (예문) 사람이 사랑에 빠졌을 때는 눈앞의 이성 이외는 아무도 보이지 않는다고 한다.

卵 : 알 란, 7획 ——————————————————————— 부수: 卩

두 개의 물고기 알의 모습을 본뜬 글자로 '알'이나 '고환', '굵다'라는 뜻을 가진 글자이다. 닭 따위 새의 알의 뜻으로 쓰이지만, 본디는 물고기나 개구리의 알과 같이 얽혀 있는 모양의 것이라고도 한다.

> 배란(排卵) : 밀칠 배(排)와 알 란(卵)으로, 자란 난세포가 난소에서 떨어져 나옴.
> (예문) : 배란 유도제를 사용하면 쌍둥이가 임신될 가능성이 높다.

投 : 던질 투, 7획 ——————————————————————— 부수: 扌

손 수(手)와 몽둥이 수(殳)가 합하여 이루어진 모습이다. 제기 그릇을 두드리는 모습을 표현한 것으로, '던지다'라는 뜻을 가진 글자이다.

> 투신(投身) : 던질 투(投)와 몸 신(身)으로, 죽기 위해 몸을 던짐.
> (예문) 한강 대교에서 투신을 시도하려는 시민이 있다는 제보가 들어왔다.

石 : 돌 석, 5획 ——————————————————————— 부수: 石

벼랑 끝에 매달려 있는 돌덩이를 본뜬 모습으로, '돌'이라는 뜻을 가진 글자이다. 石(돌석)이 부수로 쓰일 때는 주로 '돌의 종류'나 '돌의 상태',와 관련된 의미를 전달한다.

> 초석(礎石) : 주춧돌 초(礎)와 돌 석(石)으로, 주춧돌 또는 어떤 사물의 기초를 말함.
> (예문) 건강한 가정이야말로 건강한 사회를 만드는 초석이다.

이실직고(以實直告) : 사실을 바른대로 말함.
예문 네가 죄에 대해서 이실직고한다면, 용서해 주겠다.

이열치열(以熱治熱) : 열은 열로써 다스린다는 뜻으로, 힘은 힘으로 물리침을 이르는 말.
예문 삼복더위에 뜨거운 삼계탕이나 개장국을 먹는 것은 바로 이열치열의 원리이다.

자고이래(自古以來) : 오래전부터 내려오면서.
예문 자고이래 인간에 대한 아낌없는 찬사는 인간의 존엄성과 고결에 기인한다.

〔   이란투석, 이럴 때 이렇게   〕

1. 신생 정당이 막강한 여당과 맞서려 하지만, 자금과 인프라가 부족한 상태에서는
   이란투석에 불과하다.

2. 작은 가게가 대형 마트와 가격 경쟁을 하겠다고 나선 것은 이란투석이다.

3. 인생에서 이란투석 같은 상황에 직면할 때, 자신의 한계를 인정하고 현명한
   결정을 내려야 한다.

4. 아마추어 팀이 세계 챔피언과 겨루겠다고 나섰지만, 실력 차이를 고려하지 않은
   이란투석에 지나지 않았다.

5. 학생이 시험에서 만점을 받기 위해 공부하지 않고 단기적인 방법만 찾는 것은
   이란투석이라고 할 수 있다.

목마른 자가 우물 판다

臨渴掘井

임갈굴정

임갈굴정(臨渴掘井)은 목마른 자가 우물 판다는 뜻으로, 일이 닥치기 전에는 아무런 준비도 하지 않다가, 일이 닥쳐서야 서둘러 준비하는 상황을 표현할 때 사용하는 속담 성어입니다. 즉, 이 표현은 사전에 준비하지 않고 있다가 상황이 급해졌을 때 부랴부랴 해결하려고 하는 태도를 비판할 때 사용합니다. 예를 들어, 학생이 시험 일정을 미리 알고 있었지만, 평소에 공부를 소홀히 하다가 시험이 임박해서야 벼락치기를 하는 경우를 들 수 있습니다. 또는 사람이 평소에 저축이나 재정 관리를 하지 않고, 돈을 무분별하게 사용하다가 갑작스러운 실직이나 큰 지출이 발생했을 때 재정적 어려움에 빠지는 경우도 임갈굴정의 대표적인 사례입니다. 따라서 임갈굴정은 인생에서 무슨 일이든지 미리 대비하고 준비하는 것이 필요하며, 일을 미루다가는 큰 어려움을 겪거나, 후회하게 될 수 있다는 경고의 메시지라 할 수 있습니다.

〖　　한자를 알면 뜻이 보인다　　〗

臨渴掘井 : 목마른[渴] 자가[臨] 우물[井] 판다[掘]
평소에 준비 없이 있다가 일을 당하고 나서야 허둥지둥 서두름을 이르는 말.

臨 : 임할 림(임), 17획   부수: 臣

신하 신(臣)과 물건 품(品)이 합하여 이루어진 모습으로, '임하다'나 '대하다'라는 뜻을 가진 글자이다. 허리를 굽혀 아래를 내려다보고 있는 사람과 세 개의 술잔이 그려져 있는 모습을 본뜬 글자이다.

> **강림(降臨)** : 내릴 강(降)과 임할 림(臨)으로, 신이 인간 세상으로 내려옴.
> (예문) 세상이 절망과 혼란에 빠지게 되자 사람들은 신의 강림을 기원하였다.

渴 : 목마를 갈, 12획   부수: 氵

물 수(水)와 어찌 갈(曷)이 합하여 이루어진 모습이다. 갈라진 혓바닥을 내밀고 있는 모습에, 목이 마르다는 뜻을 표현하여 '목마르다'나 '갈증이 나다', '갈구하다'라는 뜻을 가진 글자가 되었다.

> **고갈(枯渴)** : 마를 고(枯)와 목마를 갈(渴)로, 물이 말라 없어짐. 또는 돈이나 물건 같은 것이 거의 없어져 매우 귀해짐.
> (예문) 노령화 사회가 본격화되면서 국민연금의 고갈을 우려하는 목소리가 높아지고 있다.

掘 : 팔 굴, 11획   부수: 扌

재방변 수(扌)와 굽힐 굴(屈)이 합하여 이루어진 모습으로, 우묵하게 '파내다', '파다'는 의미와 구멍을 '뚫다'는 의미까지 파생되었다.

> **굴착(掘鑿)** : 팔 굴(掘)과 뚫을 착(鑿)으로, 땅이나 암석 따위를 파고 뚫음.
> (예문) 바위산을 굴착하여 터널을 만드는 공사가 한창이다.

井 : 우물 정, 4획   부수: 二

우물 위의 틀을 본뜬 모습으로, '우물'이라는 뜻을 가진 글자이다.

> **어정(御井)** : 어거할 어(御)와 우물 정(井)으로, 임금에게 올릴 물을 긷던 우물.
> (예문) 종묘, 사직단 등에서 임금이 참여하는 제례에 사용하는 우물도 어정이라고 한다.

배산임수(背山臨水) : 산을 뒤에 두고 물을 앞에 대하고 있는 땅의 형세.

예문 입지 요건은 강이나 계곡을 끼고 있는 배산임수형이면 가장 좋다.

임전무퇴(臨戰無退) : 전쟁에 임하여 물러서지 않음.

예문 군인은 무조건 임전무퇴하지 않고, 때에 따라서는 전략적으로 물러날 줄도 알아야 한다.

임기응변(臨機應變) : 그때그때 처한 형편에 맞추어 그 자리에서 결정하거나 처리함.

예문 그의 재빠른 임기응변에는 놀라지 않을 수 없었다.

〖　　임갈굴정, 이럴 때 이렇게　　〗

1. 임갈굴정이라고 선수들이 경기 전에 중요한 전략을 세우지 않은 채로 경기에
   나가 결국은 패배하고 말았다.

2. 충분한 시장조사를 하지 않고 시장에 출시한 제품들이 실패하자 지금에서야
   대책을 세우는 것은 임갈굴정의 모습이라고 할 수 있다.

3. 전쟁을 초래한 나라의 무리한 진격 전략은 결국 임갈굴정이 돼 자신들의 몰락을
   책임지게 되었습니다.

4. 안전 장비를 갖추지 않고 공사하다가 사고가 나고 나서야 준비하는 것은
   임갈굴정에 해당한다.

5. 프로젝트 마감일이 다가와서야 아무 계획도 없이 작업을 시작하는 것은
   임갈굴정이라고 할 수 있다.

흙이 쌓여 산이 된다

積土成山

적토성산

적토성산(積土成山)은 흙을 쌓아 산을 이룬다는 뜻으로, 작은 일이라도 꾸준히 쌓아가면 결국 큰 성과를 이룰 수 있다는 의미를 표현할 때 사용하는 말입니다. 산을 이루기 위해서는 처음에는 작은 흙덩어리부터 하나씩 쌓아야 합니다. 이러한 작은 흙덩어리들이 계속해서 쌓이다 보면, 결국 거대한 산이 형성되듯이, 적은 노력과 행동이 쌓여 큰 결과를 만들어낼 수 있다는 점을 일깨워주는 말입니다. 예를 들면, 학생이 매일 조금씩 학습하고 복습하는 습관을 지니게 되면 시험 준비나 지식 축적에서 큰 성과를 이룰 수 있습니다. 하루하루의 공부가 쌓여서 결국 좋은 성적을 거두거나 깊이 있는 지식을 가지게 되는 것입니다. 이처럼, 적토성산은 큰 목표를 세우고 이를 달성하기 위해서 작은 목표를 설정하고 이를 하나씩 실천해 나가는 것이 중요하다는 점을 가르치며, 비록 시작은 미비하지만, 지속적인 성실함이 모여 큰 성과를 이루게 된다는 지혜를 일깨워주는 말입니다.

〖 한자를 알면 뜻이 보인다 〗

積土成山 : 흙을[土] 쌓아[積] 산을[山] 이룬다[成]
작은 것도 많이 모이면 커진다는 말.

積 : 쌓을 적, 16획 ───────────────── 부수: 禾

벼 화(禾)와 빚 채(責)가 합하여 이루어진 모습으로, 빚이 계속 쌓이고 누적되듯이 볏단이 포개진다는 의미에서 '쌓이다'나 '저축'이라는 뜻을 가진 글자가 되었다.

> **선적(船積)** : 배 선(船)과 쌓을 적(積)으로, 배에 짐을 실음.
> (예문) 항구에는 선적을 기다리는 화물들이 빼곡히 들어차 있었다.

土 : 흙 토, 3획 ───────────────── 부수: 土

'흙'이나 '토양', '땅', '장소'라는 뜻을 가진 글자로, 땅속에서 식물이 나오는 것을 의미하는 '흙'과 땅 위에 한 무더기의 흙이 놓여 있는 모양으로 흙을 표현한 것이다.

> **풍토(風土)** : 바람 풍(風)과 흙 토(土)로, 기후와 토지의 상태.
> (예문) : 사막에 사는 종족은 사막의 풍토에 걸맞은 삶의 양식을 지니기 마련이다.

成 : 이룰 성, 6획 ───────────────── 부수: 戈

창 모(戊)와 못 정(丁)이 합하여 이루어진 모습으로, 충실하고 성하게 이루어져 간다는 의미에서 '이루다'나 '갖추어지다', '완성되다'라는 뜻을 가진 글자이다.

> **양성(養成)** : 기를 양(養)과 이룰 성(成)으로, 가르쳐서 유능한 사람을 길러 냄.
> (예문) 그는 평생을 판소리 보급과 후진 양성에 바쳤다.

山 : 메 산, 3획 ───────────────── 부수: 山

육지에 우뚝 솟은 세 개의 봉우리를 본뜬 모습으로, '뫼'나 '산', '무덤'이라는 뜻을 가진 글자이다.

> **야산(野山)** : 들 야(野)와 메 산(山)으로, 들 부근에 있는 나지막한 산.
> (예문) 그는 몇 년 동안 야산을 일구어 밭을 만들었다.

신토불이(身土不二) : 자신이 사는 땅에서 나는 것을 먹어야 체질에 잘 맞는다는 말.
예문 신토불이라고 했으니, 우리 몸에는 우리 농산물이 제일이 아닙니까?

황천후토(皇天后土) : 하늘의 신과 땅의 신을 아울러 이르는 말.
예문 황천후토가 보고 계시는데 어찌 악한 행동을 할 수 있겠는가.

편편옥토(片片沃土) : 어느 논밭이나 모두 다 비옥함.
예문 아버지가 일구어놓은 논밭은 그 마을에서 편편옥토로 유명하다.

〖   적토성산, 이럴 때 이렇게   〗

1. 매달 조금씩 저축을 해왔던 그는 시간이 지나면서 예상보다 훨씬 큰 자산을 쌓아 적토성산의 모습을 보여주었다.

2. 인내와 노력은 적토성산을 쌓는 것과 같아서 훗날 성공할 수 있는, 힘이 됩니다.

3. 적토성산처럼 꾸준히 발전하고 성장하는 조직은 경쟁에서 이길 수 있습니다.

4. 적토성산은 시간과 노력의 결과입니다. 어떤 난관이 있더라도 꾸준한 노력으로 해결해 나가야 합니다.

5. 매일 30분씩 꾸준히 운동한 결과 1년이 지나면서 체중이 줄고 체력이 크게 향상되어 적토성산을 경험한 좋은 사례였다.

어 다르고 아 다르다

於異阿異

어이아이

어이아이(於異阿異)는 어 다르고 아 다르다는 뜻으로, 같은 내용의 말이라도, 말하는 사람에 따라서 표현이 사뭇 달라지는 상황을 표현할 때 사용하는 속담 성어입니다. 이 표현은 자주 사용하지는 않지만, 단 한 글자의 차이가 전혀 다른 의미를 만들어내는 상황에 말과 표현의 중요함을 일깨워 주는 말입니다. 같은 말이라도 상황이나 상대방의 입장에 따라 전혀 다르게 해석될 수 있습니다. 이를 방지하기 위해서는 의사소통 시 명확하고 간결한 표현을 사용하는 것이 중요합니다. 예를 들어, 이메일이나 문자 메시지에서는 감정이나 의도가 제대로 전달되지 않을 수 있으므로, 명확한 언어와 문장을 사용하여 오해를 줄이는 것이 필요합니다. 말은 단순한 소리가 아닙니다. 말 한마디가 사람의 마음을 움직이고 상황을 바꿀 수 있는 강력한 도구가 될 수 있습니다. 따라서 우리는 말할 때 신중함을 기해야 하며, 타인에게 상처를 주거나 불필요한 갈등을 일으키는 말은 삼가야 합니다.

〖 **한자를 알면 뜻이 보인다** 〗

於異阿異 : 어[於] 다르고[異] 아[阿] 다르다[異]
같은 내용의 말이라도 말하기에 따라 달라진다는 뜻.

於 : 어조사 어, 8획 ——————————————————— 부수: 方

모 방(方)과 구결자 어(仒)가 합하여 이루어진 모습으로, '~에'나 '~에서'와 같은 어조사로 쓰이는 글자이다.

> 어간(於間) : 어조사 어(於)와 사이 간(間)으로, 어떤 공간과 공간의 사이.
> 예문 우리는 대문과 중문 어간에서 만났다.

異 : 다를 리(이), 3획 ——————————————————— 부수: 田

밭 전(田)과 함께 공(廾)이 합하여 이루어진 모습으로, 물건을 주려고 두 손으로 나눈 상태를 표현해 '다르다'나 '기이하다'라는 뜻을 가지게 되었다.

> 이변(異變) : 다를 이(異)와 변할 변(變)으로, 전혀 예상하지 못한 사태.
> 예문 : 그는 이변이 없는 한 차기 회장에 취임할 것으로 보인다.

阿 : 언덕 아, 8획 ——————————————————— 부수: 阝

좌부변 부(阝)와 옳을 가(可)가 합하여 이루어진 모습으로, '언덕', '고개', '모퉁이', '아첨하다'는 뜻을 가진 글자이다.

> 아첨(阿諂) : 언덕 아(阿)와 아첨할 첨(諂)으로, 남의 마음에 들려고 비위를 맞추면서 알랑거림.
> 예문 김 씨는 윗사람에게 아첨 한번 할 줄 모르는 사람이다.

異 : 다를 리(이), 3획 ——————————————————— 부수: 田

밭 전(田)과 함께 공(廾)이 합하여 이루어진 모습으로, 물건을 주려고 두 손으로 나눈 상태를 표현해 '다르다'나 '기이하다'라는 뜻을 가지게 되었다.

> 이단아(異端兒) : 다를 이(異)와 바를 단(端), 아이 아(兒)로, 전통이나 권위에 반항하는 주장이나 이론을 강하게 내세우는 사람.
> 예문 그는 보수적인 학계의 이단아이다.

아수라장(阿修羅場) : 여러 일로 아주 시끄럽고 혼란한 장소나 상태.
　　(예문) 좋아하는 가수가 나타나자 팬들이 차로 뛰어들어
　　　　공연장 입구는 한바탕 아수라장이 되었다.

아비규환(阿鼻叫喚) : 여러 사람이 참혹한 지경에 빠져 고통받고 울부짖는 상황.
　　(예문) 대형버스 교통사고 현장은 한마디로 아비규환 그 자체였다.

곡학아세(曲學阿世) : 바르지 못한 학문으로 세속의 인기에 영합하려 애씀.
　　(예문) 시류에 따라 곡학아세를 일삼는 그런 부류와는 상종하고 싶지 않다.

〖　　　어이아이, 이럴 때 이렇게　　　〗

1. 같은 현상을 놓고 두 비평가는 어이아이라고 서로 다른 말들로 해석하고 있다.

2. 어이아이라고 항상 말을 전할 때는 진실을 전해야 오해가 쌓이지 않는다.

3. 너가 전하는 말은 어이아이라고 너의 입을 통해서 듣는 말은 사실과 많이 달라.

4. 마치 어이아이처럼, 같은 상황을 두 사람이 다르게 해석했다.

5. 어이아이라고 같은 이야기라도 너의 입을 거치면 전혀 다른 이야기로 변해.

거지가 하늘을 불쌍히 여긴다

乞人憐天

걸인연천

걸인연천(乞人憐天)은 구걸하는 사람이 오히려 하늘을 불쌍히 여긴다는 뜻으로, 자신의 상황이 매우 어렵고 불행한데도, 하늘 혹은 다른 사람을 동정하는 태도를 표현할 때 사용하는 말입니다. 즉, 자신의 상황이 아무리 어렵고 불행하더라도 타인이나 세상을 동정하고 돕고자 하는 마음을 표현한 것입니다. 예를 들어, 한사람이 경제적으로 매우 어려운 상황에 있음에도 불구하고 자신보다 더 어려운 이웃의 상황을 보고, 그들을 위해 적은 금액이지만 기부하거나 도움을 주려고 하는 마음을 표현하는 경우입니다. 걸인연천은 자신의 불행을 하늘이나 운명 탓으로, 돌리기보다는 오히려 다른 사람들의 어려움을 이해하고 공감하며, 더 나아가 그들을 도울 수 있는 마음의 여유를 가지라는 메시지를 주는 말입니다. 힘든 상황에서도 나만의 고통에 머무르지 않고, 세상을 넓게 바라보며 타인을 배려하는 마음을 갖기 바랍니다.

〖 **한자를 알면 뜻이 보인다** 〗

乞人憐天 : 구걸하는[乞] 사람이 [人] 하늘을[天] 불쌍히[憐] 여긴다

불행한 처지에 놓여 있는 사람이 부질없이 행복한 사람을 동정함.

乞 : 빌 걸, 3획 ─────────────────────────── 부수: 乙

본래 구름이나 공기의 흐름을 본뜬 气(기운 기)와 같은 글자였다. 그러나 시간이 지나면서 气(기운기)는 米(쌀 미)와 합하여 氣(기운 기)가 되었고, 획을 하나 줄여 乞(빌 걸)로 쓰이게 되면서 '빌다', '가난하다'나 '구걸하다'라는 뜻을 가진 글자가 되었다.

> 애걸(哀乞) : 슬플 애(哀) 빌 걸(乞)로, 애처롭게 하소연하여 빎.
> [예문] 거지는 애간장을 녹이는 애처로운 소리로 애걸하며 행인에게 매달렸다.

人 : 사람 인, 2획 ─────────────────────────── 부수: 人

사람의 팔이 길게 내려진 모습을 본뜬 모습으로, '사람'이나 '인간'이라는 뜻을 가진 글자이다. 人(사람 인)은 부수로 쓰일 때는 주로 사람의 행동이나 신체의 모습, 성품과 관련된 의미를 전달하게 된다.

> 피고인(被告人) : 입을 피(被)와 알릴 고(告), 사람 인(人)으로, 형사 소송에서, 죄를 범했다고 검사로부터 공소의 제기를 당한 사람.
> [예문] 변호인단은 시국 사건에 연루된 피고인들을 성실하게 변론하였다.

憐 : 불쌍히 여길 련(연), 15획 ─────────────────────── 부수: 忄

마음 심(心)과 도깨비불 린(粦)이 합하여 이루어진 모습으로, '불쌍히 여기다'나 '가엾게 여기다'라는 뜻을 가진 글자이다. 가엾고 측은한 사람의 영혼을 금세라도 사라질 것만 같은 도깨비불에 비유한 글자이다.

> 애련(哀憐) : 슬플 애(哀)와 불쌍히 여길 련(憐)으로, 애처롭고 가여워 불쌍하게 여김.
> [예문] 기현은 상처 입은 그녀의 과거를 듣고 있노라니 애련의 감정이 생겼다.

天 : 하늘 천, 4획 ─────────────────────────── 부수: 大

큰 대(大)와 한 일(一)이 합해진 모습이다. 갑골문자를 보면 大자 위로 동그란 모양이 그려져 있는데 사람의 머리 위에 하늘이 있다는 뜻을 표현한 것으로 '하늘'이나 '하느님', '천자'라는 뜻을 가진 글자이다.

> 천직(天職) : 하늘 천(天)과 벼슬 직(職)으로, 타고난 직업이나 직분.
> [예문] 주희는 아이들을 가르치는 일을 천직으로 생각하고 있었다.

애걸복걸(哀乞伏乞) : 애처롭게 사정하며 간절히 빌고 또 빎.

(예문) 결혼해 달라고 애걸복걸했지만, 그녀는 호락호락 넘어가질 않는다.

유리걸식(流離乞食) : 정처 없이 떠돌며 빌어먹음.

(예문) 돈도 명예도 하루아침에 잃어버리고 유리걸식으로 하루하루를 버텨 가고 있다.

문전걸식(門前乞食) : 이 집 저 집 돌아다니며 빌어먹음.

(예문) 내가 당장 남의 집 파출부라도 하지 않으면 가족 모두가 문전걸식에 나설 형편이다.

〖   걸인연천, 이럴 때 이렇게   〗

1. 정부는 빈곤층의 생활을 개선하기보다는 다른 나라의 경제 성장을 걱정하며
   걸인연천의 상황을 보여주고 있다.

2. 부서장은 실적이 떨어지고 있음에도 불구하고, 다른 부서의 실적을 더
   걱정하시는 걸인연천의 모습을 보여주고 있다.

3. 동규는 가난한 환경에서 자랐지만, 항상 자신보다 더 어려운 사람들을 돕는
   걸인연천의 모습을 보여주어 큰 감동을 주고 있다.

4. 일생을 빈민가에서 보냈던 신부님은 복지사회를 위한 노력에 몰두하며,
   걸인연천의 사랑을 실천하고 있다.

5. 지영은 자신도 병으로 힘들었지만, 옆 병상의 환자를 불쌍히 여기며 따뜻한 말과
   작은 나눔으로 위로했다. 이는 걸인연천의 마음을 보여주는 행동이었다.

티끌 모아 태산

塵合泰山

진합태산

진합태산(塵合泰山)은 티끌 모아 태산이 된다는 뜻으로, 적은 노력이나 사소한 것들이 모이면 결국 큰 성과를 이룰 수 있음을 표현할 때 사용하는 속담 성어입니다. 이 표현은 우리의 일상생활에서 아주 작은 일들을 무시하지 않고, 꾸준히 쌓아가는 노력이 얼마나 중요한지를 일깨워주는 말입니다. 예를 들어, 매달 조금씩 저축한 금액은 초기에는 크게 눈에 띄지 않지만, 10년, 20년이 지나면 그 돈은 상당한 금액으로 불어날 것입니다. 이처럼 매일 적은 돈이 모여 결국 큰 재산을 이루는 것처럼, 진합태산의 전형적인 경우일 것입니다. 진합태산은 큰 목표를 달성하기 위해서는 단번에 이루어지는 것이 아니라, 오랜 시간 동안 꾸준히 노력을 쌓아가는 과정이 필요하다는 사실을 일깨워주는 말입니다. 따라서 작은 일들을 소홀히 하지 않은 마음을 갖는 것이 중요하며, 지금의 순간을 소중히 여기며 미래를 설계하기 바랍니다.

〖 한자를 알면 뜻이 보인다 〗

塵合泰山 : 티끌[塵] 모아[合] 태산[泰][山]
적은 물건도 많이 모이면 큰 것이 됨을 비유한 말.

塵 : 티끌 진, 14획 ──────────── 부수: 土

흙 토(土)와 사슴 록(鹿)이 합하여 이루어진 모습으로, 본래는 사슴무리가 달리면서 흙먼지를 일으킨다는 의미에서 '먼지', '티끌', '시간', '때'의 뜻을 가진 글자가 되었다.

> **분진(粉塵)** : 가루 분(粉)과 티끌 진(塵)으로, 많은 티와 먼지.
> [예문] 우리 공장에서는 분진 흡인 시설을 마련할 예정이다.

合 : 합할 합, 6획 ──────────── 부수: 口

삼합 집(亼)과 입 구(口)가 합하여 이루어진 모습으로, '합하다'나 '모으다', '적합하다'라는 뜻을 가진 글자이다.

> **복합(複合)** : 겹칠 복(複)과 합할 합(合)으로, 둘 이상이 거듭 합쳐지거나 그것을 합쳐 하나를 이룸.
> [예문] : 정부에서는 도시와 농촌의 복합형 신도시 건설을 구상하고 있다.

泰 : 클 태, 10획 ──────────── 부수: 氺

물 수(水)와 큰 대(大), 받들 공(廾)이 합하여 이루어진 모습으로, '크다', '심하다'라는 뜻을 가진 글자이다. 물가에서 손을 씻고 있는 사람을 표현한 것이지만, 지금은 본래의 의미는 사용하지 않는다.

> **태연(泰然)** : 클 태(泰)와 그러할 연(然)으로, 태도나 기색이 아무렇지도 않은 듯이 예사로움.
> [예문] 종호는 사실 무척 놀랐으나 겉으로는 태연한 모습을 가장했다.

山 : 메 산, 3획 ──────────── 부수: 山

육지에 우뚝 솟은 세 개의 봉우리를 본뜬 모습으로, '뫼'나 '산', '무덤'이라는 뜻을 가진 글자이다.

> **산중(山中)** : 메 산(山)과 가운데 중(中)으로, 산속.
> [예문] 우리 일행은 산중에서 길을 잃고 헤매던 중 산장 하나를 발견하였다.

적진성산(積塵成山) : 작은 것이나 적은 것도 쌓이면 크게 되거나 많아짐.

예문 사소한 노력이 누적되어 큰 변화를 가져오는 것, 이것이 적진성산입니다.

적토성산(積土成山) : 작은 것이나 적은 것도 쌓이면 크게 되거나 많아짐.

예문 매일 조금씩 공부한 결과, 시험에서 높은 점수를 얻은 그는 적토성산의 본보기가 되었다.

적소성대(積小成大) : 작은 것이나 적은 것도 쌓이면 크게 되거나 많아짐.

예문 작은 돈을 조금씩 모아서 저축하면 결국에는 적소성대의 결과를 볼 수 있을 거야.

〚   진합태산, 이럴 때 이렇게   〛

1. 모든 일은 작은 시작에서 출발한다. 무엇이든 시작하면 결국 진합태산이란 말이
   현실이 될거야.

2. 나는 한 달에 두 권의 책을 읽는 습관을 실천하다 보니 진합태산이라고 어느새
   일 년 동안 24권의 책을 읽게 되었다.

3. 나는 매일 조금씩 연습하면서 달성한 성과를 보면, 진합태산이라는 말이 얼마나
   중요한지를 깨닫게 되었다.

4. 아버지께서는 작은 물도 모이면 바다가 된다는 진합태산이라는 말씀을 늘
   강조하셨다.

5. 나는 매일 꾸준히 작성한 블로그 포스트들이 모여 결국 인기 있는 블로그로
   선정되어 진합태산의 정신을 절로 체험할 수 있었다.

믿는 도끼에 발등 찍힌다

知斧斫足

지부작족

　지부작족(知斧斫足)은 우리말로 해석하면 믿는 도끼에 발등 찍힌다는 뜻
으로, 믿었던 사람이나 대상으로부터 예상치 못한 해를 입게 되는 상황일
때 표현하는 속담 성어입니다. 다시 말해, 신뢰했던 사람이 오히려 상처를
주거나, 배신당하거나, 기대와는 반대로 부정적인 결과를 초래하는 경우를
말합니다. 지부작족은 우리에게 사람을 쉽게 믿어서는 안 된다는 경계심을
일깨워주고 있는 말입니다. 모든 사람이 언제나 믿을 만한 사람은 아니며,
사람을 신뢰하되, 그 신뢰가 무분별하거나 과도해서는 안 된다는 것입니
다. 우리가 믿었던 사람이나 대상에 대한 배신처럼, 예측할 수 없는 상황들
은 세상을 살면서 언제든지 발생할 수 있음을 알고, 신뢰와 판단을 할 때는
반드시 신중함을 유지해야 합니다. 또한 자신에게 돌아올 결과에 대한 책
임을 항상 인지하고 현명하게 대치할 수 있어야 할 것입니다.

〚　　한자를 알면 뜻이 보인다　　〛

知斧斫足 : 믿는[知] 도끼에[斧] 발등[足] 찍힌다[斫]
믿는 사람에게서 배신당함을 비유한 말.

知 : 알 지, 8획 ──────────────── 부수: 矢

화살 시(矢)와 입 구(口)가 합하여 이루어진 모습으로, '알다'나 '나타내다'라는 뜻을 가진 글자이다. 아는 것을 입으로 말하는 것이 화살처럼 빠르다는 의미에서 '알다'는 의미 생성되었다.

> **고지(告知)** : 알릴 고(告)와 알지(知)로, 게시 · 글을 통해 알림.
> [예문] 중간고사 일정에 대한 고지가 어제 게시판에 나붙었다.

斧 : 도끼 부, 8획 ──────────────── 부수: 斤

근 근(斤)과 아버지 부(父)가 합하여 이루어진 모습으로, 벌목이나 의장(儀仗) 등 다양한 용도의 '도끼'를 뜻하는 글자이다.

> **마부위침(磨斧爲針)** : 도끼를 갈아서 바늘을 만든다는 뜻으로, 아무리 어려운 일이라도 끊임없이 노력하면 반드시 이룰 수 있음을 이르는 말.
> [예문] : 아버지는 나에게 마부위침을 늘 강조하셨다.

斫 : 벨 작, 9획 ──────────────── 부수: 斤

근 근(斤)과 돌 석(石)이 합하여 이루어진 모습으로, 도끼로 찍어서 '베다'는 의미로 '베다', '자르다', '치다'라는 뜻을 가진 글자이다.

> **장작(長斫)** : 길 장(長)과 벨 작(斫)으로, 통나무를 길쭉하게 쪼갠 땔나무.
> [예문] 영배는 겨울을 대비하여 미리 장작을 괴어 두었다.

足 : 발 족, 7획 ──────────────── 부수: 足

발지(止)와 입 구(口)가 합하여 이루어진 모습으로, '발'이나 '뿌리', '만족하다'라는 뜻을 가진 글자이다. 足(족)이 부수로 쓰일 때는 대부분이 '발의 동작'이나 '가다'라는 뜻을 의미하게 된다.

> **발족(發足)** : 필 발(發)과 발 족(足)으로, 어떤 기관이나 단체 따위가 새로 만들어져 활동을 시작함.
> [예문] 오늘은 우리 협회가 발족한 지 10년을 맞이하는 날입니다.

발족식(發足式) : 어떤 조직이나 모임 따위가 새로 만들어져
활동을 시작하는 것을 기념하는 의식.

예문 그는 선대 본부 발족식에 참석하는 등 본격적인 유세에 돌입했다.

자기만족(自己滿足) : 자기에 대해 스스로 흡족하게 여김.

예문 지나친 자기만족은 발전을 저해하는 요인이 된다.

금족령(禁足令) : 외출을 금하는 명령.

예문 그에게는 주간에 나다닐 수 없도록 금족령이 내려졌다.

〖　　　　지부작족, 이럴 때 이렇게　　　〗

1. 선미는 나에게 믿음을 줬는데, 뒤에서 나의 기밀을 누설한 것은 참으로
지부작족이었다.

2. 너가 믿는 규현이가 너의 비밀을 폭로했으니, 이는 지부작족이자, 친구의 도를
벗어난 경우라 할 수 있다.

3. 그는 신뢰하던 기술 전문가에게 웹사이트 개발을 의뢰했으나 기술자가 중도에
포기하고 도주하면서 회사에 큰 손해를 입혀 지부작족의 상황을 실감할 수
있었다.

4. 서로를 믿고 지내 온 우리 사이에서 그런 배신이 일어나다니, 이것이야말로
지부작족의 교훈이 아닐까.

5. 믿었던 친구에게 사업 자금을 빌려줬지만, 친구가 돈을 갚지 않고 연락을
끊어버려 지부작족을 깊이 실감하게 되었다.

한 치의 쇠붙이로도 사람을 죽인다

寸鐵殺人

촌철살인

촌철살인(寸鐵殺人)은 한 치의 쇠붙이로도 사람을 죽인다는 뜻으로, 아주 짧고 간결한 말 한마디나 메시지로 상대방의 마음을 움직이거나 바꿀 수 있는 의미로 표현할 때 사용하는 말입니다. 촌철살인의 핵심은 짧은 표현 속에 강력한 메시지와 진리를 담아 상대방에게 강한 인상을 남기거나 깊은 깨달음을 주는 데 있습니다. 긴 설명이나 많은 말보다, 때로는 단 몇 마디의 말이 더 강하게 다가올 수 있으며, 간결하지만, 핵심을 찌르는 의사소통이 얼마나 중요한지를 잘 보여주는 말입니다. 예를 들어, '너 자신을 알라'는 소크라테스 말처럼, 짧은 한마디로 사람들에게 자기 성찰과 내면의 깨달음을 주는 명언을 예로 들 수 있습니다. 따라서 촌철살인의 표현은 우리가 말을 할 때, 그 말이 가진 힘을 신중하게 생각하고, 길고 장황한 설명보다도 간결하고 명확한 표현으로 상대방에게 효과적으로 메시지를 전달하는 것이 얼마나 중요한지를 일깨워주고 있습니다.

〖 한자를 알면 뜻이 보인다 〗

寸鐵殺人 : 한 치[寸]의 쇠붙이[鐵]로도 사람[人]을 죽인다[殺] .

짧은 경구로도 사람을 크게 감동시킬 수 있음을 이르는 말.

寸 : 마디 촌, 3획 ──────────────────── 부수: 寸

'마디'나 '촌수'를 뜻하는 글자이다. 예전에는 손 의미의 '又(또 우)'에 맥박 의미 부호를 합쳐, 손목과 맥박이 뛰는 위치까지의 거리를 뜻하였으며 이후 손가락 하나 정도 끼울 수 있는 거리의 의미로 쓰였다.

촌평(寸評) : 마디 촌(寸)과 평할 평(評)으로, 매우 짧게 비평함. 또는 그 비평.
[예문] 야당 대변인들은 이번 처사가 국민을 우롱하는 것이라고 촌평했다.

鐵 : 쇠 철, 21획 ──────────────────── 부수: 金

쇠 금(金)과 구렁말 철(𢧜)이 합하여 이루어진 모습으로, 단단하고 강한 강도를 가진 쇠를 뜻하여 '철'이나 '무기', '단단하다'라는 뜻을 가진 글자가 되었다.

철퇴(鐵槌) : 쇠 철(鐵)과 망치 추(槌)와 쇠로 만든 몽둥이.
[예문] : 철퇴를 맞은 병사가 쓰러지자, 싸움은 더욱 격해졌다.

殺 : 죽일 살, 11획 ──────────────────── 부수: 殳

죽일 살(杀)과 몽둥이 수(殳)가 합하여 이루어진 모습이다. 해를 끼치는 미상의 동물을 몽둥이로 때려죽이는 의미로 '죽이다'나 '죽다', '없애다'라는 뜻을 가진 글자이다.

피살(被殺) : 입을 피(被)와 죽일 살(殺)과 살해를 당함.
[예문] 여기는 어제 일어난 20대 주부 피살 사건 현장입니다.

人 : 사람 인, 2획 ──────────────────── 부수: 人

팔을 지긋이 내리고 있는 사람을 본뜬 모습으로, '사람'이나 '인간'이라는 뜻을 가진 글자이다.

인정(人情) : 사람 인(人)과 뜻 정(情)으로, 사람이 본디 가지고 있는 감정이나 심정.
[예문] 약한 자를 편드는 것이 인정이다.

철칙(鐵則) : 변경하거나 어길 수 없는 굳은 규칙.

[예문] 아빠는 건강을 위해서 금주와 금연을 철칙으로 세워서 실천하고 있다.

철면피(鐵面皮) : 염치가 없고 뻔뻔스럽다.

[예문] 그의 말이 너무 철면피해서 대꾸할 말도 떠오르지 않았다.

지남철(指南鐵) : 쇠를 끌어당기는 성질과 자기력을 이루는 성질이 있는 물체.

[예문] 공장에서는 지남철을 이용해 물건을 들어 올리기도 한다.

〖　　　촌철살인, 이럴 때 이렇게　　　〗

1. 그 작가는 복잡한 주제를 간결하게 표현하는 능력이 뛰어나, 그의 글에는 항상
   독자의 마음을 사로잡는 촌철살인의 문장이 숨어있다.

2. 역사적으로 위대한 연설들은 길지 않더라도 촌철살인의 힘을 발휘하여 사람들의
   마음을 움직이고 감동을 주었다.

3. 촌철살인의 논평은 상황을 정확히 짚어내며 사람들에게 깊은 인상을 남겼다.

4. 토론 프로그램에서 패널의 장황한 발언들 사이에 한 전문가의 촌철살인의
   지적이 토론의 방향을 완전히 바꾸어 놓았다.

5. 그는 긴 설명 대신 촌철살인의 한 마디로 상황을 정리하며, 모두를 놀라게 했다.
   그 말은 너무나도 정확해서 더 이상 아무도 반박할 수 없었다.

새 발의 피

鳥足之血

조족지혈

조족지혈(鳥足之血)은 새 발의 피라는 뜻으로, 어떤 사물이나 일이 매우 작고 보잘것없음을 비유할 때 사용하는 말입니다. 이 표현은 새의 발에서 나오는 피가 너무 적어서 거의 의미가 없다는 데서 유래되었으며, 주로 전체적인 것에 비해 너무나 미미하거나 보잘것없는 것들을 표현할 때 사용합니다. 예를 들어, 큰 프로젝트나 중요한 문제를 해결하기 위해 투입된 자원이나 노력이 너무 적어서 실질적인 변화를 이루기 어렵거나, 큰 목표에 비해 성과가 너무나 미미한 경우를 설명할 때 사용됩니다. 조족지혈은 우리에게 균형 잡힌 시각을 갖는 것이, 중요함을 가르치고 있습니다. 작은 성과나 자그마한 성취에 안주하지 말고, 전체적인 목표를 달성하기 위해 지속적이고 충분한 노력을 기울여야 한다는 것입니다. 이를 통해 우리는 작은 것에 만족하지 않고, 더 큰 목표를 향해 나아가는 지혜를 배울 수 있습니다.

〘   한자를 알면 뜻이 보인다   〙

鳥足之血 : 새[鳥] 발[足]의[之] 피[血]
아주 적은 분량을 비유한 말. 또는 아주 적어서 비교가 안 됨.

鳥 : 새 조, 11획 ──────────────────────────────── 부수: 鳥

'새'라는 뜻을 가진 글자이다. 새의 눈과 날개, 다리 등을 강조한 모양으로, 다소 꽁지가 긴 큰 '새'의 '의미하며, 鳥(새 조)는 모든 새를 총칭한다.

> 길조(吉鳥) : 길할 길(吉)과 새 조(鳥)로, 사람에게 복되고 좋은 일이 있을 것을 미리 알려 주는 새.
> 예문 마을 어귀의 소나무에 백로 두 마리가 날아들자 마을 사람들은 길조라고 좋아했다.

足 : 발 족, 7획 ──────────────────────────────── 부수: 足

발지(止)와 입 구(口)가 합하여 이루어진 모습으로, '발'이나 '뿌리', '만족하다'라는 뜻을 가진 글자이다. 足(족)이 부수로 쓰일 때는 대부분이 '발의 동작'이나 '가다'라는 뜻을 전달한다.

> 충족(充足) : 채울 충(充)과 발 족(足)으로, 욕구나 기대, 조건 따위를 충분하게 채움.
> 예문 : 어떤 사람은 꿈이 소망의 충족이라고 말한다.

之 : 갈 지, 4획 ──────────────────────────────── 부수: 丿

'가다'나 '~의', '~에'와 같은 뜻으로 쓰이는 글자이며, 사람의 발을 그린 것이다.

> 무인지경(無人之境) : 사람이 살고 있지 않은 외진 곳
> 예문 무인지경에서 혼자 살 수는 없으니 사람들과 그만 화해하고 마음을 풀어라.

血 : 피 혈, 6획 ──────────────────────────────── 부수: 血

그릇 명(皿) 위로 핏방울이 찍혀있는 모습을 본뜬 것으로, '피'나 '물들이다'라는 뜻을 가진 글자이다.

> 혈연(血緣) : 피 혈(血)과 연줄 연(緣)으로, 같은 핏줄로 이어진 인연.
> 예문 법정 친자란 혈연으로 맺어진 관계는 아니지만, 법률상 친자로 인정하는 자녀이다.

구우일모(九牛一毛) : 아홉 마리 소에 털 한 가닥이 빠진 정도라는 뜻

(예문) 그들의 친일 행위의 단적인 예에 불과한 것이며, 구우일모에 지나지 않는다는 사실입니다.

대해일속(大海一粟) : 넓은 바다에 떨어뜨린 한 알의 좁쌀이란 뜻.

(예문) 인생에서 겪은 경험 중, 이 일은 대해일속처럼 사소한 일이었다.

창해일속(滄海一滴) : 넓은 바다 가운데 한 알의 좁쌀이라는 뜻.

(예문) 이 거대한 우주에서 인간의 존재는 창해일속처럼 미미하다.

〚　　조족지혈, 이럴 때 이렇게　　〛

1. 남용이의 기부금은 거대한 자선사업에 비하면 조족지혈에 불과하다.

2. 작은 배려가 모여 큰 행복을 만든다지만, 나의 작은 도움은 그들의 힘든 삶에
   조족지혈일 뿐이다.

3. 올해 많은 양의 비로 인해 수확량은 작년에 비해 조족지혈이라고 아버지는
   말씀하신다.

4. 매출 증가를 위해 도입한 새로운 마케팅 전략이 단기적으로는 조족지혈 같은
   성과만을 가져올 뿐, 장기적인 전략이 필요하다.

5. 그가 제시한 해결책은 조족지혈에 불과해, 문제의 본질을 해결하기에는
   부족하여 근본적인 접근이 필요하다.

그림 속의 떡

畫中之餅

화중지병

화중지병(畫中之餅)은 그림 속의 떡이라는 뜻으로, 실제로 존재하지 않는 허상이나 실제로 사용할 수 없는 것을, 비유할 때 표현하는 말입니다. 즉, 그림에 그려진 떡은 실제로 먹을 수 없기에 아무리 보기에는 매력적이거나 훌륭해 보이지만, 실제로는 존재하지 않거나 실질적인 가치를 제공하지 않는 것을 표현할 때 사용됩니다. 예를 들어, 구상 단계에서만 존재하고 실제로 실행될 가능성이 없는 계획이나, 아무리 좋아 보이는 것이라도, 손에 넣을 수 없어 소용이 없는 경우가 예라 할 수 있습니다. 우리가 이루고 싶은 꿈이나 목표가 아무리 아름다워 보여도 현실적으로 달성 가능한지 냉철하게 판단해야 합니다. 불가능한 꿈을, 쫓다가 시간과 노력을 낭비하기보다는 자신의 능력과 환경에 맞는 현실적인 목표를 설정해야 합니다. 그림 속의 떡에만 집착하다가는 정작 손에 넣을 수 있는 소중한 것들을 놓칠 수 있음을 명심해야 할 것입니다.

〖　　한자를 알면 뜻이 보인다　　〗

畫中之餅 : 그림[畫] 속[中]의[之] 떡[餅]
아무리 마음에 들어도 이용할 수 없거나 차지할 수 없음을 비유한 말.

133

畵 : 그림 화, 12획 ──────────── 부수: 田

붓 율(聿)과 밭 전(田)이 합하여 이루어진 모습이다. 붓으로 그림을 그리고 있는 모습을 표현한 것으로, '그림'이나 '그리다', '긋다'라는 뜻을 가진 글자이다. 후에 '분할하다'나 '계획하다'라는 뜻이 파생되었다.

회화(繪畵) : 그림 회(繪)와 그림 화(畵)로, 평면상에 색채와 선을 써서 여러 가지 형상과 느낀 바를 표현하는 조형 예술.
(예문) 그녀는 조각과 회화에 조예가 깊다.

中 : 가운데 중, 4획 ──────────── 부수: |

깃발의 가운데 태양이 걸려있는 모양에서 본뜬 모습으로, '가운데'나 '속', '안'이라는 뜻을 가진 글자이다.

시중(市中) : 저자 시(市)와 가운데 중(中)으로, 사람들이 많이 오가며 일상적으로 생활하거나 활동하는 곳.
(예문) : 이 시장의 물건값은 시중에 비해 거의 절반 이상 싸다.

之 : 갈 지, 4획 ──────────── 부수: 丿

'가다'나 '~의', '~에'와 같은 뜻으로 쓰이는 글자이며, 사람의 발을 그린 것이다.

호구지책(糊口之策) : 입에 풀칠을 할 방책.
(예문) 그는 사업을 하던 사람이었지만 지금은 목수일로 호구지책을 삼는 처지가 되었다.

餠 : 병 떡, 17획 ──────────── 부수: 食

밥식 식(食)과 아우를 병(幷)이 합하여 이루어진 모습으로, '떡',과 '밀국수'를 뜻하는 글자이다.

주병(酒餠) : 술 주(酒)과 떡 병(餠)으로, 술과 떡을 아울러 이르는 말.
(예문) 상 위에 먹다 남은 주병이 그득한 것을 보신 할머니는 눈살을 찌푸렸다.

화폭(畵幅) : 그림을 그린 천이나 종이의 조각.

예문 그 화가는 인간의 순수한 사랑이나 따뜻한 마음을 화폭에 옮기고 싶어 했다.

화집(畵集) : 복사하거나 인쇄한 그림을 모아서 엮은 책

예문 그는 미술 잡지에서 그림을 뽑아 자기가 원하는 화집을 만들었다.

화질(畵質) : 텔레비전 따위의 화면에 맺힌 상의 밝기나 뚜렷함의 질.

예문 디지털 방송이 본격화되면서 선명한 화질과 고음질의 음향을 즐길 수 있게 되었다.

〖　　화중지병, 이럴 때 이렇게　　〗

1. 회사의 새로운 프로젝트 아이디어는 초기 단계에서 매우 매력적으로 보였지만,
   실질적인 실행 가능성이나 자원이 부족해서 결국 화중지병에 불과했다.

2. 그가 제안한 해결책은 너무 이상적이어서 현실적인 문제를 해결하기에는
   화중지병에 지나지 않는다.

3. 기업의 장기 계획은 외형적으로는 훌륭하게 보였지만, 현실적인 실행 계획이
   부족하여 결국 화중지병에 지나지 않았다.

4. 그의 공약은 화중지병 같은 것이었다. 듣기는 좋았지만, 결국 현실에서는
   이루어지지 않았다.

5. 저 직업은 너무 매력적이지만, 제가 가진 스펙으로는 화중지병이라 포기해야 할
   것 같습니다.

글자를 아는 것이
오히려 근심이 된다

識字憂患

식자우환

　식자우환(識字憂患)은 글자를 아는 오히려 걱정된다는 뜻으로, 지식이나 학문을 갖추고 있는 점이 오히려 걱정이나 문제를 초래할 수 있다는 의미로 표현할 때 사용하는 말입니다. 즉, 지식이 많을수록 문제를 더 많이 인식하게 되고, 그로 인해 불안감이나 걱정이 생길 수 있다는 것을, 표현하는 말입니다. 예를 들어, 환경 보호 단체에서 근무하게 되면 환경의 심각성을 이해하고 있는 만큼, 매일 접하는 환경 파괴와 관련된 뉴스와 사건들이 더 큰 걱정을 안겨주게 됩니다. 또 주식을 분석하는 사람은 많은 데이터를 분석하면서 예상하지 못한 리스크나 변동성을 인식하게 되지만 이를 해결할 방법이나 대응책이 부족해 더욱 걱정하게 되는 등의 경우가 식자우환의 대표적인 사례라고 할 수 있습니다. 이처럼 지식이나 정보가 많아지는 것이, 항상 긍정적인 것은 아닙니다. 오히려 더 많은 고민과 책임감이 따른다는 것을 명심해야 할 것입니다.

〖　　한자를 알면 뜻이 보인다　　〗

識字憂患 : 글자를[字] 아는[識] 것이 오히려 근심이[憂][患] 된다
학식이 있는 것이 도리어 근심을 일으키게 된다. 또는 모르는 것이 나을 때가 있다.

識 : 알 식, 19획 ──────────────────────────────── 부수: 言

말씀 언(言)과 찰흙 시(戠)가 합하여 이루어진 모습으로, 말(言)과 소리(音)를 통해서 식별한다는 뜻을 전달하고자 '알다'나 '지식', '표시하다'라는 뜻을 가지게 되었다.

> 의식(意識) : 뜻 의(意)과 알 식(識)으로, 깨어 있는 상태에서 자기 자신이나 사물에 대하여 인식하는 작용.
> [예문] 오빠는 일주일이나 병원 신세를 진 후에야 겨우 의식을 찾았다.

字 : 글자 자, 6획 ──────────────────────────────── 부수: 子

집 면(宀)과 아들 자(子)가 합하여 이루어진 모습으로, 본래 자궁에서 아이가 나오는 모양인데, 후에 번식한다는 의미로 인해 두 개 이상의 글자가 모여 새로운 글자를 만드는 개념으로 확대되어 '글자', '문자' 의미로 파생되었다.

> 함자(銜字) : 재갈 함(銜)과 글자 자(字)로, 남의 이름을 높여 이르는 말.
> [예문] 실례지만 함자가 어떻게 되십니까?

憂 : 근심 우, 15획 ──────────────────────────────── 부수: 心

머리 혈(頁)과 덮을 멱(冖), 마음 심(心), 올 치(夂)가 합하여 이루어진 모습으로, '근심'이나 '걱정'이라는 뜻을 가진 글자이다. 面(면)'의 변형인 '얼굴'에 마음이 근심스러움을 덮고 있어 느리게 걷고 있다는 의미에서 '근심'의 의미 생성되었다.

> 우수(憂愁) : 근심 우(憂)와 시름 수(愁)로, 마음이나 분위기가 시름에 싸인 상태.
> [예문] 깊은 우수의 그림자가 현미의 얼굴에 드리웠다.

患 : 근심 환, 11획 ──────────────────────────────── 부수: 心

꿸 관(串)과 마음 심(心)이 합하여 이루어졌으며, 심장을 꿰뚫는 듯한 모습을 본뜬 모습으로, '근심'이나 '걱정', '질병'이라는 뜻을 가진 글자이다.

> 환부(患部) : 근심 환(患)과 누눌 부(部)로, 병 또는 상처가 나서 아픈 자리.
> [예문] 병원 측에서는 환자에게 환부의 사진을 보여 주었다.

숙환(宿患) : 오래 묵은 병.

(예문) 아버님께서는 숙환으로 고생하시다가 별세하셨다.

급환(急患) : 위급한 병환. 또는 그런 환자.

(예문) 어제 친구 아버지가 급환으로 돌아가셨다.

환난상구(患難相救) : 어려운 일을 당하면 서로 도와줌.

(예문) 환난상구의 미풍양속은 우리 겨레의 오랜 전통이다.

〖　　　식자우환, 이럴 때 이렇게　　　〗

1. 회계사인 그는 각종 세무 관련 규정을 완벽하게 이해하고 있지만, 규정이 자주 변경되면서 새로운 정보에 대한 걱정이 커져 식자우환의 상황을 겪고 있다.

2. 그녀는 법학을 전공하고 많은 법률 지식을 갖추고 있지만, 복잡한 범률 문제를 다루면서 지나치게 많은 세부 사항에 신경 쓰게 되어 식자우환의 상태에 빠졌다.

3. 식자우환이라더니 텔레비전에 대해 좀 안다고 덤볐다가 멀쩡한 텔레비전을 고물로 만들어 놓았다.

4. 사람들은 때로는 너무 많은 정보가 식자우환으로 이어져 삶의 질을 떨어뜨릴 수 있다는 것을 인지해야 한다.

5. 그는 방대한 정보와 복잡한 데이터로 인해 오히려 연구 결과에 대한 우려와 스트레스로 인해 식자우환의 상황을 겪고 있다.

닭 쫓던 개
지붕 쳐다보듯 한다

逐鷄望籬

축계망리

축계망리(逐鷄望籬)는 닭을 쫓다가 울타리 쳐다본다는 뜻으로, 본래의 목표를 잃어버리고 다른 곳에 정신 팔려 일을 그르치는 상황을 표현할 때 사용하는 말입니다. 닭을 쫓던 개가 울타리를 쳐다보는 모습에서 유래한 속담으로, 여러 가지 일에 정신을 빼앗겨 일을 망치거나, 시간을 낭비하는 의미로 표현됩니다. 예를 들어, 프로젝트를 진행하던 중 팀원이 작은 문제들에 집착하게 되면서, 본래의 큰 목표나 주요 업무를 놓쳐 실패하거나, 망치는 경우, 또는 학생이 중요한 기말고사를 준비하는 대신, 다른 곳에 신경 쓰다가 기말고사를 망치고 본질의 학습 목표를 잊는 경우가 축계망리의 사례입니다. 어떤 일을 하든 본래의 목표나 목적을 명확히 하고, 이를 향해 집중하는 것이 중요합니다. 주변의 부차적인 문제나 방해 요소에 지나치게 신경을 쓰는 것보다, 본질적인 목표에 신경을 쓰는 것이 효율적임을 명심해야 할 것입니다.

〖　　한자를 알면 뜻이 보인다　　〗

逐鷄望籬 : 닭[鷄] 쫓다가[逐] 울타리[籬] 쳐다보듯[望] 한다
애써 하던 일이 실패로 돌아가거나 남보다 뒤떨어져 맥이 빠진 경우를 말함.

逐 : 쫓을 축, 11획 ──────────────────── 부수: 辶

쉬엄쉬엄 갈 착(辶)과 돼지 시(豕)가 합하여 이루어진 모습으로, 짐승을 뒤쫓아가다는 의미에서 확대되어 '쫓다'나 '쫓아내다', '뒤따라가다'라는 뜻을 가진 글자가 되었다.

> **각축(角逐)** : 角(뿔 각)과 逐(쫓을 축)으로, 서로 이기려고 경쟁함.
> (예문) 벤처 기업의 성공 신화를 이을 차세대 주자의 치열한 각축이 예상된다.

鷄 : 닭 계, 21획 ──────────────────── 부수: 鳥

어찌 해(奚)와 새 조(鳥)가 합하여 이루어진 모습으로, 새벽을 알리는 새(鳥)의 뜻이 합하여 '닭'을 뜻하는 글자가 되었다.

> **양계장(養鷄場)** : 養(기를 양), 鷄(닭 계), 場(마당 장)으로, 설비를 갖추어 놓고 닭을 치는 곳.
> (예문) 그 양계장은 심한 무더위에도 관리를 잘해 폐사한 닭이 몇 마리에 지나지 않았다.

望 : 바랄 망, 11획 ──────────────────── 부수: 月

망할 망(亡)과 달 월(月), 천간 임(壬)이 합하여 이루어진 모습으로 '바라다'나 '기대하다'라는 뜻을 가진 글자이다. 없는 것을 찾는다는 의미와 신하가 임금 보기를 하늘 보듯이 한다는 의미에서 '바라다', '바라보다' 등의 의미 생성되었다.

> **전망(展望)** : 展(펼 전)과 望(바랄 망)으로, 앞날을 헤아려 내다봄.
> (예문) 정부의 이번 발표는 국내 금융 시장을 더욱 경색시키게 할 전망이다.

籬 : 울타리 리(이), 25획 ──────────────────── 부수: 竹

대죽 죽(竹)과 떠날 리(離)가 합하여 이루어진 모습으로, 대나무 섶을 엮어서 친 울타리를 뜻하는 글자이다.

> **조리(笊籬)** : 笊(조리 조)와 籬(울타리 리)로, 쌀을 이는 데에 쓰는 기구.
> (예문) 조리는 돌과 뉘를 쌀에서 걸러내는 도구이다.

축출(逐出) : 직위나 자리에서 강제로 쫓아냄.

[예문] 당 지도부는 뇌물죄로 사법 처리당한 의원들의 축출을 결의하였다.

각축장(角逐場) : 서로 이기려고 다투거나 경쟁을 하는 곳.

[예문] 무한 경쟁 시대에는 세계의 모든 곳이 대기업의 각축장으로 변할 것입니다.

축조심의(逐條審議) : 한 조목씩 차례로 모두 심의하는 일.

[예문] 정기 총회에서 회칙을 축조심의 했기 때문에 별문제가 없을 것이다.

〖   축계망리, 이럴 때 이렇게   〗

1. 그는 프로젝트의 핵심 목표를 잊고 작은 세부 사항에만 몰두한 결과 일을 그르치는
   축계랑리의 전형적인 모습을 보였다.

2. 팀은 큰 계약을 따내기 위해 열심히 노력하고 있었지만, 진행 중에 발생한 작은
   문제들에 지나치게 신경 쓰다 보니 계약을 놓쳐버리는 축계망리의 상황이 발생
   되고 말았다.

3. 그는 프로젝트를 진행하면서 부차적인 장비의 문제에 너무 많은 시간을
   소비했다. 이는 축계망리의 사례로, 중요한 일에 집중하지 못한 결과였다.

4. 회의에서 사소한 의견 충돌에만 집중하다 보니, 프로젝트의 주요 방향에 대해
   논의하는 것을 잊었다. 축계망리의 상황을 보며, 중요한 목표에 대한 집중력을
   유지하는 것이 얼마나 중요한지를 깨달았다.

5. 학생이 과제의 문법이나 형식적 오류에 지나치게 신경 쓴 나머지, 내용의
   깊이나 핵심 주제를 놓치게 되는 축계망리의 상황에 빠지게 되었다.

간에 붙었다
쓸개에 붙었다 한다

附肝附膽

부간부담

　　부간부담(附肝附膽)은 간에 붙었다 쓸개에 붙었다는 뜻으로 여러 곳에 붙어 다니며 일관성 없이 이랬다 저랬다 행동하는 상황을 비판할 때 사용하는 속담 성어입니다. 여기서 간과 쓸개는 신체 기관을 의미하지만, 속담에서는 '붙다'라는 개념을 통해 사람들이 여러 곳에, 붙어 다니는 행동을 비판적으로 묘사하는 말입니다. 즉, 한 가지 일에 집중하지 않고 여러 가지를 동시에 시도하거나, 사람과의 관계에서 자주 태도를 바꾸거나 여러 사람에게 일관되지 않는 행동을 할 때, 비판적으로 사용하는 말입니다. 부간부담은 여러 가지 일을 동시에 시도하기보다는 하나의 일에 집중하여 일관성 있게 노력하는 것이, 성공적인 결과를 얻는 길이라는 점을 일깨워주는 말입니다. 또한 사람과의 관계에서 일관성이 없고 자주 태도를 바꾸는 행동은 신뢰를 잃게 만들고 관계를 위태롭게 할 수 있으므로, 항상 일관된 태도와 진정성 있는 마음을 유지하고 관계 형성에 지혜를 발휘하기를 바랍니다.

〖　　한자를 알면 뜻이 보인다　　〗

附肝附膽 : 간에[肝] 붙었다[附] 쓸개에[膽] 붙었다[附] 한다
속도 없이 이랬다 저랬다 함.

142

附 : 붙을 부, 8획 ──────────────────────── 부수: 阝

阜(언덕 부)와 付(줄 부)가 합하여 이루어진 모습으로, 언덕을 기어 올라간다는 의미에서 '붙다'나 '붙이다', '보내다'라는 뜻을 가지게 되었다.

> 부가(附加) : 붙을 부(附)와 더할 가(加)로, 추가하다, 덧붙이다는 뜻.
> 예문 : 이 제품에는 부가세가 추가로 붙습니다.

肝 : 간 간, 7획 ──────────────────────── 부수: 月

月(육달 월)과 干(방패 간)이 합하여 이루어진 모습으로, 방어 역할을 하는 기관이라는 의미에서 '간'이나 '진심'이라는 뜻을 가진 글자이다.

> 간장(肝腸) : 간 간(肝)과 창자 장(腸)으로, 간과 창자. 또는 애가 타서 녹을 듯한 마음
> 예문 : 그는 어려운 상황에서도 항상 간장을 다해 나를 도와주었다.

附 : 붙을 부, 8획 ──────────────────────── 부수: 阝

阜(언덕 부)와 付(줄 부)가 합하여 이루어진 모습으로, 언덕을 기어 올라간다는 의미에서 '붙다'나 '붙이다', '보내다'라는 뜻을 가지게 되었다.

> 부용(附庸) : 붙을 부(附)와 쓸 용(庸)으로, 어떤 것의 부수적인 존재를 의미함.
> 예문 : 그 회사는 다른 대기업의 부용으로 여겨졌습니다.

膽 : 쓸개 담, 17획 ──────────────────────── 부수: 月

달 월(月)과 이를 첨(詹)이 합하여 이루어진 모습으로, '용기', '담력', '쓸개'의 의미를 가진 글자이다. 쓸개는 소화과정에서 중요한 역할을 하는 장기로, 건강과 생명의 상징으로 여겨졌으며, 담은 용기와 담력뿐만 아니라 건강, 생명력과 같은 의미로도 쓰인다.

> 담낭(膽囊) : 쓸개 담(膽)과 주머니 낭(囊)으로, 쓸개로 간에 부착된 소화 기관으로 담즙을 저장하는 역할을 함.
> 예문 : 담낭에 결석이 생기면 소화에 문제가 생길 수 있습니다.

부설(附設) : 주된 기관이나 건물에 딸려 어떤 기관을 설치함. 또는 그런 시설.
예문 나는 사범 대학 부설 고등학교를 나왔다.

부가(附加) : 이미 있는 것에 새로운 것을 덧붙임.
예문 이번 제품은 기존 기능에 새로운 기능을 부가 하였기 때문에 가격이 좀더 올랐습니다.

회부(回附) : 문제 · 사건 · 서류 등을 관계 부서에 돌려보내거나 넘김.
예문 정 하사는 명령 불복종으로 군사 법원에 회부됐다.

부화뇌동(附和雷同) : 일정한 주견이 없이 남의 의견에 따라 같이 행동함.
예문 : 잘 알지도 못하면서 함부로 부화뇌동을 하지 마라

〖   부간부담, 이럴 때 이렇게   〗

1. 당을 탈당하여 신념과 철학도 없이 다른 당으로 입당한 그 정치인은
   부간부담이라는 말을 듣는 전형적인 예를 보여주고 있다.

2. 김 대리는 회의 중에 자기의 주장도 없이 이 의견도 좋다고 하고, 다른 의견도
   좋다하여 부간부담의 전형적인 모습을 보여 다들 실망하였다.

3. 철수는 어떤 날은 매우 따뜻하고 다정하다가도, 어떤 날은 갑자기 무관심하게
   행동하는 부간부담의 태도를 보여 친구들 사이에서 신뢰를 잃고 말았다.

4. 준호는 중요한 결정에서 자주 의견을 바꾸며 부간부담의 행동을 보여, 그의
   일관성 없는 태도에 결국 팀원들 사이에서 신뢰를 잃고 말았다.

호랑이는 죽어서 가죽을 남기고,
사람은 죽어서 이름을 남긴다

虎死留皮 人死留名

호사유피 인사유명

호사유피 인사유명(虎死留皮 人死留名)은 호랑이는 죽어서 가죽을 남기고, 사람은 죽어서 이름을 남긴다는 뜻으로, 사람은 죽어서도 자신이 이룬 업적이나 이름을 후세에 명예롭게 남겨야 한다는 의미로 표현할 때 사용하는 속담 성어입니다. 뜻을 풀이하자면 호사유피(虎死留皮)는 호랑이는 죽어서 가죽을 남긴다는 뜻이고, 인사유명(人死留名)은 사람은 죽어서 이름을 남긴다는 뜻으로, 호랑이는 죽으면 그 가죽이 남아 가치를 지니게 되지만, 사람은 죽고 나면 그가 남긴 이름과 명예가 후세에 남는다는 것을 의미합니다. 즉, 호랑이의 가죽이 죽은 뒤에도 남아 그 존재를 드러내는 것처럼, 사람은 생전에 어떤 삶을 살았는지에 따라 그 이름이 남아 후세에 영향을 미칩니다. 이 말은 사람들이 자신의 행동과 업적이 죽은 후에도 기억될 수 있음을 알고, 도덕적이고 윤리적인 삶을 살도록 격려하는 메시지를 담고 있는 속담입니다.

〖　　한자를 알면 뜻이 보인다　　〗
虎死留皮 人死留名 : 호랑이는[虎] 죽어서[死] 가죽을[皮] 남기고[留],
사람은[人] 죽어서[死] 이름을[名] 남긴다[留]
사람은 죽어서도 그 이름이 남으니 자신의 이름을 명예롭게 하라는 뜻.

虎 : **범 호, 8획** ────────────────────────────── 부수: 虍

호피 무늬 호(虍)와 어진 사람 인(儿)이 합하여 이루어진 모습이다. 호랑이의 모양을 본
뜬 것으로, '호랑이'나 '용맹스럽다'라는 뜻을 가진 글자이다.

死 : **죽을 사, 6획** ────────────────────────────── 부수: 歹

뼈 알(歹)과 비수 비(匕)가 합하여 이루어진 모습이다. 뼈(歹)만 앙상하게 남아 있는 모습
과 匕(비수 비)는 손을 모으고 있는 사람을 그린 것으로, 누군가의 죽음을 애도 한다는 뜻
으로, '죽음', '죽다'라는 뜻을 가지게 되었다.

留 : **머무를 류, 10획** ────────────────────────────── 부수: 田

밭 전(田)과 토끼 묘(卯)가 합하여 이루어진 모습이다. 논밭이 있으면 그곳에 머물러 경
작에 종사하게 되므로 전(轉)하여, '머무르다'나 '지체하다', '붙잡다'라는 뜻을 가지게 되
었다.

皮 : **가죽 피, 5획** ────────────────────────────── 부수: 皮

기슭 엄(厂)과 뚫을 곤(丨), 또 우(又)가 합하여 이루어진 모습이다. 동물의 가죽을 손으
로 벗겨내는 모습을 본뜬 것으로, '가죽'이나 '껍질', '표면'이라는 뜻을 가진 글자이다.

人 : **사람 인, 2획** ────────────────────────────── 부수: 人

팔을 지긋이 내리고 있는 사람을 본뜬 모습으로, '사람'이나 '인간'이라는 뜻을 가진 글
자이다.

名 : **이름 명, 6획** ────────────────────────────── 부수: 口

저녁 석(夕)과 입 구(口)가 합하여 이루어진 모습이다. 어두운 저녁 저 멀리 오는 누군가
를 식별하기 위해 이름을 불러본다는 의미에서 '이름'이나 '평판'이라는 뜻을 가진 글자
이다.

익명(匿名) : 이름을 숨김.

예문 익명의 제보자가 비행기 안에 폭발물이 숨겨져 있다고 제보해 사람들을 놀라게 했다.

명물(名物) : 어느 지방에서 특별하게 이름난 물건.

예문 명동 성당은 완공되자 당시 서울의 명물이 되었다.

대의명분(大義名分) : 사람으로서 마땅히 지켜야 할 도리와 본분.

예문 그는 정치가로서 대의명분을 지키기 위해 고군분투하였다.

〖　　호사유피 인사유명, 이럴 때 이렇게　　〗

1. 그는 세상을 떠나지만, 그의 정신과 정의로운 행동은 우리 모두에게 호사유피 인사유명이라는 말처럼 영원히 기억될 것입니다.

2. 많은 과학자의 노력과 업적은 호사유피 인사유명처럼 죽어서도 그 행적과 명성은 영원히 남아 우리에게 가치 있는 지식을 전해주고 있다.

3. 노무현 전 대통령은 국가 발전을 위해 노력했고, 그의 성과는 호사유피 인사유명이라고 지금까지 우리에게 큰 영향을 미치고 있다.

4. 단순히 부를 쌓는 것만으로는 충분하지 않다. 호사유피 인사유명이라는 말처럼, 우리는 좋은 업적과 명예를 남기기 위해 노력해야 한다.

5. 나의 목표는 단순히 성공하는 것이 아니라, 호사유피 인사유명이라는 속담처럼, 나의 이름과 업적이 후세에 남도록 하는 것이다.

공을 들인 탑이 어찌 무너지랴

積功之塔豈毀乎

적공지탑기훼호

적공지탑기훼호(積功之塔豈毀乎)는 공을 들인 탑이 어찌 무너지랴는 뜻으로, 큰 노력을 기울여 쌓아온 성과나 업적이 위태롭거나 쉽게 무너지지 않는다는 강한 확신을 표현할 때 사용하는 속담 성어입니다. 즉, 꾸준한 노력과 성취를 통해 이룬 성과는 쉽게 무너지지 않는다는 자신감과 자기 확신을 담은 의지의 표현이라 할 수 있습니다. 꾸준한 노력을 기울여 이루어진 공적은 마치 놓은 탑처럼 중요한 가치를 가집니다. 아무리 높은 탑이라도 그 기초가 튼튼하지 않으면 쉽게 무너질 수 있습니다. 기초가 튼튼해야 공적이 진정한 가치를 발휘하는 것처럼, 어떠한 어려움이 있더라도 노력과 헌신으로 최선을 다해야 하며, 자신이 이룬 성과나 업적이 충분히 강하고 안정적이라는 믿음을 가져야 합니다. 흔들리지 않고 무너지지 않는 마음은 곧 자신감과 자기 확신에서 오는 믿음이라는 점을 잊지 않기를 바라는 마음입니다.

〖 **한자를 알면 뜻이 보인다** 〗

積功之塔豈毀乎 : 공을[功] 들인[積] 탑이[塔][之]
어찌[豈] 무너지랴[毀][乎]
정성을 기울여 이룩해 놓은 일은 그리 쉽게 무너지지 않는다는 말.

積 : 쌓을 적, 16획 ──────────────────────────── 부수: 禾

벼 화(禾)와 빚 채(責)가 합하여 이루어진 모습으로, 빚이 계속 쌓이고 누적되듯이 볏단
이 포개진다는 의미에서 '쌓이다'나 '저축'이라는 뜻을 가진 글자가 되었다.

功 : 공 공, 5획 ──────────────────────────── 부수: 力

장인 공(工)과 힘 력(力)이 합하여 이루어진 모습으로, 힘써 일한 결과가 나타난 것으로
'공적'을 의미하여 '공로'나 '업적', '사업'이라는 뜻을 가진 글자가 되었다.

塔 : 탑 탑, 12획 ──────────────────────────── 부수: 土

흙 토(土)와 좀콩 답(荅)이 합하여 이루어졌으며, 사찰에 있는 탑을 뜻하기 위해 만든 글
자로서 '탑'이나 '층집', '사찰'이라는 뜻을 가진 글자로 쓰인다.

豈 : 어찌 기, 10획 ──────────────────────────── 부수: 豆

통 두(豆)와 뫼 산(山)이 합하여 이루어진 모습으로, '어찌'나 '승전악'이라는 뜻을 가진
글자이다. 豈(콩 두)는 '어찌'라고 할 때는 '기'라 하고 '승전악'이라 할 때는 '개'로 발음
한다. 豈(콩 두)는 전쟁의 승리를 알린다는 의미에서 '승전악'이라는 뜻으로 쓰였다.

毀 : 헐 훼, 13획 ──────────────────────────── 부수: 殳

절 구(臼)와 장인 공(工), 몽둥이 수(殳)가 합하여 이루어진 모습으로, '헐다'나 '부수다'
라는 뜻을 가진 글자이다. 毀(훼)는 절구와 몽둥이를 들고 있는 모습으로, 절구통을 깨부
수는 모습을 표현한 것이다

乎 : 어조사 어, 5획 ──────────────────────────── 부수: 丿

비찜 별(丿)과 어조사 혜(兮)의 합으로 소리를 길게 끌어 속마음까지 다 표현한다는 의미
에서 '~느냐?', '~지?'와 같은 어조사로 쓰이는 글자이다.

폄훼(貶毁) : 깎아내려 헐뜯다.

(예문) 그는 남에 대한 비방과 폄훼를 일삼고 있다.

훼손(毁損) : 헐거나 깨뜨려서 못 쓰게 함.

(예문) 거리의 가로수들이 자동차 매연과 먼지로 심각하게 훼손을 입고 있다.

훼절(毁節) : 절개나 지조를 깨뜨림.

(예문) 내가 믿었던 사람들이 차례로 훼절해 가는 것을 보는 것이 고통스러웠다.

〚　　적공지탑기훼호, 이럴 때 이렇게　　〛

1. 매일 매일 하루에 한두 시간 운동하고 건강을 챙기는 것은, 적공지탑기훼호와 같아서 하루아침에 건강이 무너지지는 않을 것이다.

2. 선생님께서는 학생들에게 적공지탑기훼호를 말씀하시면서 수험생활 중 겪는 수많은 시험과 과제의 노력은 결코, 헛되지 않을 것이며, 좋은 결과가 있을 것이라고 하셨다.

3. 무슨 일이든 천천히 꾸준히 노력하는 것이 중요하다. 적공지탑기훼호라는 말이 있듯이 꾸준히 최선을 다해 노력하다 보면 큰 결과가 기다릴 것이다.

4. 우리 팀의 노력과 성과는 적공지탑기훼호라는 말처럼, 어떤 어려움에도 굳건히 서 있을 것이다.

5. 오랜 시간 동안 쌓아온 프로젝트의 결과는 적공지탑기훼호라는 말처럼, 결코, 헛되지 않을 것이다.

발 없는 말이 천 리까지 간다

無足之言飛于千里

무족지언비우천리

무족지언비우천리(無足之言飛于千里)는 발 없는 말이 천 리를 날아간다는 뜻으로, 근거가 부족하거나 신뢰할 만한 정보가 아닌 말이 널리 퍼질 수 있는 상황을 표현할 때 사용하는 속담 성어입니다. 즉, 한번 내뱉은 말은 마치 날개 달린 새처럼 빠르게 퍼져나가 돌이킬 수 없듯이, 사실이 아닐 수도 있는 말이나 주장이 멀리 퍼지고 많은 사람에게 영향을 미치는 상황을 표현하는 말입니다. 사람들은 때때로 충분한 근거가 없거나 신뢰할 수 없는 정보를 무심코 퍼드리곤 합니다. 이러한 정보는 실제로 정확하지 않거나 잘못된 것일 수 있지만, 소문이나 루머처럼 빠르게 퍼져나가 당사자나 많은 사람이 상처를 보거나 손해를 보는 일들이 사회적 문제를 일으키고 있습니다. 따라서 우리는 단순히 말을 전파하는 데 그치지 않고, 그 말의 내용이 정확하고 근거가 있는지 항상 확인하고, 신중하게 말을 전하는 습관을 몸소 실천해야 합니다.

〖 **한자를 알면 뜻이 보인다** 〗

無足之言飛于千里 : 발[足] 없는[無] 말이[言][之]
천 리[千][里]를 날아[飛] 간다[于]
말이란 순식간에 멀리 퍼져 나감으로 조심하라는 뜻.

無 : 없을 무, 12획 ──────────────────────────── 부수: 灬

'없다'나 '아니다', '~하지 않다'라는 뜻을 가진 글자로, 사람이 소꼬리를 들고 춤추는 모양에서 없어서는 안 될 일로 인해 '없다'는 의미로 생성되었다.

足 : 발 족, 7획 ──────────────────────────── 부수: 足

발지(止)와 입 구(口)가 합하여 이루어진 모습으로, '발'이나 '뿌리', '만족하다'라는 뜻을 가진 글자이다. 足(족)이 부수로 쓰일 때는 대부분이 '발의 동작'이나 '가다'라는 뜻을 전달한다.

言 : 말씀 언, 7획 ──────────────────────────── 부수: 言

넉 사(亖)와 입 구(口)가 합해진 모습으로, '말씀'이나 '말'이라는 뜻을 가진 글자이다. 갑골문을 보면 口(입 구)가 나팔을 부는 모습이라는 설도 있는데, 입에서 소리가 퍼져나가는 모습을 그린 것으로 부수로 쓰일 때는 '말하다'와 관계된 뜻을 전달하게 된다.

飛 : 날 비, 9획 ──────────────────────────── 부수: 飛

사람인변 인(亻)과 뚫을 곤(丨), 날 비(⺀)가 합하여 이루어진 것으로 새의 날개와 몸통을 함께 그린 것이다. '날다'나 '오르다'라는 뜻을 가진 글자이다.

于 : 어조사 우, 3획 ──────────────────────────── 부수: 二

두 이(二)와 갈고리 궐(亅)이 합하여 이루어졌으며, '~에서'나 '~부터', '~까지'와 같은 어조사로 쓰이는 글자이다. 于(어조사 어)는 '어'와 '우' 두 가지 발음을 갖고 있다.

里 : 마을 리, 7획 ──────────────────────────── 부수: 里

밭 전(田)과 흙 토(土)가 합하여 이루어진 모습으로, '마을'이나 '인근', '거리를 재는 단위'로 쓰이는 글자이다. 농사지을(田) 땅(土)이 있다는 의미에서 '마을' 의미를 생성했고, 후에 구획을 의미한 '거리'의 단위로도 쓰이게 되었다.

비약적(飛躍的) : 단계를 껑충 뛰어 아주 빠르고 눈부시게 발전, 향상하는 것.

[예문] 그 나라는 최근 중화학 공업에서 비약적인 발전을 보이고 있다.

비말(飛沫) : 튀거나 날아올라 흩어지는 물거품들.

[예문] 하절기 대비 비말 차단 마스크는 다음 달 중순에 배부될 예정이다.

암중비약(暗中飛躍) : 어둠 속에서 날고 뛴다는 뜻으로, 남들 모르게 맹렬히 활동함.

[예문] 남용이는 경찰에서 비밀 정보원으로 암중비약하는 인물로 정평이 나 있다.

〖 　무족지언비우천리, 이럴 때 이렇게 　〗

1. 무족지언비우천리라고 어디서 시작된 것인지도 모르는데 그 연예인의 악소문은 일파만파 빠르게 전해지고 있다.

2. 근거가 부족한 의견이 무족지언비우천리처럼 널리 퍼지지 않도록 모든 주장에는 명확한 데이터를 뒷받침해야 한다.

3. 나는 헛된 소문들이 무족지언비우천리처럼 퍼져 나가는 것을 보면서, 말의 힘이 주는 폐해를 새삼 깨닫게 되었다.

4. 그의 말이 정확하지 않았음에도 불구하고, 소문이 천 리를 날아가듯 빠르게 퍼져, 정물 무족지언비우천리라는 말을 느낄 수 있었다.

5. 무족지언비우천리처럼, 신뢰할 수 없는 정보라도 사람들 사이에서 빠르게 확신될 수 있다는 것을 인식해야 한다.

하룻강아지 범 무서운 줄 모른다

一日之狗不知畏虎

일일지구부지외호

일일지구부지외호(一日之狗不知畏虎)는 하루 된 강아지 범 무서운 줄 모른다는 뜻으로, 경험이 없는 사람이 무모하게 용감한 행동을 하거나, 위험을 인식하지 못하는 상황을 표현할 때 사용하는 속담 성어입니다. 예를 들어 어린이나 초보자가 아무런 두려움 없이 도전하거나 과감한 행동을 할 때, 또는 자기보다 능력이나 힘이 강한 사람에게 무모하게 도전하거나 힘을 자랑할 때나, 경험 부족으로 인한 무모한 행동을 비판하는 상황일 때, 이 표현을 사용합니다. 하룻강아지 범 무서운 줄 모른다는 속담의 일일지구부지외호는 경험이 없는 상태에서 과감한 결정을 내리는 것은, 무지에 기인한 것으로, 섣부른 판단이나 행동보다는 상황에 대한 깊은 이해와 신중한 접근이 필요함을 가르쳐 주고 있는 말입니다. 우리가 어떤 도전이나 새로운 일을 시작할 때, 충분한 준비와 사전 조사를 통해 위험을 최소화하고 성공 가능성을 높이는 것이, 중요하다는 메시지를 전달합니다.

〖   한자를 알면 뜻이 보인다   〗

一日之狗不知畏虎 : 하루 된[一][日] 강아지[狗] 범[虎] 무서운[畏] 줄[知] 모른다[不]
상대가 되지 않을 강자에게 철모르고 덤비는 것을 빗대어 이르는 말.

日 : 날 일, 4획 ─────────────────────────── 부수: 日

태양을 그린 것으로 '날'이나 '해', '낮'이라는 뜻이다. 日(날 일)이 부수로 쓰일 때는 '시간'이나 '날짜' 또는 '밝기'나 '날씨'와 같은 뜻을 전달하게 된다.

狗 : 개 구, 8획 ─────────────────────────── 부수: 犭

개 견(犬)과 글귀 구(句)가 합하여 이루어진 모습으로, '개'나 '강아지'라는 뜻을 가진 글자이다.

不 : 아닐 부, 4획 ─────────────────────────── 부수: 一

땅속으로 뿌리를 내린 씨앗을 본뜬 것으로, 아직 싹을 틔우지 못한 상태라는 의미에서 '아니다'나 '못하다', '없다'라는 뜻을 갖게 되었다.

知 : 알 지, 8획 ─────────────────────────── 부수: 矢

화살 시(矢)와 입 구(口)가 합하여 이루어진 모습으로, '알다'나 '나타내다'라는 뜻을 가진 글자이다. 아는 것을 입으로 말하는 것이 화살처럼 빠르다는 의미에서 '알다'는 의미 생성되었다.

畏 : 두려워할 외, 9획 ─────────────────────────── 부수: 田

밭 전(田)과 필 소(疋), 사람 인(人)이 합하여 이루어진 모습이다. 신과 소통을 대변하던 제사장은 사람들에게 경외와 공포의 대상으로, '두려워하다'나 '경외하다', '꺼리다'라는 뜻을 가지게 되었다.

虎 : 범 호, 8획 ─────────────────────────── 부수: 虍

호피 무늬 호(虍)와 어진 사람 인(儿)이 합하여 이루어진 모습이다. 호랑이의 모양을 본뜬 것으로, ' 호랑이'나 '용맹스럽다'라는 뜻을 가진 글자이다.

경외감(敬畏感) : 공경하고 두려워하는 마음.

예문　가까이에서 본 그 산은 너무나 거대하여 경외감마저 느끼게 하였다.

후생가외(後生可畏) : 뒤에 난 사람은 두려워할 만하다는 뜻.

예문　날이 갈수록 뛰어난 후배들이 점점 많아져 후생가외라는 말을 실감하게 된다.

외포(畏怖) : 몹시 두려워함.

예문　미지의 신비로운 세계에 외포를 갖는 것과 초자연적인 힘을 미신하는 것은 구별되어야 한다.

〖　　　　 일일지구부지외호, 이럴 때 이렇게　　　　〗

1. 그 권투 선수는 일일지구부지외호라고 상대 선수의 실력을 무시하고 도전하다 결국 1라운드에서 KO패 당하고 말았다.

2. 우진아, 새로운 환경에 적응하는 것이 놀랍지만, 일일지구부지외호에 빠지지 않도록 너를 잘 경계해야 해. 그렇지 않으면 큰 실수로 인해 곤란한 상황을 만들어질 수도 있단다.

3. 종빈이는 그만한 실력도 없으면서 투자를 계속하는 것은, 일일지구부지외호의 상황이라 말하고 싶다.

4. 신입사원이 상사의 경고를 무시하고 중요한 프로젝트를 독단적으로 추진하다가 큰 실수를 저질러 일일지구부지외호처럼, 경험 부족이 부른 모모한 행동이었다.

5. 친구가 처음 스키를 배우면서 바로 어려운 코스에 도전했지만, 곧 넘어져 다치고 말았다. 일일지구부지외호라는 말처럼, 그는 경험 부족으로 위험을 간과했다.

서당 개 삼 년이면 풍월을 읊는다

堂狗三年吠風月

당구삼년폐풍월

당구삼년폐풍월(堂狗三年吠風月)은 서당 개 삼 년이면 풍월을 읊는다는 뜻으로, 처음에는 지식이나 능력이 전혀 없는 사람이라도 특정 환경에 오랜 시간 접하게 되면 자연스럽게 그 분야에 이해가 깊어지고, 능숙해질 수 있는 상황을 표현할 때 사용하는 속담 성어입니다. 주로 당구풍월(堂狗風月)이라고 표현하기도 합니다. 이 속담은 어떤 사람이 특정한 환경에서 오랜 시간 동안 지내면, 비록 그 사람이 처음에는 그 분야에 대한 지식이나 능력이 부족하더라도, 시간이 지나면서 자연스럽게 그분에 대해 어느 정도 알게 되고 능숙해진다는 것을 비유적으로 표현한 속담입니다. 예를 들어, 요리를 전혀 할 줄 모르는 사람이 요리학원을 다니며 삼 년 동안 꾸준히 수업을 듣고 실습을 하자, 요리 기술이 크게 향상되었고 이제는 다양한 요리를 능숙하게 만들 수 있게 되는 것처럼, 지속적인 노력과 반복적인 학습이 결국에는 능숙함을 가져온다는 메시지를 전하는 말입니다.

堂狗三年吠風月 : 서당[堂] 개[狗] 삼[三] 년[年]이면
풍월[風][月]을 읊는다[吠]
지식과 경험이 전혀 없는 사람이라도 그 부문에 오래 있으면 지식과 경험을 갖게 된다.

堂 : 집 당, 11획 ——————————————————————————— 부수: 土

흙 토(土)와 오히려 상(尚)이 합하여 이루어진 모습으로, '집'이나 '사랑채'라는 뜻을 가진 글자이다.

狗 : 개 구, 8획 ——————————————————————————— 부수: 犭

개 견(犬)과 글귀 구(句)가 합하여 이루어진 모습으로, '개'나 '강아지'라는 뜻을 가진 글자이다.

三 : 석 삼, 3획 ——————————————————————————— 부수: 一

'셋'이나 '세 번', '거듭'이라는 뜻을 가진 글자이다. 三자는 나무막대기 3개를 늘어놓은 모습을 그린 것이다.

年 : 해 년, 6획 ——————————————————————————— 부수: 干

벼 화(禾)와 사람 인(人)이 합하여 이루어진 모습으로, 사람이 가을에 수확한 농작물(禾)을 메고 가고 있는 모양에서 한 해를 마감한다는 의미로 '해', '나이', '새해' 등의 의미로 쓰이고 있다.

吠 : 짖을 폐, 7획 ——————————————————————————— 부수: 口

입 구(口)와 개 견(犬)이 합하여 이루어진 모습으로, '개가 짖다', '욕하다'의 뜻을 가진 글자이다.

風 : 바람 풍, 9획 ——————————————————————————— 부수: 風

새 나는 모양 수(几)와 벌레 충(虫)이 합하여 이루어진 모습으로, '바람'을 뜻하는 글자이다. 예민한 봉황의 깃털로 바람 의미를 표현한 것으로 보거나, 무릇(凡) 태풍이 지나간 다음에 병충(蟲)이 많이 번식한다는 뜻에서 '바람'의 의미가 생성되었다.

月 : 달 월, 4획 ——————————————————————————— 부수: 月

달의 모양을 본뜬 글자이다. 항상 차 있는 해(日)와 구별해서 차고 기우는 달의 형상에서 이지러지는 초승달의 모양을 본뜬 모습으로, '달'이나 '시기', '시간' 등의 의미로 쓰이고 있다.

허풍(虛風) : 지나치게 과장하여 실속이나 믿음성이 없는 말이나 행동.

[예문] 그 선수는 허풍만 치더니 이번 대회에서 밑이 드러났다.

가풍(家風) : 한집안에서 오래 지켜 온 생활 습관이나 규범.

[예문] 아버지는 옛날부터 대대로 이어오는 가풍을 그대로 지키고자 노력하셨다.

풍진(風塵) : 세상의 어지러운 일을 비유적으로 이르는 말.

[예문] 그 은행나무는 풍진 세월을 쌩쌩히 견뎌 온 거목으로 하늘 가린 우듬지가 산덩이만 했다.

〚　　　당구삼년폐풍월, 이럴 때 이렇게　　　〛

1. 그녀는 처음에는 아무것도 몰랐지만, 지난 3년 동안 전문가들과 함께 일하면서
   당구삼년폐풍월처럼 지금은 그 분야에 대한 깊은 지식을 얻게 되어 전문가라는
   말을 듣게 되었다.

2. 성빈이는 처음에는 당구를 전혀 칠 수 없었으나, 꾸준히 연습하면서
   당구삼년폐풍월이라고 이제는 프로 선수가 되어 맹활약을 펼치고 있다.

3. 당구삼년폐풍월, 그동안 너와 함께 했던 시간 덕분에 나도 이 분야에 대한 깊은
   이해를 얻게 되었어.

4. 수빈이는 전혀 몰랐던 컴퓨터 프로그래밍을 매일 꾸준히 공부하고 실습하여,
   이제는 복잡한 프로그램도 능숙하게 작성할 줄하는 전문가가 되어
   당구삼년폐풍월의 모습을 보여주었다.

5. 당구삼년폐풍월이라고, 처음에는 피아노를 전혀 연주할 수 없었던 지민이는
   꾸준히 연습한 결과 지금은 복잡한 곡도 능숙하게 연주할 수 있게 되었다.

오르지 못할 나무 쳐다보지 말라

難上之木勿仰

난상지목물앙

난상지목물앙(難上之木勿仰)은 오르지 못할 나무 쳐다보지 말라는 뜻으로, 자신의 능력을 넘어서는 일에 무모하게 도전하지 말라는 의미로 표현할 때 사용하는 속담 성어입니다. 여기서 난상(難上)은 오르기 어렵다는 뜻이고, 지목(之木)은 그 나무를 뜻하며, 물앙(勿仰)은 쳐다보지 말라는 뜻으로, 오르기 어려운 나무를 쳐다보지 말라는 뜻입니다. 즉, 목표나 기대가 지나치게 비현실적이거나 달성하기 어려운 경우, 그 목표를 바라거나 기대하지 말라는 의미로 표현하는 말입니다. 예를 들어, 신입사원이 경험과 능력을 고려하지 않고 단기간 내에 최고 직급으로 승진하기를 기대하는 것은, 비현실적일 수 있으며, 이는 목표를 너무 높게 설정하여 기대를 크게 가지는 것은 오히려 실망을 가져올 수 있습니다. 이처럼, 난상지목물앙은 목표 설정에서 현실적이고 실현, 가능한 접근이 필요하며 지나치게 어려운 목표에 집착하기보다는 자신의 상황에 맞는 현실적인 노력을 기울여야 한다는 점을 일깨워주고 있는 말입니다.

〖 **한자를 알면 뜻이 보인다** 〗

難上之木勿仰 : 오르지[上] 못할[難] 나무[之][木] 쳐다보지[仰] 말라[勿]
될 수 없는 일은 바라지 말라는 뜻.

難 : 어려울 난, 19획 ──────────────── 부수: 隹

진흙 근(堇)과 새 추(隹)가 합하여 이루어진 모습으로, '어렵다'나 '꺼리다'라는 뜻을 가진 글자이다. 여자가 북을 치면서 전쟁을 알리는 모양으로, 어려움이 시작되었다는 의미인데, 후에 '女' 대신에 '隹'를 사용하게 되었다.

上 : 윗 상, 3획 ──────────────── 부수: 一

기준선 위에 표시를 해서 '하늘', '위'라는 의미와 함께 '앞', '이전'이라는 뜻을 가진 글자이다.

之 : 갈 지, 4획 ──────────────── 부수: 丿

'가다'나 '~의', '~에'와 같은 뜻으로 쓰이는 글자이며, 사람의 발을 그린 것이다.

木 : 나무 목, 4획 ──────────────── 부수: 木

땅에 뿌리를 박고 가지를 뻗어 나가는 나무를 표현한 모습으로, '나무', '목재'를 뜻하는 글자이다.

勿 : 말다 물, 4획 ──────────────── 부수: 勹

'말다'나 '아니다'라는 뜻을 가진 글자로, 칼로 무언가를 내려치는 모습을 표현한 것이다. 칼을 내리치는 모습에서 '~하지 말아라'와 같은 금지의 뜻을 나타내고 있다.

仰 : 우러를 앙, 6획 ──────────────── 부수: 亻

사람 인(人)과 나 앙(卬)이 합하여 이루어진 모습으로, '우러러보다'나 '경모하다'라는 뜻을 가진 글자이다. 仰(앙)은 서 있는 사람과 무릎을 꿇고 있는 사람을 함께 표현한 것으로 누군가를 경배하고 있는 모습을 본뜬 글자이다.

앙천부지(仰天俯地) : 하늘을 우러러보고 땅을 굽어봄.

예문 나는 앙천부지하여도 부끄러울 일이 없다.

앙천통곡(仰天痛哭) : 하늘을 쳐다보며 큰 소리로 슬피 욺.

예문 그는 아버지가 돌아가셨다는 소식을 듣고 그 자리에 쓰러져 앙천통곡하였다.

앙천이타(仰天而唾) : 누워서 침을 뱉음. 남을 해치려다 도리어 자기 자신이 해를 입는다는 뜻.

예문 남에게 자신의 제자를 흉보는 것은 그야말로 앙천이타라 할 수 있다.

〖   난상지목물앙, 이럴 때 이렇게   〗

1. 기업인으로 성공한 그는 많은 비난에도 불구하고 정치에 관심을 두었으나, 가장
   가까운 지인의 난상지목물앙의 말과 충고를 듣고는 정치입문을 접고 사업에만
   몰두하기로 하였다.

2. 아무 노력도 하지 않고 부자가 되기만을 바라는 것은 난상지목물앙과도 같은
   꼴이다.

3. 아버지는 나에게 난상지목물앙의 말을 생각하며, 현실적으로 가능한 목표와
   꿈을 가지고 살아가라고 말씀하셨다.

4. 지훈은 처음부터 올림픽 금메달을 목표로 삼았지만, 난상지목물앙에 따라
   현실적인 훈련 목표를 설정하고 차근차근 준비하는 것이 더 중요함을 깨달았다.

5. 새로운 외국어를 배우는 것은 쉽지 않지만, 난상지목물앙이라는 말처럼,
   조급해하지 말고 천천히 꾸준히 학습해야 한다.

천 리 길도 한 걸음부터

千里行始於足下

천리행시어족하

천리행시어족하(千里行始於足下)는 천 리 길도 발밑에서 시작한다는 뜻으로, 속담에 '천 리 길도 한 걸음부터'와 같은 의미를 가진 속담 성어입니다. 어떤 큰 목표나 긴 여정도 작은 시작에서부터 이루어진다는 것을, 비유할 때 표현하는 말입니다. 이 속담은 아주 먼 길을 가는 것도 결국 첫걸음을 내딛는 것에서 시작된다는 의미로, 어떤 거대한 목표나 일을 시작할 때 작은 행동이나 첫 단계가 중요하다는 지혜를 담고 있습니다. 이 문장은 주로 목표를 두려워하지 말고, 작은 것부터, 차근차근 시작하라는 긍정의 메시지로 표현될 때 사용하는 말입니다. 어떤 목표를 달성하기 위해서는 꾸준한 노력과 시간이 필요합니다. 단기간에 큰 성과를 내려고 조급해하기보다는 꾸준히 한 걸음씩 나아가는 것이 중요합니다. 눈앞의 작은 성공에 집착하기보다는 더 큰 그림을 보며 장기적인 목표를 설정하고 긍정적인 마음가짐으로 차근차근 나아가기를 희망합니다.

〚　　**한자를 알면 뜻이 보인다**　　〛

千里行始於足下 : 천 리[千][里] 길도[行] 발[足]밑[下]에서[於]
시작[始]한다
어려운 일이라도 쉬지 않고 노력하면 성취됨을 이르는 말.

千 : 일천 천, 3획 ──────────────────────────── 부수: 十

사람의 수를 나타내기 위해 만든 글자로, 갑골문에는 人(사람 인)의 다리 부분에 획이 그어져 있는데 이것은 사람의 수가 '일천'을 의미한다.

里 : 마을 리, 7획 ──────────────────────────── 부수: 里

田(밭 전)과 土(흙 토)가 합하여 이루어진 모습으로, '마을'이나 '인근', '거리를 재는 단위'로 쓰이는 글자이다. 농사지을(田) 땅(土)이 있다는 의미에서 '마을' 의미를 생성했고, 후에 구획을 의미한 '거리'의 단위로도 쓰이게 되었다.

行 : 다닐 행, 8획 ──────────────────────────── 부수: 行

彳(조금 걸을 척)과 亍(자축거릴 촉)이 합하여 이루어진 모습이다. 사방의 네거리를 본뜬 글자로, '다니다'나 '가다', '돌다'라는 뜻을 가진 글자이다.

始 : 비로소 시, 8획 ──────────────────────────── 부수: 女

女(여자 여)와 台(별 태)가 합하여 이루어진 모습으로, '비로서'나 '처음', '옛날에'라는 뜻을 가진 글자이다. 여자가 애를 배게 되었다는 의미에서 비로소 진정한 여자가 되었다는 의미로 '비로소', '처음'의 뜻을 가지게 되었다.

於 : 어조사 어, 8획 ──────────────────────────── 부수: 方

方(모 방)과 仒(구결자 어)가 합하여 이루어진 모습으로, '~에'나 '~에서'와 같은 어조사로 쓰이는 글자이다.

足 : 발 족, 7획 ──────────────────────────── 부수: 足

止(발 지)와 口(입 구)가 합하여 이루어진 모습으로, '발'이나 '뿌리', '만족하다'라는 뜻을 가진 글자이다. 足(족)이 부수로 쓰일 때는 대부분이 '발의 동작'이나 '가다'라는 뜻을 의미하게 된다.

개시(開始) : 행동이나 일 따위를 시작함.

예문 작업 개시 일자는 내일이다.

시원(始原) : 사물이나 현상 따위가 시작되는 처음.

예문 아득한 역사의 시원으로 거슬러 올라가 보자.

창시(創始) : 어떤 사상이나 학설 따위를 처음으로 시작하거나 내세움.

예문 천도교는 최제우에 의하여 창시되었다.

〖　　천리행시어족하, 이럴 때 이렇게　　〗

1. 언제 이 일을 끝낼 수 있을까 했는데, 하나하나 해결하다 보니 어느새 모든 일을 끝낼 수 있어서 천리행시어족하라는 말을 다시금 생각할 수 있었다.

2. 성호는 밀려있는 업무 서류들을 보면서 언제 일을 끝낼 수 있을 것인가 고민하다가 천리행시어족하라는 말을 외치며 시간 가는 줄도 모르게 업무처리를 하나하나 해결해 나갔다.

3. 천리행시어족하라는 말이 있듯이 영미는 늦은 나이에도 불구하고 꾸준히 노력한 결과 그 어렵다는 고시에 합격하여 많은 사람에게 감동을 주었다.

4. 준호는 마라톤을 완주하기 위해 천리행시어족하라는 마음가짐으로 매일 조금씩 달린 결과 마침내 42.195km를 완주할 수 있었다.

물속 깊이는 알아도 사람의 마음속은 모른다

測水深昧人心

측수심매인심

측수심매인심(測水深昧人心)은 물속 깊이는 알아도 사람의 마음속은 모른다는 뜻으로, 누군가의 말이나 행동이 진심인지, 아니면 겉으로만 그렇게 보이는 것인지 판단하기 어려울 때 표현하는 속담 성어입니다. 즉, 상대방이 어떤 의도를 가졌는지, 어떤 생각을 하고 있는지 도무지 파악하기 어려운 상황에서 표현하는 말입니다. 예를 들어, 상대방이 웃고 있지만, 속으로는 다른 생각을 하고 있을지 모른다고 느껴질 때를 말합니다. 이 표현은 인간의 마음은 물처럼 겉으로 보이는 것만으로는 알 수 없으며, 내면의 생각과 감정은 쉽게 드러나지 않는다는 점에서, 타인의 마음을 쉽게 판단하거나 결론 내리지 말라는 가르침을 주고 있습니다. 사람의 마음을 이해하기 위해서는 겉으로 보이는 것 이상으로 신중하고 깊이 있는 관찰이 필요하다는 의미입니다.

〖 **한자를 알면 뜻이 보인다** 〗

測水深昧人心 : 물속[水] 깊이는[深] 알아도[測]
사람의[人] 마음속은[心] 모른다[昧]
사람의 마음은 헤아리기가 어렵다는 말.

測 : 헤아릴 측, 12획 ──────────────────────── 부수: 氵

물 수(水)와 법칙 칙(則)이 합하여 이루어진 모습으로, 물의 깊이를 잰다는 뜻인데, 어떤 상황이나 정도를 '헤아리다', '알다'는, '재다', '측량하다' 의미까지 확대되어 쓰이고 있다.

水 : 물 수, 4획 ──────────────────────── 부수: 水

'물'이나 '강물', '액체'라는 뜻을 가진 글자이다. 글자 모양 가운데의 물줄기와 양쪽의 흘러가는 모습을 본뜬 글자로 물과 관련된 상태나 동작과 관련된 의미로 사용한다.

深 : 깊을 심, 11획 ──────────────────────── 부수: 氵

물 수(水)와 점점 미(罙)가 합하여 이루어진 모습으로, 깊이를 재기 좋은 물의 뜻을 더해 깊이가 '깊다', '깊어지다', '심하다'는 의미에서 강조하고, 후에 깊이가 있는 상황까지 확대되어 쓰이고 있다.

昧 : 어두울 매, 9획 ──────────────────────── 부수: 日

날 일(日)과 아닐 미(未)가 합하여 이루어진 모습으로, 동이 틀 무렵인 '새벽'의 의미에서, '어둡다', '어리석다' 등의 뜻을 가진 글자이다.

人 : 사람 인, 2획 ──────────────────────── 부수: 人

팔을 지긋이 내리고 있는 사람을 본뜬 것으로 '사람'이나 '인간'이라는 뜻을 가진 글자이다. 人(인)이 부수로 쓰일 때는 주로 사람의 행동이나 신체의 모습, 성품과 관련된 의미를 전달하게 된다.

心 : 마음 심, 4획 ──────────────────────── 부수: 心

'마음'이나 '생각', '심장', '중앙'이라는 뜻을 가진 글자이다. 사람의 심장 모양을 본뜬 글자로 고대에는 사람의 뇌에서 지각하는 개념을 모두 심장에서 나오는 것으로 인식해 '마음'의 의미로 쓰이게 되었다.

애매모호(曖昧模糊) : 흐리터분하고 분명하지 못하다.

예문 그의 말을 인정하기에는 애매모호하고 의심스러운 점이 많았다.

무지몽매(無知蒙昧) : 아는 것이 없고 사리에 어두움.

예문 그는 울고 싶었다. 그러나 우는 방법에 대한 천생의 무지몽매가 그를 절망케 했다.

우매(愚昧) : 어리석고 사리에 어두움.

예문 그들의 빈곤은 우매에서 비롯되었다.

〖　　　측수심매인심, 이럴 때 이렇게　　　〗

1. 그 사람의 겉모습만 보고 신뢰하기에는 아직 이르지 않아. 측수심매인심이란
   말도 있잖아.

2. 그가 왜 그런 말을 했는지 도무지 알 수가 없네. 측수심매인심이란 말처럼, 사람
   마음은 정말 알기 어렵구나.

3. 단순히 행동만 보고 그 사람을 판단하기에는 아직 이르다. 측수심매인심이라는
   말처럼, 사람의 진심은 겉으로 드러나지 않는 법이지.

4. 상사의 진심을 알기 위해서는 시간이 필요해. 측수심매인심이란 말처럼, 그의
   마음을 단번에 알 수는 없어.

5. 그의 말을 듣고 판단하기에는 이르지 않을까? 측수심매인심이라서 그의 진심이
   무엇인지 더 지켜볼 필요가 있어.

이가 없으면 잇몸으로 산다

齒亡脣亦支

치망순역지

　　치망순역지(齒亡脣亦支)는 이가 없으면 잇몸으로 산다는 뜻으로, 어떤 상황에서 한 가지 수단이 없어지더라도, 다른 수단을 사용하여 문제를 해결할 수 있는 상황을 표현할 때 사용하는 속담 성어입니다. 이 표현은 인생에서 우리가 의존하던 주요 수단이 더 이상 작동하지 않거나 사용할 수 없을 때, 상황에 맞춰 다른 대안을 찾아야 한다는 메시지를 주고 있는 말입니다. 예를 들어, 업무에 필요한 자료가 준비되지 않았을 때, 대체 자료를 활용하거나 새로운 방법으로 데이터를 수집하여 일을 처리하는 경우를 들 수 있습니다. 이는 계획했던 일이 잘 풀리지 않거나, 필요한 도구나 지원이 부족할 때, 좌절하거나 포기하는 대신, 다른 방법을 찾아 문제를 해결하는 것이, 중요하다는 것입니다. 따라서 치망순역지는 어떤 어려운 상황에서도 창의적으로 문제를 해결하려는 태도와 한가지 수단에 의존하지 않고, 다양한 방법을 모색하는 유연한 사고가 중요하다는 점을 일깨워주고 있습니다.

〚　　한자를 알면 뜻이 보인다　　〛

齒亡脣亦支 : 이가[齒] 없으면[亡] 잇몸[脣]으로[亦] 산다[支]
있던 것이 없어져서 불편하더라도 없는 대로 참고 살아간다는 말.

齒 : 이 치, 15획 ───────────────────────────────── 부수: 齒

그칠지(止)와 이 치(齒)가 합하여 이루어진 모습으로, '이빨'이나 '어금니'라는 뜻을 가진 글자이다. 또한 이빨이 가지런히 나열된 모습을 연상하여 '나이'나 '순서'를 뜻하기도 한다.

亡 : 망할 망, 3획 ───────────────────────────────── 부수: 亠

전쟁에서 패배하여 칼이 부러진 모양을 표현한 것으로, '망하다', '도망가다', '잃다', '멸망하다'라는 뜻을 가지게 되었다. 亠(돼지해머리 두)가 부수로 지정되어 있지만, 돼지머리와는 관계가 없다.

脣 : 입술 순, 11획 ───────────────────────────────── 부수: 月

지지 진(辰)과 육달 월(月)이 합하여 이루어진 모습으로, '입술'이라는 뜻을 가진 글자이다. 이는 조개 모양으로 생긴 낫을 그린 것으로, 조개가 입술을 닮았기 때문이다.

亦 : 또 역, 6획 ───────────────────────────────── 부수: 亠

돼지해머리 두(亠)와 여덟 팔(八)이 합하여 이루어진 모습이다. 갑골문을 보면 大(큰 대)가 양옆으로 점이 찍혀있는 모습이 그려져 있는데, 이것은 사람의 겨드랑이를 가리키며, '또한'이나 '만약', '겨드랑이'라는 뜻을 가지게 되었다.

支 : 지탱할 지, 4획 ───────────────────────────────── 부수: 支

또 우(又)와 열 십(十)이 합하여 이루어진 모습으로, 본래 '나뭇가지'를 위해 만든 글자였는데, 후에 木(나무 목)이 더해진 枝(가지 지)가 '가지'라는 뜻으로 파생되었고 支(지)는 '지탱하다', '버티다', '유지하다'라는 뜻으로 쓰이게 되었다.

순치(脣齒) : 입술과 이처럼 서로 관계가 깊고 밀접한 사이.

예문 두 노인은 순치와 같은 관계로 서로에게 의지하여 외롭고 쓸쓸한 시간을 보내고 있다.

순망치한(脣亡齒寒) : 입술이 없으면 이가 시리다는 뜻.

예문 순망치한이라고 부모가 없으니 어린 애들이 고생한다.

순설(脣舌) : 입술과 혀

예문 그들이 아직도 논쟁에 아무런 결론이 없는 것을 보니 순설을 허비한 거야.

초순(焦脣) : 입술을 태운다는 뜻으로, 몹시 애태움을 비유적으로 이르는 말.

예문 여식의 혼사를 결정하고는 초순의 심정으로 날을 보내고 있습니다.

〖   치망순역지, 이럴 때 이렇게   〗

1. 회사가 잘 운용이 될 때는 많은 직원이 있었지만, 지금은 불황으로 인해
   어려워져서 모든 일을 혼자 해야 하는 치망순역지의 처지가 되었다.

2. 성민이는 교통사고로 인해 다리 한쪽의 장애임에도 불구하고 의족을 하며,
   장애인 축구에 열의를 가지고 치망순역지의 삶을 살아가고 있다.

3. 오늘 월드컵 축구 결승전에 임하는 국가대표 축구팀은 부상으로 출전하지 못하는
   선수가 많았지만, 치망순역지라고 모든 선수들이 우승을 향한 도전 정신은 그
   어느 때 보다 강하다.

4. 식당을 폐업한 김 사장은 치망순역지의 정신으로 작은 푸드트럭을 시작해 결국
   성공을 거두고 다시 식당을 열었다.

원수는 외나무 다리에서 만난다

獨木橋冤家遭

독목교원가조

독목교원가조(獨木橋冤家遭)는 원수는 외나무다리에서 만난다는 뜻으로, 좁고 피할 수 없는 외나무다리에서 원수와 마주치는 상황을 묘사한 속담 성어입니다. 이 표현은 우리가 피하고 싶거나 해결되지 않은 갈등과 문제가 결국에는 피할 수 없게 되어 예상치 못한 순간에 반드시 직면하게 되는 상황일 때 표현하는 말입니다. 예를 들어, 직장에서 동료와의 갈등을 피하기 위해 회피하거나 문제를 직접적으로 다루지 않은 경우, 나중에 중요한 회의나 프로젝트에서 다시 같은 문제로 마주하게 될 때의 경우나, 친구에게 돈을 빌려주었지만, 친구는 갚지도 않고 연락도 없는 상황에 우연히 어느 장소에서 마주치게 되는 경우를 예로 들 수 있습니다. 따라서 독목교원가조는 갈등이나 문제를 회피하지 말고 불편한 상황이나 관계를 적극적으로 대처하고 해결하려는 지혜를 가져야 함을 가르치고 있는 말입니다.

〖　　**한자를 알면 뜻이 보인다**　　〗

獨木橋冤家遭 : 원수[冤]는 외[獨]나무[木]다리[橋]에서 만난다[家][遭]
꺼리고 싫어하는 사람은 공교롭게 피할 수 없는 자리에서 만나게 된다는 뜻.

獨 : **홀로 독, 16획** ──────────────────────────── 부수: 犭

개 견(犬)과 애벌레 촉(蜀)이 합하여 이루어진 모습으로, '홀로'나 '혼자', '외로운 사람'이
라는 뜻을 가진 글자이다. 애벌레와 개의 조합이 '혼자'라는 뜻을 갖게 된 이유는, 개가
혼자 있기를 좋아하기 때문이라는 해석이 있지만, 명확하지는 않다.

木 : **나무 목, 4획** ──────────────────────────── 부수: 木

땅에 뿌리를 박고 가지를 뻗어 나가는 나무를 본뜬 모습으로, '나무'를 뜻하는 글자이다.
木(목)이 부수로 쓰일 때는 대부분이 나무의 종류나 상태에 관련된 뜻을 전달하게 된다.

橋 : **다리 교, 16획** ──────────────────────────── 부수: 木

나무 목(木)과 높을 교(喬)가 합하여 이루어진 모습으로, 골짜기에 흐르는 물에 높이 놓
은 '다리'나 '교량'이라는 뜻을 가진 글자이다.

冤 : **원통할 원, 10획** ──────────────────────────── 부수: 冖

덮을 멱(冖)과 토끼 토(兔)가 합하여 이루어진 모습으로, '원통하다', '억울하다'라는 뜻
을 가진 글자이다.

家 : **집 가, 10획** ──────────────────────────── 부수: 宀

집 가(宀)과 돼지 시(豕)가 합하여 이루어진 모습으로, 집안에서 돼지를 기른다는 의미에
서 '집'이나 '가족'이라는 뜻으로 사용하고 있다.

遭 : **만날 조, 15획** ──────────────────────────── 부수: 辶

쉬엄쉬엄 갈 착(辶)과 무리 조(曹)가 합하여 이루어진 모습으로, '만나다', '당하다', '둘
레'라는 뜻을 가진 글자이다.

독과점(獨寡占) : 하나의 기업이 시장을 점유하고 있는 상태인 독점과
두 개 이상의 기업이 시장을 장악하고 있는 과점.

예문) 최근 조사에서 독과점을 한 몇몇 업체가 공정 거래법 위반 혐의로 검찰에 고발되었다.

독선(獨善) : 자기 혼자만이 옳다고 생각하고 행동함.

예문) 독선에 빠지지 않으려면 타인의 의견을 포용할 줄 알아야 한다.

무남독녀(無男獨女) : 아들이 없는 집안의 외동딸.

예문) 무남독녀로 자란 그녀는 남을 생각하는 마음이 좀 부족하다.

〖　　독목교원가조, 이럴 때 이렇게　　〗

1. 나에게 돈을 빌려 간 미란이는 어느 순간 연락이 되지 않고 만날 수도 없었는데
시간이 지나 독목교원가조라 했던가 우연히 백화점에서 미란이를 만나 돈을
받아낼 수 있었다.

2. 중학교 다닐 때 나를 괴롭혔던 친구는 내가 5년간 근무하고 있는 회사에
신입사원으로 입사하게 되어 독목교원가조라는 말이 절로 나올 수밖에 없었다.

3. 4년 전 올림픽 결승전에서 패했던 우리나라 양궁 선수들은 독목교원가조라고
이번 올림픽에서는 꼭 우승하여 지난 패배를 설욕하자고 다짐했다.

4. 소연이는 동료에게 돈을 빌려줬지만, 약속된 상환 기한이 지나도 돈을 돌려받지
못하는 상황에 놓였지만, 우연히 커피숍에 방문했다가 독목교원가조라 했던가
결국 동료에게 돈을 받아내었다.

세 살 버릇 여든까지 간다

三歲之習至于八十

삼세지습지우팔십

 삼세지습지우팔십(三歲之習至于八十)은 세 살 버릇 여든까지 간다는 뜻으로, 어린 시절에 형성된 습관은 나이가 들어도 변하지 않는다는 의미를 가진 속담 성어입니다. 이 표현은 일반적으로 사람의 성격이나 행동 패턴이 어릴 때부터 형성되어 성인이 되어서도 크게 변하지 않음을 지적하거나 비판할 때 표현되는 말입니다. 예를 들어, 누군가가 어릴 때부터 게으르거나 충동적인 성격을 가졌거나, 흡연, 음주, 나쁜 습관이 나이가 들어서도 같은 행동을 할 때, 세 살 버릇 여든까지 간다(三歲之習至于八十)는 말을 표현합니다. 이 속담은 우리에게 어린 시절의 교육과 환경이 얼마나 중요한지를 보여주는 말입니다. 이 시기에 길러진 습관은 평생을 따라다니기 때문에, 어렸을 때부터 좋은 습관과 좋은 인성을 기르는 것은 인격 형성의 기초가 되고, 올바른 성인으로 성장하는 데 큰 도움이 되며, 삶을 더욱 풍요롭게 만들어 주는 지혜입니다.

〚 한자를 알면 뜻이 보인다 〛

三歲之習至于八十 : 세[三] 살[歲] 버릇[習]이[之]
여든[八][十]까지[于] 간다[至]
어릴 때 몸에 밴 버릇은 나이를 먹어도 좀처럼 고치기 어렵다는 뜻.

三 : 석 삼, 3획 ————————————————————————— 부수: 一
'셋'이나 '세 번', '거듭'이라는 뜻을 가진 글자로, 나무 막대기 세 개를 늘어놓은 모습을 그린 것이다.

歲 : 해 세, 13획 ————————————————————————— 부수: 止
도끼 월(戉)과 걸음 보(步)가 합하여 이루어진 모습으로, 발 모양으로 시간의 흘러감을 표현해 '세월'이나 '나이', '한평생'이라는 뜻을 가진 글자가 되었다.

習 : 익힐 습, 11획 ———————————————————————— 부수: 羽
깃 우(羽)와 흰 백(白)이 합하여 이루어진 모습으로, 새끼 새가 날마다 나는 법을 익힌다는 의미에서 '익히다'나 '배우다'라는 뜻을 가진 글자가 되었다.

至 : 이를 지, 6획 ————————————————————————— 부수: 至
팔뚝 굉(厷)과 흙 토(土)가 합하여 이루어진 모습이다. 화살을 그린 矢(화살 시)자가 땅에 꽂힌 모습을 본뜬 것으로, '이르다'나 '도달하다'라는 뜻을 가진 글자이다.

于 : 어조사 우, 3획 ————————————————————————— 부수: 二
'~에서'나 '~부터', '~까지'와 같은 어조사로 쓰이는 글자로, '어'와 '우' 두 가지 발음을 갖고 있다.

八 : 여덟 팔, 2획 ————————————————————————— 부수: 八
사물이 반으로 쪼개진 모습을 본뜬 것으로, '여덟'이나 '여덟 번'이라는 뜻을 가진 글자이다.

十 : 열 십, 2획 ————————————————————————— 부수: 十
상하좌우로 획을 그은 것으로, '열'이나 '열 번'이라는 뜻을 가진 글자이다.

상습적(常習的) : 좋지 않은 일을 하는 것이 버릇이 된 것.
〔예문〕 그는 마약을 상습적으로 복용한 혐의로 경찰에서 조사를 받고 있다.

습득(習得) : 학문이나 기술 따위를 배워서 몸에 익힘.
〔예문〕 언어 습득 능력은 어린이가 어른보다 훨씬 뛰어나다.

교습(敎習) : 기술이나 기예, 학문 따위를 가르쳐 익숙하게 함.
〔예문〕 희정이는 어릴 때부터 개인 교습을 받았다.

〚   삼세지습지우팔십, 이럴 때 이렇게   〛

1. 삼세지습지우팔십이라고 형석이는 어렸을 때부터 취미로 기타를 연주하곤
   했는데 취미가 직업이 되어 지금은 유명한 키타리스트가 되었다.

2. 삼세지습지우팔십이라고 그녀의 도벽은 성인이 되어서도 고쳐지지 않아 결국
   법원의 판결을 기다리는 처지가 되었다.

3. 어렸을 때부터 만들어진 성빈이의 독서 습관은 삼세지습지우팔십의 좋은 모습의
   결과라 할 수 있다.

4. 선생님은 학생들에게 삼세지습지우팔십이라는 속담에 대하여 설명하시면서
   지금부터 올바른 어른이 되기 위해 좋은 습관을 기르도록 노력해야 한다고
   말씀하셨다.

5. 삼촌은 어릴 때부터 늦잠 자던 습관이 지금도 그대로야. 정말
   삼세지습지우팔십이라는 말이 딱 맞아.

상황별 한자 성어,

이럴 때 이렇게

삶은 우리가 계획하는 것이 아니라,

우리가 선택하는 것이다

•

'나'는 시간의 흐름 속에 새겨진 존재의 단면이며,
무수한 순간들의 교차점에서 형성된
'자아'라는 미로를 탐색하는 여행자입니다.
내 존재는 지나온 과거와 마주하는 현재,
그리고 다가올 미래가 엮여 이루는 복잡한 실타래와 같으며,
그 속에서 나는 끊임없이 변화하고 성장하는 존재인 것입니다.

어떤 현상이나 일이
한두 번이 아니라 자주 일어날 때

非一非再

비일비재

비일비재(非一非再)는 한 번도 아니고 두 번도 아니라는 뜻으로, 자주 발생하는 일을 표현할 때 사용하는 말입니다. 즉, 단순히 한두 번의 사건이 아니라, 자주 일어나서 보편적으로 발생하는 문제나 상황을 표현할 때 사용합니다. 예를 들어, 일상에서 반복적으로 나타나는 문제, 혹은 특정 사건이 자주 발생하여 흔하게 받아들이는 경우를 말합니다. 이러한 빈번한 문제나 상황에 대처하기 위해서는 가장 먼저 해야 할 일은 그 문제가 발생하는 근본 원인을 규명하는 것입니다. 이를 위해, 발생하는 빈도와 패턴을 분석하고, 문제의 발생 조건과 관련된 데이터를 수집하고 원인을 파악해야합니다. 비일비재하게 발생하는 문제를 단기적으로 해결하는 것에 그치지 말고, 문제의 근본 원인을 파악하여 장기적인 해결책을 모색해야 합니다. 근본 원인을 해결하지 않으면 문제가 반복될 가능성은 언제나 비일비재하게 일어난다는 점을 잊지 말아야 합니다.

〖   한자를 알면 뜻이 보인다   〗

非一非再 : 한 번[一]도 아니고[非] 두 번도[再] 아님[非]
어떤 현상이나 사실이 한두 번이나 한둘이 아니고 많음.

非 : 아닐 비, 8획 ──────────────────────────── 부수: 非

갑골문에 보면 非(아닐 비)는 새의 양 날개가 그려져 있는데 본래 의미는 '날다'였다. 후에 새의 날개가 서로 엇갈려 있는 모습에서 '등지다'라는 뜻이 파생되면서 '아니다', '그르다'라는 뜻으로 쓰이고 있다.

사이비(似而非) : 似(같을 사), 而(말 이을 이), 非(아닐 비)로, 겉으로는 비슷하나 본질은 완전히 다른 가짜.
(예문) 사이비 교주는 자기를 믿으면 영생불멸한다고 신도들을 속였다.

一 : 한 일, 1획 ──────────────────────────── 부수: 一

'하나'나 '첫째', '오로지'라는 뜻을 가진 글자로, 막대기를 옆으로 눕혀놓은 모습을 그린 것이다.

일대(一帶) : 一(한 일), 帶(띠 대)로, 어떤 지역의 전부.
(예문) 빗길에 승용차 추돌 사고가 일어나서 지금 시내 일대의 교통이 무척 혼잡하다.

非 : 아닐 비, 8획 ──────────────────────────── 부수: 非

갑골문에 보면 非(아닐 비)는 새의 양 날개가 그려져 있는데 본래 의미는 '날다'였다. 후에 새의 날개가 서로 엇갈려 있는 모습에서 '등지다'라는 뜻이 파생되면서 '아니다', '그르다'라는 뜻으로 쓰이고 있다.

비행(非行) : 非(아닐 비)와 行(갈 행)으로, 잘못되거나 그릇된 행위.
(예문) 공무원의 비행을 단죄하지 못하면 사회 윤리가 바로 설 수 없다.

再 : 두 재, 6획 ──────────────────────────── 부수: 冂

물고기는 산소가 부족해지면 물 위로 입을 내밀어 숨을 쉬곤 하는데 再(두 재)는 그러한 모습을 본뜬 것으로, 물고기가 반복적으로 왔다 갔다 한다는 의미에서 '다시', '재차', '거듭'이라는 뜻을 가진 글자가 되었다.

재개(再開) : 再(두 재)와 開(열 개)로, 어떤 활동이나 회의 따위를 다시 시작함.
(예문) 남북 회담의 재개를 위한 물밑 교섭이 한창이다.

재생(再生) : 낡거나 버리게 된 물건을 가공하여 다시 쓸 수 있게 만듦.

예문 오늘 과학 시간에 우리는 폐기름을 비누로 재생을 하는 실험을 했다.

재현(再現) : 한 번 경험한 내용을 어떤 기회에 다시 생각해 내는 일.

예문 수사관은 식당 주인에게 수고스럽지만, 당시 상황을 그대로 재현해 달라고 부탁했다.

재편(再編) : 어떤 조직이나 대오 따위를 다시 짜서 이룸.

예문 정치권의 재편을 위한 정치인들의 이합집산이 분주하다.

〖   비일비재, 이럴 때 이렇게   〗

1. 이곳에서는 지진으로 인해 땅이 흔들리거나 갈라지는 일이 비일비재하게 일어납니다.

2. 보호 의무자의 범위를 법으로 정해 놨지만, 무자격자가 보호 의무자를 대신하는 게 비일비재하다.

3. 해변의 쓰레기 문제는 비일비재하게 발생하여, 지역 주민들이 지속적으로 정화 활동에 참여해야 한다.

4. 이 지역의 교통 체증은 비일비재한 문제로, 매일 출퇴근 시간에 발생하는 만큼 해결 방안을 마련해야 한다.

5. 선정적이고, 욕먹어도 눈길만 끌면 된다는 막가파식이 관객의 눈살을 찌푸리게 한 예는 비일비재하다.

6. 요즘 스마트폰 중독은 비일비재한 일이 되어 버렸다.

사고방식이나 성질이
비슷하거나 같을 때

一脈相通

일맥상통

일맥상통(一脈相通)은 하나의 맥락이 서로 통한다는 뜻으로, 서로 다른 두 가지 개념이나 현상, 상황이 외형적으로는 다를 수 있지만, 그 본질적인 부분에서는 공통점을 가지는 상황을 표현할 때 사용하는 말입니다. 예를 들어, 동양 철학과 서양 철학은 표면적으로는 다르지만, 인간의 본성에 대한 깊은 통찰이라는 개념에서는 맥을 같이하는 부분을 묘사할 때 사용되는 경우입니다. 일맥상통은 우리가 겉으로 보이는 차이점에만 주목하는 것이 아니라, 본질적으로 연결된 원리나 개념을 이해하는 것이 중요하다는 점을 가르치는 말입니다. 즉, 문제를 해결할 때 다양한 관점에서 접근하는 것이 아니라, 공통된 원리나 패턴을 통해 통합적으로 접근하는 것이 중요하다는 말입니다. 여러 분야에서 공통된 원리를 발견함으로써, 지식의 융합을 통해 새로운 아이디어와 혁신을 창출할 수 있는 기회가 되기를 바랍니다.

〚 **한자를 알면 뜻이 보인다** 〛

一脈相通 : 하나의 [一] 맥락이[脈] 서로[相] 통함[通]
사고방식이나 성질 등이 서로 통하거나 비슷해지다.

183

一 : 한 일, 1획 ────────────────────────── 부수: 一

'하나'나 '첫째', '오로지'라는 뜻을 가진 글자로, 막대기를 옆으로 눕혀놓은 모습을 그린 것이다.

> **일환(一環) : 一**(한 일)과 **環**(고리 환)으로, 밀접한 관계에 있는 사물 가운데의 한 부분.
> (예문) 학교에서는 역사 교육의 일환으로 유적지 여행을 기획하였다.

脈 : 줄기 맥, 10획 ────────────────────────── 부수: 月

육달 월(月)과 물갈래 파(派)가 합하여 이루어진 모습이다. 사람의 몸 속에 흐르는 혈(血)이나 기(氣)의 흐름을 의미하며, '줄기'나 '혈관', '맥박'이라는 뜻을 가진 글자이다.

> **문맥(文脈) : 文**(글월 문)과 **脈**(맥 맥)으로, 글에 나타난 의미의 앞뒤 연결.
> (예문) 번역문이라서 그런지 문체가 좀 딱딱하고 문맥도 부자연스럽게 이어지는 데가 많다.

相 : 서로 상, 9획 ────────────────────────── 부수: 目

나무 목(木)과 눈 목(目)이 합하여 이루어진 모습으로, 나무에 올라가서 눈으로 먼 곳을 본다는 의미에서 '보다'는 의미 생성되었으나, 후에 함께 본다는 것에서 '서로'와 보고 돕는다는 것에서 '돕다'는 의미로 쓰이는 글자가 되었다.

> **상충(相衝) : 相**(서로 상)과 **衝**(찌를 충)으로, 서로 어울리지 않고 마주침.
> (예문) 정치적 이념의 상충으로 인한 민족 분단의 고착화가 우려된다.

通 : 통할 통, 11획 ────────────────────────── 부수: 辶

쉬엄쉬엄 갈 착(辶)과 길 용(甬)이 합하여 이루어진 모습으로, 두루 다 마치고 통한다는 의미에서 '통하다', '내왕하다', '알리다'라는 뜻을 가지게 되었다.

> **통념(通念) : 通**(통할 통)과 **念**(생각 념)으로, 일반 사회에 널리 퍼져 있는 생각.
> (예문) 그것은 우리들 보수적인 사람들이 가지고 있는 일반적인 통념 때문이었을 것이다.

혈맥(血脈) : 동물의 몸에서 피가 도는 길.

예문 옛날에는 의형제를 맺을 때 혈맥을 잘라 피로 맹세를 했다고 한다.

연맥(緣脈) : 인연으로 서로 엮이어 있는 관계.

예문 우리는 은사님의 소개로 연맥이 닿아 벌써 오 년을 친구로 지내고 있다.

난맥(亂脈) : 가닥이나 줄기가 어지럽게 헝클어져 질서나 체계가 서지 않는 일.

예문 이번 사건으로 지휘 체계의 난맥이 여실히 드러났다.

〖 일맥상통, 이럴 때 이렇게 〗

1. 이번 논쟁에서 중요한 점은 기득권적 보수 집단과 민족 자본주의를 주장하는
   좌가 일맥상통했다는 점이다.

2. 철학적 사유와 심리학적 연구는 일맥상통하는 부분이 많아, 인간의 내면 세계를
   이해하는 데 큰 도움이 된다.

3. 사회적 행동의 원리와 경제적 패턴이 일맥상통하여, 경제학의 원리를 통해
   사회적 현상도 설명할 수 있다.

4. 인간의 창의적 사고와 과학적 발견은 일맥상통하여, 새로운 혁신은 종종 과학적
   원리에서 출발한다.

5. 그의 작품들은 각기 다른 다양한 스타일이지만, 그의 독특한 감성과 철학은
   일맥상통하고 있다.

어떤 일의 처음부터 끝까지의
과정을 표현할 때

自初至終

자초지종

자초지종(自初至終)은 처음부터 끝까지의 과정이라는 뜻으로, 사건이나 상황의 모든 경과를 처음부터 끝까지 자세히 설명하는 상황을 표현할 때 사용하는 말입니다. 자초지종은 단순히 결과만을 살펴보는 것이 아니라, 사건이 어떻게 시작되었고, 어떤 경과를 거쳐, 어떻게 마무리되었는지를 포함하는 포괄적인 설명을 의미합니다. 이는 사건의 발생 원인, 진행 과정, 주요 전환점, 그리고 최종 결과까지의 모든 세부 사항을 자세히 설명하는 것을 포함합니다. 이렇게 전체적인 과정을 파악함으로써 사건의 본질을 더 명확히 이해하고, 이후의 대응이나 조치를 보다 효과적으로 계획할 수 있습니다. 또한 사건의 자초지종을 명확히 설명하는 것은 투명성을 제공하고, 타인에게 신뢰를 줄 수 있습니다. 모든 과정과 관련된 정보를 자세히 공개함으로써, 더욱 신뢰받는 의사결정과 협력 관계를 구축할 수 있음을 가르쳐주고 있는 말입니다.

〖 한자를 알면 뜻이 보인다 〗

自初至終 : 처음부터[初][自] 끝까지의[終] 과정[至]
처음부터 끝까지 이르는 동안 또는 그 사실을 뜻함.

自 : 스스로 자, 6획 ──────────────────────── 부수: 自

보통 나 자신을 가리킬 때는 손가락이 얼굴을 향하게 되는데 이러한 의미가 확대되면서 점차 '자기'나 '스스로'라는 뜻을 갖게 되었다.

자주(自主) : 自(스스로 자)와 主(주인 주)로, 남의 도움이나 간섭을 받지 않고 스스로 자기 일을 처리하는 것.
예문 독립 기념 연설회에서 연사는 민족의 자주를 강조하였다.

初 : 처음 초, 7획 ──────────────────────── 부수: 刀

옷 의(衤)와 칼 도(刀)가 합하여 이루어진 모습으로 옷을 만들 때 옷감을 마름질하는 의미로 옷 만드는 첫 번째 과정이라는 의미에서 '처음'이나 '시작'이라는 뜻을 가진 글자가 되었다.

원초적(原初的) : 原(언덕 원), 初(처음 초), 的(과녁 적)으로, 사물이나 현상이 처음으로 시작되는 부분이 되는 것.
예문 대학의 자유는 그 사회가 건전하게 발전해 나가는 원초적인 조건이 된다.

至 : 이를 지, 6획 ──────────────────────── 부수: 至

팔뚝 굉(厷)과 흙 토(土)가 합하여 이루어진 모습이다. 화살을 그린 矢(화살 시)자가 땅에 꽂힌 모습을 본뜬 것으로, '이르다'나 '도달하다'라는 뜻을 가진 글자이다.

지천(至賤) : 至(이를지)와 賤(천할 천)으로, 매우 천함 또는 하도 많아서 별로 귀할 것이 없음.
예문 고향의 과수원에는 복숭아꽃이 지천으로 피어 있었다

終 : 마칠 종, 11획 ──────────────────────── 부수: 糸

가는 실 사(糸)와 겨울 동(冬)이 합하여 이루어진 모습이다. 계절의 끝인 '겨울'의 의미인 '冬(동)'에서 확대되어 '끝'의 의미를 위해 '糸(사)'를 더해 '끝나다'나 '마치다', '죽다'라는 뜻을 가진 글자가 되었다.

종영(終映) : 終(마칠 종)과 映(비칠 영)으로, 영화 상영이 끝남. 또는 그 영화 상영을 끝냄.
예문 인기리에 방영되던 주말 연속극이 종영을 일주일 앞두고 있다.

자두지미(自頭至尾) : 처음부터 끝까지의 과정.
예문 자두지미를 듣지도 않고 상대편을 냅다 후려쳤다.

종두지미(從頭至尾) : 처음부터 끝까지의 과정.
예문 종두지미를 직접 듣고서야 봄눈 녹듯 오해가 싹 풀렸다

전후후말(前後首末) : 처음부터 끝까지의 과정.
예문 그들은 돌아오는 길에 큰비를 만나 이렇게 늦었노라고 전후후말을 설명했다.

〖　　　　자초지종, 이럴 때 이렇게　　　　〗

1. 정원이는 고개를 숙이고 눈물을 씻어 가며 이번 사단의 자초지종을 곰곰이
   생각하여 보았다.

2. 그는 문제의 자초지종을 자세히 설명하며, 상황을 명확히 이해하도록
   도와주었다.

3. 그녀가 자초지종을 설명하자 그는 누그러진 목소리로 말했다.

4. 그녀는 전화로 어제 있었던 사건의 자초지종을 모두 미주알고주알 말했다.

5. 이번 사건의 자초지종을 설명하자면, 사건의 발생 원인부터 최종 해결까지 모든
   과정이 포함 된다.

6. 회의에서 논의된 사항의 자초지종을 정확히 파악하기 위해, 회의록을 꼼꼼히
   검토해보아야 한다.

─────────────── ◀◀

한 사건이나 현상이 그치지 않고
확대되거나 번져 나갈 때

一波萬波

일파만파

─────────────── ◀◀

일파만파(一波萬波)는 하나의 물결이 많은 물결을 만든다는 뜻으로, 어떤 일이 일어나면 그 여파가 점차 확산하여 크게 번지게 되는 상황을 표현할 때 사용하는 말입니다. 즉, 한 번의 작은 사건이나 행동이 나중에는 큰 영향을 미쳐 널리 퍼지게 되는 상황을 뜻하는 말입니다. 예를 들어, 한 회사에서의 작은 정책 변화가 직원들 사이에서 큰 논란을 일으키고, 그 논란이 언론에 보도되면서 사회 전반에 큰 영향을 미칠 수 있습니다. 이와 같은 과정에서 작은 사건이 점차 확대되어 사회적 문제로 발전하는 것이, 바로 일파만파의 개념입니다. 일파만파는 작은 변화나 결정이 예상외로 큰 파급 효과를 일으킬 수 있음을 인식하는 것이, 중요합니다. 이를 통해 우리는 자신의 행동이 다른 사람에게 미치는 영향을 생각하고 사소한 일이라도 무시하지 말고 신중하게 처리하는 자세를 가지는 것이 필요합니다.

〚   한자를 알면 뜻이 보인다   〛

一波萬波 : 하나의[一] 물결이[波] 많은[萬] 물결을[波] 만든다
한 사건이나 일이 확대되거나 번짐을 이르는 말.

189

一 : 한 일, 1획 ——————————————— 부수: 一

'하나'나 '첫째', '오로지'라는 뜻을 가진 글자로, 막대기를 옆으로 눕혀놓은 모습을 그린 것이다.

> **일과성(一過性)** : 一(한 일), 過(지날 과), 性(성품 성)으로, 어떤 현상이 일시적으로 나타나는 것.
> (예문) 너의 이러한 노력이 일과성으로 끝나지 않기를 바란다.

波 : 물결 파, 8획 ——————————————— 부수: 氵

물 수(水)와 가죽 피(皮)가 합하여 이루어진 모습이다. 동물의 생가죽을 벗겨내는 모습을 본뜬 것으로 '물결'이나 '주름'을 뜻하는 글자이다.

> **추파(秋波)** : 秋(밀칠 추)와 波(물결 파)로, 상대방의 관심을 끌기 위해 은근히 보내는 눈짓.
> (예문) 태수는 새로 들어온 여직원에게 추파를 던졌지만 반응이 없었다.

萬 : 일만 만, 12획 ——————————————— 부수: 艹

풀 초(艹)와 긴꼬리원숭이 우(禺)가 합하여 이루어진 모습으로 '일만(一萬)'이라는 뜻을 가진 글자이다. 갑골문을 보면 앞발을 든 전갈이 그려져 있어 '전갈'을 뜻하였으나 후에 숫자 '일만'의 뜻을 가지게 되었다.

> **만전(萬全)** : 萬(일만 만)과 全(온전할 전)으로, 조금도 허술함이 없이 아주 완전함.
> (예문) 본 공사를 진행함에 있어서 주민의 안전에 만전을 기해야 한다.

波 : 물결 파, 8획 ——————————————— 부수: 氵

물 수(水)와 가죽 피(皮)가 합하여 이루어진 모습이다. 동물의 생가죽을 벗겨내는 모습을 본뜬 것으로 '물결'이나 '주름'을 뜻하는 글자이다.

> **여파(餘波)** : 餘(남을 여), 波(물결 파)로, 어떤 일이 끝난 뒤에 남아 미치는 영향.
> (예문) 유가 인상의 여파로 물가가 오를 조짐이 보인다.

〖   키워드로 보는 사자성어 #눈빛, 흐름, 물결（波）   〗

평지풍파(平地風波) : 평온한 자리에서 생각하지 못한 다툼이 일어남을 비유한 말.
〔예문〕 정확히 알지도 못하면서 함부로 말하다가 공연히 평지풍파 일으키지 말고 얌전히 있어라.

만경창파(萬頃蒼波) : 끝이 보이지 않을 정도로 너른 바다.
〔예문〕 요즘 그의 사업은 마치 만경창파에 뜬 작은 배처럼 위태롭기만 하다.

만리창파(萬里滄波) : 끝없이 넓은 바다.
〔예문〕 생계를 위해 만리창파로 나갔던 선원들이 돌아왔다.

〖   일파만파, 이럴 때 이렇게   〗

1. 조사 결과 사건의 조작성이 드러날 경우, 각 부문에 일파만파의 파장이
   예상된다.

2. 일명 '햄버거병' 사태가 일파만파 커지면서 소비자와 누리꾼 사이에서 '햄버거
   포비아'가 확산할 조짐을 보이고 있다.

3. 원래 금융 위기란 시작은 미미해도 전염성과 증폭성 때문에 일파만파 위력이
   커지는 법이다.

4. 인터넷에 올라온 한 개의 동영상이 일파만파로 펴지면서, 전 세계적으로 큰
   화제가 되고 있다.

5. 그는 일파만파의 어려움과 시련 속에서도 자신의 신념을 굳건히 지켜내고 있다.

6. 한 개의 혁신적인 기술이 일파만파로 펴지면서, 산업 전반에 큰 변화를
   가져왔다.

모든 접촉을 끊고
혼자만의 공간에 머무르는 상태를 표현할 때

杜門不出

두문불출

두문불출(杜門不出)은 문을 닫고 나가지 않는다는 뜻으로, 사람이 집이나 일정한 장소에 가두어져 밖으로 나가지 않고 외부와의 접촉을 차단하는 상태를 표현할 때 사용하는 말입니다. 이는 물리적인 출입을 차단하는 것뿐만이 아니라, 사회적 활동이나 외부와의 소통을 자제하는 상태를 의미하기도 합니다. 예를 들어, 중요한 일을 준비하기 위해 집중할 필요가 있을 때, 개인적인 문제를 해결하기 위해 혼자만의 시간이 필요로 할 때, 혹은 단순히 휴식을 취하고 싶을 때 표현하는 말입니다. 이는 종종 중요한 결정이나 창의적인 작업, 깊은 자기 성찰이 필요로 하는 경우 선택하는 방법입니다. 두문불출은 특정 목표를 달성하기 위한 집중과 방법으로 활용할 수 있지만, 장기적으로는 사회적 고립으로 부작용이 생길 수 있습니다. 따라서 필요에 따라 적절한 균형을 유지하며 외부와의 접촉과 격리 상태를 조절하는 것이 중요합니다.

〚　　**한자를 알면 뜻이 보인다**　　〛

杜門不出 : 문을[門] 닫고[杜] 나가지[出] 않는다[不]
집에만 틀어박혀 사회의 일이나 관직에 나아가지 않음을 뜻하는 말.

杜 : 막을 두, 7획 ──────────────────────────── 부수: **木**

木(나무 목)과 土(흙 토)가 합하여 이루어진 모습으로, 능금과의 과수나무인 '팥배나무'의
의미인데 후에 '막다', '끊다', '닫다'의 뜻을 가진 글자가 되었다.

> 두절(杜絶) : 杜(막을 두)와 絶(끊을 절)로, 막히거나 끊어지게 되다.
> [예문] 간밤에 내린 폭설로 산간 지방의 교통이 두절되었다.

門 : 문 문, 8획 ──────────────────────────── 부수: **門**

'문'이나 '집안', '전문'이라는 뜻을 가진 글자이다. 대문을 그린 것이기 때문에 '문'이라
는 뜻을 갖게 되었지만, 이외에도 '집안'이나 '문벌'과 같이 혈연적으로 나뉜 집안을 일컫
기도 한다.

> 문호(門戶) : 門(문 문)과 戶(지게 호)로, 외부와 교류하기 위한 통로나 수단을 비유적으로
> 이르는 말.
> [예문] 우리도 이제는 세계를 향해 문호를 열 수밖에 없다.

不 : 아닐 부, 4획 ──────────────────────────── 부수: **一**

땅속으로 뿌리를 내린 씨앗을 본뜬 것으로, 아직 싹을 틔우지 못한 상태라는 의미에서
'아니다'나 '못하다', '없다'라는 뜻을 갖게 되었다.

> 부동심(不動心) : 不(아닐 부), 動(움직일 동), 心(마음 심)으로, 마음이 외부의 어떤 충동이나
> 자극에도 흔들리지 않음.
> [예문] 그녀는 우쭐하거나 자만에 빠지지 않는 부동심의 소유자였다.

出 : 날 출, 5획 ──────────────────────────── 부수: **凵**

凵(입 벌릴 감)과 屮(왼손 좌)가 합하여 이루어진 모습이다. 사람의 발이 입구를 벗어나는
모습을 본뜬 모습으로 '나가다'나 '떠나다'라는 뜻을 가진 글자이다.

> 표출(表出) : 表(겉 표)와 出(날 출) 겉으로 드러나다
> [예문] 쌓인 감정을 언어폭력으로 표출하는 건 좋지 않다.

출타(出他) : 어른이나 높임의 대상이 집에 있지 않고 다른 곳에 나감.
(예문) 바깥양반은 지금 출타하고 없습니다.

출원(出願) : 어떤 청원이나 그에 관련된 원서(願書) 따위를 제출함.
(예문) 연구진은 이종 동물 간 복제 기술에 대해 올 1월 국내 특허를 출원했다.

출가외인(出嫁外人) : 시집간 딸은 남이나 다름없다는 뜻으로 이르는 말
(예문) 너는 이미 출가외인이니 내 집에는 발을 들이지 마라.

〖　　　두문불출, 이럴 때 이렇게　　〗

1. 중요한 연구를 진행 중인 그는 두문불출 상태에 들어가 외부와의 모든 연락을 끊었다.

2. 일주일 동안의 두문불출이 끝나고 그는 친구들과 다시 소통하며 사회적 활동을 재개했다.

3. 최근 그녀는 새로운 사업 계획을 세우기 위해 두문불출 상태에서 깊이 있는 연구와 분석을 진행하고 있다.

4. 그는 최근 두문불출하며 중요한 결정이 필요할 때까지 혼자만의 공간에서 자신만의 시간을 가지려고 한다.

5. 그는 자신만의 공부 공간에 머무르며 중요한 시험을 준비하기 위해 두문불출하며 모든 외부 활동을 중단했다.

외부의 압력에도
신념이나 태도가 흔들리지 않고 변함없는 상태

搖之不動

요지부동

요지부동(搖之不動)은 흔들어도 움직이지 않는다는 뜻으로, 어떤 상황이나 환경이 변하더라도 자신의 입장이나 생각을 고집스럽게 지키는 상황을 표현할 때 사용하는 말입니다. 이 표현은 특히 사람의 신념이나 태도가 외부의 자극이나 변화에 흔들리지 않고 확고하게 유지될 때 표현하게 됩니다. 예를 들어, 중요한 회의에서 의견이 변동하거나 외부의 강한 압박이 있더라도, 자신의 원칙이나 신념을 굳건히 지키는 경우를 요지부동이라고 표현할 수 있습니다. 이는 개인이 자신의 목표나 가치관에 대해 변함없이 추진하거나, 어려운 상황에서도 자기의 입장을 지키는 모습을 보여주는 태도를 말합니다. 그러나 지나치게 요지부동하면 상황에 대한 적절한 조정과 유연성이 부족해져 인간관계에 불편함과 해를 가져올 수 있습니다. 상황에 따라 신념을 지키는 것과 변화하는 환경에 적응하고, 필요에 따라 유연성을 가지고 조화를 이루는 것이 요지부동의 중요한 가르침이라 할 수 있습니다.

〖 한자를 알면 뜻이 보인다 〗

搖之不動 : 흔들어도[搖][之] 움직이지[動] 아니함[不]

어떠한 자극에도 움직이지 않거나 태도의 변화가 없음을 뜻하는 말.

搖 : 흔들 요, 13획 ──────────────── 부수: 扌

손 수(手)와 질그릇 요(䍃)가 합하여 이루어진 모습으로, 손으로 흔든다는 의미에서 '흔들이다', '움직이다'라는 뜻을 가진 글자가 되었다.

> **요동(搖動)** : 搖(흔들 요)와 動(움직일 동)으로, 흔들리며 움직임.
> (예문) 태풍이 불자 배가 뒤집어질 것처럼 요동을 쳤다.

之 : 갈 지, 4획 ──────────────── 부수: 丿

사람의 발을 그린 것으로, '가다'나 '~의', '~에'와 같은 뜻으로 쓰이는 글자이다.

> **기왕지사(旣往之事)** : 이미 지나간 과거의 일
> (예문) 기왕지사 이렇게 되었으니 할 수 있는 데까지 해 보자.

不 : 아닐 부, 4획 ──────────────── 부수: 一

땅속으로 뿌리를 내린 씨앗을 본뜬 것으로, 아직 싹을 틔우지 못한 상태라는 의미에서 '아니다'나 '못하다', '없다'라는 뜻을 갖게 되었다.

> **지지부진(遲遲不進)** : 매우 더디어 잘 진척되지 않다.
> (예문) 경찰 수사가 지지부진하자 언론에서는 집중적으로 경찰을 공략하기 시작했다.

動 : 움직일 동, 11획 ──────────────── 부수: 力

무거울 중(重)과 힘 력(力)이 합하여 이루어진 모습으로, 무거운 것[重]을 힘[力]을 들여 움직인다는 의미에서 '움직이다', '옮기다', '흔들리다'라는 뜻을 가진 글자가 되었다.

> **소동(騷動)** : 騷(떠들 소)와 動(움직일 동)으로, 시끄럽게 떠들어 대며 술렁거림.
> (예문) 관중들이 흥분하여 축구장에서 소동을 벌였다.

요람(搖籃) : 사물의 처음 발생지나 근원지를 비유적으로 이르는 말.

예문 이 건물은 당시 민초들의 성금을 모아 건립한 민족정기의 요람이다.

권상요목(勸上搖木) : 나무에 오르도록 해 놓고 다시 흔들어 떨어뜨린다는 뜻.

예문 권상요목도 분수가 있지. 항상 무슨 재미로 공연히 남의 창자를 울려 보려는 것일까.

요미걸연(搖尾乞憐) : 개가 꼬리를 흔들며 알랑거린다는 뜻으로, 간사하게 아첨함을 비유한 말.

예문 김 대리는 과장 승진을 위해 요미걸연에 모두 놀라지 않을 수 없었다.

〚　요지부동, 이럴 때 이렇게　〛

1. 그는 회의에서 모든 의견이 바뀌었지만, 자신의 원칙을 요지부동으로 지켰다.

2. 그녀가 아무리 항의하고 하소연을 덧붙여 보아도 사장은 요지부동이었다.

3. 그녀는 한번 결정을 내리면 주위의 어떤 충고에도 요지부동이다.

4. 그들은 그 자리를 천직으로 여겨 아주 그곳에서 뼈를 묻을 작정을 하는 듯
   요지부동이었다.

5. 그는 고집이 어찌나 센지 한번 결심하면 요지부동이다.

6. 비록 많은 비판과 압력이 있었지만, 그녀는 자신의 신념을 요지부동으로 지켰다.

7. 팀원들의 압박에도 불구하고, 그는 자신의 전략을 요지부동으로 추진했다.

무슨 일에 대해
방향이나 갈피를 잡을 수 없음을 표현할 때

五里霧中

오리무중

　오리무중(伍里霧中) 오리에 걸쳐 안개 속에 있다는 뜻으로, 사방이 온통 안개로 덮여 있어 앞을 분간할 수 없는 상태를 비유적으로 표현한 말입니다. 즉, 어떤 상황이나 문제에 대해 전혀 알 수 없거나, 해결책을 찾을 수 없어 막막한 상황을 표현할 때 사용하는 말입니다. 예를 들어, 사업 전략을 세우는 데 있어 시장의 불확실성이나 변동성이 커서 전략이나 목표를 세우기가 어려울 때 오리무중이라고 표현할 수 있습니다. 이러한 상황을 피하기 위해서는 명확한 계획과 충분한 정보를 갖추는 것이 필요합니다. 복잡하고 불확실한 상황에서도 정확한 정보를 바탕으로 결정을 내리고 판단하는 것이 필요합니다. 또한 이러한 오리무중의 상황에 접했을 때는 주변의 도움을 요청하는 것도, 효과적인 방법의 하나일 것입니다. 경험이 풍부한 사람이나 전문가의 조언을 통해 문제를 해결하고 오리무중의 막막한 상황에서 벗어나는 지혜가 필요합니다.

〚　　한자를 알면 뜻이 보인다　　〛

五里霧中 : 오리에[五][里] 걸쳐 안개[霧] 속에[中] 있다
무슨 일에 대하여 방향이나 상황을 알 길이 없음을 뜻함.

五 : 다섯 오, 4획 ─────────────────────── 부수: 二

나무막대기를 엇갈려 놓은 모습을 그린 것으로, '다섯'이나 '다섯 번'이라는 뜻을 가진 글자이다.

> **오감(五感)** : 五(다섯 오), 感(느낄 감)으로, 시각, 청각, 후각, 미각, 촉각의 다섯 가지 감각.
> [예문] 후각은 인간의 오감 중 시각이나 청각보다 더 원시적이고 본능적인 감각이다.

里 : 마을 리, 7획 ─────────────────────── 부수: 里

田(밭 전)과 土(흙 토)가 합하여 이루어진 모습으로, '마을'이나 '인근', '거리를 재는 단위'로 쓰이는 글자이다. 농사지을(田) 땅(土)이 있다는 의미에서 '마을' 의미를 생성했고, 후에 구획을 의미한 '거리'의 단위로도 쓰이게 되었다.

> **시오리(十五里)** : 十(열 십), 五(다섯 오), 里(마을 리)로, 십 리에 오 리를 더한 거리.
> [예문] 그는 밤길 시오리를 걸어서 애인을 만나러 다녔다.

霧 : 안개 무, 19획 ─────────────────────── 부수: 雨

비 우(雨)와 힘쓸 무(務)가 합하여 이루어진 모습으로, '안개'나 '안개 자욱하여 어둡다'라는 뜻을 가진 글자이다.

> **운무(雲霧)** : 雲(구름 운)과 霧(안개 무)로, 구름과 안개.
> [예문] 높은 산봉우리는 운무에 가려져 천상에 두둥실 떠 있다.

中 : 가운데 중, 4획 ─────────────────────── 부수: ｜

깃발의 가운데 태양이 걸려있는 모양을 본뜬 것으로, '가운데'나 '속', '안'이라는 뜻을 가진 글자이다.

> **중추(中樞)** : 中(가운데 중)과 樞(지도리 추)로, 사물의 중심이 되는 자리.
> [예문] 요즘 감사원은 사정(査定)과 개혁의 중추 역할을 하고 있다.

집중(集中) : 한곳으로 모임 또는 한 가지 일에 힘을 쏟아부음.

(예문) 이번 행사를 통해서 우리 업체에 대한 여론의 관심과 집중을 확인할 수 있었다.

좌중(座中) : 여러 사람이 모인 자리.

(예문) 나는 좌중을 둘러보며 사회를 보았다.

심중(心中) : 마음에 품고 있는 것.

(예문) 제가 어머님의 심중을 미처 헤아려 드리지 못했군요.

〖　　오리무중, 이럴 때 이렇게　　〗

1. 피해자가 계속 늘어 가는데도 수사 당국은 범인의 단서조차 찾지 못하고
   오리무중에 빠졌다.

2. 어디로 가야 그녀의 족흔이라도 발견할 수 있을지 그야말로 오리무중이었다.

3. 회사의 미래 전략을 구상하는 데 있어 현재의 경제 상황이 오리무중이라
   결정하기 어렵다.

4. 총기 탈취 사건이 발생한 지 사흘이 지났지만, 탈취범들의 행방은 여전히
   오리무중이다.

5. 그 남자의 엉뚱한 주장은 상황을 더욱 오리무중인 상태로 가져갔다.

6. 문제의 본질을 이해하지 못해 해결 방안을 찾는 것이 오리무중처럼 느껴진다.

요구 따위를 들어 달라고
애처롭고 간절하게 사정하고 빌 때

哀乞伏乞

애걸복걸

애걸복걸(哀乞伏乞) 애처롭게 엎드려 빌고 또 빈다는 뜻으로, 매우 간절하게, 혹은 비참한 상태로 도움이나 부탁하는 상황을 표현할 때 사용하는 말입니다. 이는 어떤 사람이 절박한 상황에서 간절히 도움을 요청하거나, 문제 해결을 위해 애원하는 상태를 말합니다. 예를 들어, 재정적인 어려움이나 심각한 문제를 겪는 사람이 도움을 청할 때 사용할 수 있는 표현입니다. 우리는 애걸복걸의 상황에 부닥쳤을 때는 겸손함과 진정성 있는 마음을 유지해야 합니다. 상대방이 당신의 어려움을 이해하고 진지하게 받아들일 수 있도록 명확한 설명과 구체적인 요청이 필요합니다. 또한 도움을 받기 전이나 후에는 항상 감사와 존중의 마음을 표현하는 것이 중요합니다. 상대방이 도움을 주지 않더라도 그들의 결정을 존중해야 하며, 또한 반대로 상대방이 나에게 애걸복걸하는 상황이 온다면, 상대방의 자존심을 해치지 않도록 존중하는 태도를 유지하여, 신중하게 판단하고 도움을 줄 수 있어야 합니다.

〖　　한자를 알면 뜻이 보인다　　〗
哀乞伏乞 : 애처롭게[哀] 엎드려[伏] 빌고[乞] 또 빎[乞]
애처롭게 무릎을 꿇고 간절하게 요청하는 모습

哀 : **슬플 애, 9획** ─────────────────── 부수: 口

옷 의(衣)와 입 구(口)가 합하여 이루어진 모습으로, 마음이 아프고 가엾다는 의미의 '슬프다'나 '가엾다'라는 뜻을 가진 글자이다.

> **비애(悲哀)** : 悲(슬플 비), 哀(슬플 애)로, 슬픔과 설움.
> (예문) 그의 작품 속에는 고난에 찬 삶의 비애가 짙게 배어 있다.

乞 : **빌 걸, 3획** ─────────────────── 부수: 乙

본래 구름이 피어오르는 모양을 본뜬 글자인데, 가차의 개념으로 '빌다'나 '구걸하다', '가난하다'라는 뜻을 가진 글자로 쓰이고 있다.

> **걸신(乞神)** : 乞(빌 걸)과 神(귀신 신)으로, 굶주려 음식을 지나치게 탐내는 상태나 그러한 상태에 있는 사람.
> (예문) 그는 걸신들린 사람처럼 밥 두 그릇에 국 세 그릇을 순식간에 비웠다.

伏 : **엎드릴 복, 6획** ─────────────────── 부수: 亻

사람 인(人)과 개 견(犬)이 합하여 이루어진 모습이다. 개가 사람 옆에 바짝 엎드려 복종하고 있는 모습을 본뜬 것으로, '엎드리다', '굴복하다'는 뜻을 가진 글자이다.

> **복병(伏兵)** : 伏(엎드릴 복)과 兵(병사 병)으로, 뜻밖의 걸림돌로 나타난 경쟁자나 장애물을 비유적으로 쓰이는 말.
> (예문) 우리 경제가 언제 느닷없는 복병을 만날지 모른다.

乞 : **빌 걸, 3획** ─────────────────── 부수: 乙

본래 구름이 피어오르는 모양을 본뜬 글자인데, 가차의 개념으로 '빌다'나 '구걸하다', '가난하다'라는 뜻을 가진 글자로 쓰이고 있다.

> **문전걸식(門前乞食)** : 이 집 저 집 남의 집을 돌아다니며 빌어먹음.
> (예문) 내가 당장 남의 집 파출부라도 하지 않으면 가족 모두가 문전걸식에 나설 형편이다.

애상적(哀傷的) : 슬퍼하고 가슴 아파하는 것.
예문 바이올린 연주자의 선율이 너무나 애상적이다.

애이불상(哀而不傷) : 슬퍼하되 정도를 넘지 아니함.
예문 애이불상이니 지나친 슬픔에 빠져들지 않도록 해라.

애조(哀調) : 슬픈 곡조. 애절한 가락.
예문 라디오에서는 흘러간 가요의 애조 띤 가락이 흘러나오고 있다.

〚　　애걸복걸, 이럴 때 이렇게　　〛

1. 결혼해 달라고 애걸복걸했지만, 그녀는 호락호락 넘어가질 않는다.

2. 그녀는 병원비를 마련하기 위해 사람들에게 애걸복걸하며 도와달라고 호소했다.

3. 제발 원금이라도 해달라고 애걸복걸하여 다행히 원금을 몇 번에 나누어 받았다.

4. 그에게 아이의 목숨만은 살려 줄 것을 애걸복걸하였다.

5. 장난감을 사달라고 애걸복걸하는 해창이의 모습에 어쩔 수 없이 사주게 되었다.

6. 그는 돈을 빌리기 위해 친구에게 애걸복걸하며 사정을 설명했지만, 결국
   거절당하고 말았다.

두 당사자가
상황이나 조건이 같음을 표현할 때

彼此一般

피차일반

피차일반(彼此一般)은 이것이나 저것이나 다 같다는 뜻으로, 두 사람 또는 두 가지 일이 서로 비슷하여 별다른 차이가 없을 때 표현하는 말입니다. 즉, 주로 양측이 비슷한 어려움을 겪고 있거나, 서로의 입장이 동등함을 강조할 때 사용합니다. 예를 들어, 두 사람이 모두 바쁜 일정 속에서 만나야 할 일이 있을 때 한쪽만이 일정을 조정하기 어려운 상황이라면, 상대방 역시 바쁜 사정이 있는 피차일반의 상황에 놓여 있을 때 표현하게 됩니다. 이는 서로가 비슷한 어려움에 놓여 있음을 인정하고, 상대방의 입장을 존중하면서 서로 협력하는 자세가 중요합니다. 피차일반은 여러 갈등 상황에서 상대방을 비난하거나 일방적으로 책임을 떠넘기기보다, 서로의 입장을 이해하고, 공평함과 상호 존중을 바탕으로 공정하게 문제를 해결해야 한다는 지혜를 가르치고 있는 말입니다.

〖　　한자를 알면 뜻이 보인다　　〗

彼此一般 : 이것이나[此] 저것이나[彼] 다[一] 같음[般]
저것이나 이것이나 마찬가지임 또는 다 같음.

彼 : 저 피, 8획 ──────────────────────────────── 부수: 彳

조금 걸을 척(彳)과 가죽 피(皮)가 합하여진 모습으로, 원줄기에서 갈라진 길의 의미에서 먼 곳의 것을 뜻하는 '저'나 '저쪽'이라는 뜻을 가진 글자로 쓰이고 있다.

피차간(彼此間) : 彼(저 피), 此(이 차), 間(사이 간)으로, 양쪽 서로의 사이.
(예문) 이 결과는 피차간에 서로 잘된 일이다.

此 : 이 차, 6획 ──────────────────────────────── 부수: 止

발지(止)와 비수 비(匕)가 합하여 이루어진 모습으로, 멈춘다는 의미가 자신의 가장 가까운 곳의 의미에서 '이것', '이곳'과 같이 가까운 곳을 뜻하는 글자로 쓰이고 있다.

차세(此世) : 此(이 차)와 世(세상 세)로, 지금 살고 있는 세상.
(예문) 차세에 좋은 업을 쌓으면 내세에서 복을 받는다고 한다.

一 : 한 일, 1획 ──────────────────────────────── 부수: 一

막대기를 옆으로 눕혀놓은 모습을 그린 것으로, '하나'나 '첫째', '오로지'라는 뜻을 가진 글자이다.

일치(一致) : 一(한 일), 致(이룰 치)로, 서로 꼭 맞음.
(예문) 이것을 우연의 일치로만 볼 수는 없다.

般 : 가지 반, 10획 ──────────────────────────────── 부수: 舟

배 주(舟)와 몽둥이 수(殳)가 합하여 이루어진 모습으로, 밥을 먹는 일은 매우 '일상적이다'라는 뜻이 확대되면서 '일반'이나 '가지런한 모양', '나르다'라는 뜻을 가진 글자로 쓰이고 있다.

만반(萬般) : 萬(일만 만), 般(가지 반)으로 갖출 수 있는 모든 사항.
(예문) 그녀는 손님을 맞이할 만반의 준비를 끝냈다.

차일피일(此日彼日) : 약속한 시간이나 기한을 이 날 저 날로 자꾸 미루다.
[예문] 돈을 갚으라고 독촉했지만, 그녀는 차일피일 미루기만 할 뿐 주려고 하지 않는다.

지피지기(知彼知己) : 적의 형편과 나의 형편을 다 자세히 앎.
[예문] 지피지기면 백 번 싸워도 위태롭지 않다.

어차어피(於此於彼) : 이렇거나 저렇거나 귀결되는 바.
[예문] 그 정책은 제1안, 제2안 할 것 없이 어차어피 피장파장이었다.

〖   피차일반, 이럴 때 이렇게   〗

1. 그들의 언행이 피차일반이다 보니 누가 잘못한 것인지를 판별하기 어려웠다.

2. 두 가지 선택사항은 모두 피차일반이다. 따라서 어느 것을 선택하더라도 큰
   차이는 없을 것 같다.

3. 두 팀 간의 실력은 피차일반이었으므로, 승패를 예측하기란 매우 어려웠다.

4. 옛날이나 지금이나 부자와 가난한 사람 사이의 격차는 피차일반이었다.

5. 김 대리와 권 과장의 행동은 괘씸하기 피차일반이다.

6. 너도 바쁘고 나도 바쁜 피차일반 상황에 놓여 있으니, 서로 이해하고 시간을
   조율해보자.

7. 피차일반이라고 그쪽 사정이 어렵고 우리 사정도 어렵지만, 협력해서 해결
   방법을 찾아보자.

살가죽과 뼈가 맞붙을 정도로
쇠약해진 상태를 표현할 때

皮骨相接

피골상접

　피골상접(皮骨相接)은 살가죽과 뼈가 서로 맞붙는다는 뜻으로, 극심한 굶주림이나 피로로 인해 몸이 뼈와 가죽만 남을 정도로 여위고 쇠약해진 상태를 표현할 때 사용하는 말입니다. 이 표현은 보통 극심한 굶주림, 고된 노동, 혹은 오랜 병환 등으로 인해 신체적, 정신적으로 극심한 상태에 빠지는 상황을 묘사할 때 사용합니다. 예를 들어, 기근이나 전쟁과 같은 극한 상황에 처한 사람들이 충분한 음식이나 치료받지 못해 뼈와 가죽만 남을 정도로 여위고, 생존의 위협에 직면한 상태의 경우를 들 수 있습니다. 이러한 상태는 단순히 신체적 피폐함을 의미하는 것이 아니라, 삶이 얼마나 어려운 상황에 놓여 있는지를 알 수 있는 말입니다. 피골상접한 상태에 있는 사람들을 돕는 것은 사회적 책임입니다. 사회는 이러한 어려움에 놓여 있는 사람들을 보호하고 지원할 의무가 있으며, 이를 통해 모두가 최소한의 삶의 질을 보장받고 유지할 수 있도록 해야 한다는 메시지를 우리에게 전하고 있습니다.

〖　　**한자를 알면 뜻이 보인다**　　〗
皮骨相接 : 살가죽과[皮] 뼈가[骨] 서로[相] 맞붙음[接]
살가죽과 뼈가 맞붙을 정도로 바짝 마름.

皮 : 가죽 피, 5획 —————————————— 부수: 皮

기슭 엄(厂)과 뚫을 곤(丨), 또 우(又)가 합하여 이루어진 모습이다. 동물의 가죽을 손으로 벗겨내는 모습을 본뜬 글자로 '가죽'이나 '껍질', '표면'이라는 뜻을 가진 글자이다.

피혁(皮革) : 皮(가죽 피)와 革(가죽 혁)으로, 날가죽과 무두질한 가죽의 총칭.
(예문) 이 공장은 핸드백이나 신발 등을 만들 때 사용하는 피혁 제품을 생산한다.

骨 : 뼈 골, 10획 —————————————— 부수: 骨

살을 발려내고 뼈만 남겨 놓았다는 의미로서 '뼈'나 '골격', '몸'이라는 뜻을 가진 글자이다. 骨은 뼈뿐만 아니라 신체의 부위를 나타내는 부수로 활용된다.

골재(骨材) : 骨(뼈 골)과 材(재목 재)로, 콘크리트나 모르타르에 쓰이는 모래나 자갈 따위의 재료.
(예문) 상수원 지역에서는 골재의 채취가 금지되어 있다.

相 : 서로 상, 9획 —————————————— 부수: 目

나무 목(木)과 눈 목(目)이 합하여 이루어진 모습이다. 나무에 올라가서 눈으로 먼 곳을 본다는 의미에서 '보다'는 의미가 만들어졌으며, 후에 함께 본다는 것에서 '서로'와 보고 돕는다는 것에서 '돕다', '모양', '가리다'라는 뜻을 가진 글자로 쓰인다.

상쇄(相殺) : 相(서로 상)과 殺(덜 쇄)로, 상반되는 것이 서로 영향을 주어 효과가 없어지는 일.
(예문) 제철업계들은 늘어난 비용을 철 가격 인상으로 상쇄한다는 계획이다.

接 : 이을 접, 11획 —————————————— 부수: 扌

손 수(手)와 첩 첩(妾)이 합하여 이루어진 모습이다. 妾(첩)에 手(수)가 결합한 接(접)은 여종은 일도 많이 하지만 사람도 많이 접한다는 의미에서 '접촉하다'나 '대접하다'라는 뜻을 갖게 되었다.

접합(接合) : 接(이을 접)과 合(합할 합)으로, 둘 이상의 것을 한데 맞붙임.
(예문) 저 회사가 이번에 새로 내놓은 제품은 접합 부분이 너무 도드라져서 미관상 좋지 않다.

백골(白骨) : 죽은 사람의 살이 썩고 남은 뼈.

예문 그분이 내게 베풀어 주신 은혜는 죽어서 백골이 되더라도 잊을 수 없을 것이다.

골다공증(骨多孔症) : 뼈의 석회 성분과 칼슘이 감소하여 뼈가 약해지고 틈이 생기는 등의 증상.

예문 골다공증이 생기면 뼈가 약해져서 골절의 위험성이 높아지므로 조심해야 한다.

골간(骨幹) : 기본적이며 핵심적인 부분.

예문 학교 교육이 제대로 되기 위해서는 학교 교육 내용의 골간을 이루는 교과서가 제대로 만들어져야 한다.

〚　　피골상접, 이럴 때 이렇게　　〛

1. 그의 체중이 계속 줄어들어, 이제는 피골상접의 상태에 이르렀다.

2. 연구에 몰두하는 그녀의 모습은 진정 피골상접한 모습이었다.

3. 그는 대학교수가 되기 위해 피골상접의 고생을 감수했다.

4. 사랑하는 사람을 잊지 못한 그는 피골상접까지 갔다.

5. 그는 어떤 어려움에도 피골상접한 의지를 보이며 결코 포지하지 않는 모습을 보였다.

6. 그는 오랜 병환과 경제적 어려움으로 피골상접한 상태가 되어 있었다.

어떤 장애물도 막지 못하고
압도적인 힘이나 기세를 표현할 때

破竹之勢

파죽지세

파죽지세(破竹之勢)는 대나무를 쪼개는 기세라는 뜻으로, 저지할 수 없을 만큼 강력하고 거침없는 기세로 목표를 향해 나아가는 상황을 표현할 때 사용하는 말입니다. 이 표현은 대나무가 한 번 쪼개지기 시작하면 끝까지 쪼개지듯, 어떤 장애물도 막지 못하는 압도적인 힘이나 기세를 의미합니다. 주로 전쟁이나 경쟁에서 적을 연속적으로 물리치거나, 성과를 거두는 상황을 묘사할 때 사용되지만, 요즘은 비즈니스나 스포츠와 같은 다양한 분야에서도 사용됩니다. 예를 들어, 어떤 기업이 성공을 위해 시장점유율을 빠르게 확대하여, 경쟁자를 압도하고 거침없이 성장하는 상황을 묘사할 때도 파죽지세라는 말을 사용하게 됩니다. 파죽지세는 기회가 왔을 때, 망설임 없이 행동하고 강한 추진력으로 목표를 향해 과감한 결단과 강한 의지로 망설임 없이 나아가야 한다는 메시지를 주고 있는 말입니다.

〖 한자를 알면 뜻이 보인다 〗

破竹之勢 : 대나무를[竹][之] 쪼개는[破] 기세[勢]
거침없이 적을 물리치며 진군하는 기세를 이르는 말.

210

破 : 깨뜨릴 파, 10획 ——————————————————— 부수: 石

돌 석(石))과 가죽 피(皮)가 합하여 이루어진 모습이다. 돌을 부수는 의미에서 '깨트리다'
나 '파괴하다'라는 뜻을 가진 글자이다.

> **파편(破片)** : 破(깨뜨릴 파)와 片(조각 편)으로, 부서지거나 깨어진 조각.
> (예문) 유리컵이 바닥에 떨어지면서 유리 파편이 사방에 튀었다.

竹 : 대 죽, 6획 ——————————————————— 부수: 竹

두 개의 대나무 줄기와 잎사귀가 늘어져 있는 모습을 본뜬 것으로, '대나무'나 '죽간'이
라는 뜻을 가진 글자이다.

> **죽장(竹杖)** : 竹(대나무 죽), 杖(지팡이 장)으로, 대로 만든 지팡이.
> (예문) 김삿갓은 죽장에 삿갓을 쓰고 전국을 방랑했다.

之 : 갈 지, 4획 ——————————————————— 부수: 丿

사람의 발을 그린 것으로, '가다'나 '~의', '~에'와 같은 뜻으로 쓰이는 글자이다.

> **감지덕지(感之德之)** : 과분한 듯하여 아주 고맙게 여김.
> (예문) 그는 뜻밖의 환대를 받자 감지덕지 어쩔 줄을 몰랐다.

勢 : 기세 세, 13획 ——————————————————— 부수: 力

심을 예(埶)와 힘 력(力)이 합하여 이루어진 모습으로 '형세'나 '권세', '기세'라는 뜻을 가
진 글자이다.

> **정세(情勢)** : 情(뜻 정)과 勢(형세 세)로, 일이 되어 가는 사정과 형세.
> (예문) 냉전이 종결된 뒤에도 세계의 정세는 화해 분위기로 바뀌지 않았다.

대세(大勢) : 일이 어찌할 수 없이 되어 가는 결정적 형세.
예문 환경 보호는 이미 세계적인 대세다.

장세(場勢) : 주식 시장의 형세.
예문 증시의 장세 호전은 아직까지도 기대하기 어렵다.

가세(加勢) : 힘을 보태거나 거듦.
예문 힘든 작업이었지만 동료들의 가세로 일을 마칠 수 있었다.

〚   파죽지세, 이럴 때 이렇게   〛

1. 우리 군은 파죽지세로 적군의 함대를 격파해 버리고 대승리를 거두었다.

2. 그들의 공격은 파죽지세로 이어져 적군은 속수무책으로 무너졌다.

3. 국가대표팀은 파죽지세로 승리를 거두며 우승을 하였다.

4. 한국기업의 해외 진출이 성공적으로 이루어지면서 파죽지세로 시장점유율을 높였다.

5. 그는 이번 선거에서 파죽지세로 지지를 얻어 큰 차이로 당선되었다.

6. 이번 마케팅 전략이 대성공을 거두면서, 우리 회사는 파죽지세로 시장점유율을 확대하고 있다.

易地思之

역지사지

역지사지(易地思之)는 처지를 바꾸어 생각한다는 뜻으로, 상대방의 입장에서 생각해 보고 이해하려는 마음을 표현할 때 사용하는 말입니다. 즉, 자신의 입장만 고집하지 말고 상대방의 입장에서 한번 생각해 보라는 뜻입니다. 예를 들어, 어떤 상황에서 상대방의 행동이 이해되지 않거나 불만이 생길 때, 역지사지의 태도로 상대방 입장에서 다시 생각해 보면, 왜 그렇게 행동했는지 이해할 수 있게 되는 경우입니다. 역지사지의 자세는 갈등을 예방하는 데에도 큰 도움이 됩니다. 많은 갈등과 오해는 각자가 자신의 관점에서만 상황을 바라볼 때 발생합니다. 하지만 상대방의 입장을 고려하는 순간, 서로의 차이를 이해하고 존중하게 되어 불필요한 분쟁이나 논쟁을 줄일 수 있습니다. 이는 결국 긍정적인 인간관계를 형성하는 데 중요한 가치라고 생각합니다. 따라서 역지사지는 다른 사람과 조화롭게 소통하기 위해 반드시 갖추어야 할 중요한 마음가짐입니다.

〖　한자를 알면 뜻이 보인다　〗

易地思之 : 처지를[地] 바꾸어[易] 생각한다[思]
상대방의 처지를 바꾸어 생각한다는 뜻.

易 : 바꿀 역, 8획 ───────────────────────── 부수: 日

해 일(日)과 말 물(勿)이 합하여 이루어진 모습으로, '바꾸다'나 '쉽다'라는 뜻을 가진 글
자이다. 日과 月의 결합에서 끊임없는 변화로 '바꾸다'는 의미로 보거나, 도마뱀의 모양
으로 보기도 한다.

> **변역(變易)** : 變(변할 변)과 易(바꿀 역)으로, 변하여 바꿈.
> [예문] 우리의 생각은 다른 표현 양식으로 변역될 수 없다.

地 : 땅 지, 6획 ───────────────────────── 부수: 土

흙 토(土)와 어조사 야(也)가 합하여 이루어진 모습으로, '땅'이나 '대지', '장소'라는 뜻을
가진 글자이다. 잡초가 무성한 곳에서는 뱀을 흔히 볼 수 있다는 의미에서 '대지(土)와
뱀(也)'을 함께 그린 것으로 보기도 한다.

> **오지(奧地)** : 奧(속 오)와 地(땅 지)로, 해안이나 도시에서 멀리 떨어진 대륙 내부의 땅.
> [예문] 이 소설의 중심 무대는 산골 오지에 있는 조그마한 마을이다.

思 : 생각 사, 9획 ───────────────────────── 부수: 心

'생각'이나 '심정', '정서'라는 뜻을 가진 글자이다. 思자는 田(밭 전)자와 心(마음 심)자가
결합한 모습이다. 田'은 사람 뇌(腦)의 모양이어서, 머리에서 생각하고 마음으로 느낀다
는 의미에서 '생각하다'는 의미가 생성되었다.

> **사유(事由)** : 事(일 사)와 由(말미암을 유)로, 일의 까닭. 연고. 연유. 정유.
> [예문] 정당한 사유가 있을 시 훈련 불참을 인정해 드립니다.

之 : 갈 지, 4획 ───────────────────────── 부수: 丿

사람의 발을 그린 것으로, '가다'나 '~의', '~에'와 같은 뜻으로 쓰이는 글자이다.

> **산지사방(散之四方)** : 사방으로 흩어짐.
> [예문] 낙엽이 바람에 날려 산지사방으로 흩어졌다.

역학(易學) : 주역(周易)이나 역점(易占)의 괘를 풀어서 만물의 변화를 설명하는 학문.
예문 역학은 인간의 길흉화복을 알고 싶어 했던 고대인들의, 노력의 산물이었다.

교역(交易) : 주로 나라와 나라 사이에서, 물건을 사고팔고 하며 서로 교환함.
예문 북한과의 교역은 통일을 앞당기는 데 도움을 줄 수 있다.

역술인(易術人) : 역점 치는 일을 업으로 하는 사람.
예문 어머니는 궁합이 아주 안 좋다는 역술인의 말만 믿고 우리의 결혼을 반대하셨다.

〚　　역지사지, 이럴 때 이렇게　　〛

1. 두 사람이 역지사지로 상대편의 주장에 귀를 기울일 필요가 있다.

2. 부부관계에서만큼 역지사지가 필요한 데가 없다고 어머니는 타이르셨다.

3. 양측이 이 문제를 역지사지해 본다면 합의점을 찾을 수 있을 것이다.

4. 상대방의 입장에서 생각한 역지사지 덕분에 팀 프로젝트가 완성될 수 있었다.

5. 역지사지를 통해 동료와의 갈등을 원만하게 해결할 수 있었다.

6. 상사는 중요한 과제를 주기 전에 팀원의 입장을 역지사지하며 부담이 되지
   않도록 배려했다.

깊이 생각하고
신중하게 판단함을 표현할 때

深思熟考

심사숙고

심사숙고(深思熟考)는 깊이 생각하고 신중하게 숙고한다는 뜻으로, 어떤 결정을 내리거나 문제를 해결할 때, 성급하게 판단하지 않고 여러 측면을 깊이 있게 생각해 본 후 신중하게 판단하는 상황을 표현할 때 사용하는 말입니다. 우리가 인생에서 중요한 결정을 내려야 할 때, 심사숙고의 자세를 갖는 것은 매우 중요합니다. 급하게 판단하면 예상하지 못한 결과나 실수가 발생할 수 있기 때문입니다. 예를 들어, 시작하기 전에 충분히 계획을 세우지 않고 서둘러 진행하면 예상치 못한 문제가 발생할 가능성이 높아지며, 반대로 충분한 심사숙고의 시간을 들여 상황을 깊이 있게 분석하고 결정을 내리면, 더 나은 결과를 얻을 수 있습니다. 따라서 심사숙고는 단순히 깊이 생각하라는 의미를 넘어, 우리의 삶에서 중요한 결정을 내릴 때 충분한 시간과 노력을 들여 다양한 관점을 고려하고 깊이 생각하는 습관을 기르는 것이 얼마나 중요한지를 일깨워주는 지혜의 말입니다.

〖 **한자를 알면 뜻이 보인다** 〗

深思熟考 : 깊이[深] 생각하고[思] 신중하게[熟] 숙고함[考]
신중을 기하여 곰곰이 생각함.

深 : 깊을 심, 11획   부수: 氵

물 수(水)와 점점 미(㒸)가 합하여 이루어진 모습으로, '깊다'나 '깊어지다', '심하다'라는 뜻을 가진 글자이다. 깊이를 재기 좋은 물(水)의 뜻을 더해 깊이가 '깊다'는 의미에서 강조하고, 후에 깊이가 있는 상황까지 확대되었다.

심층(深層) : 深(깊을 심)과 層(층 층)으로, 사물이나 사건에서 겉으로 잘 드러나지 않는 부분.
(예문) 나는 이번 사건을 심층 취재하기 위해서 사건이 발생한 지역으로 내려가 보았다.

思 : 생각 사, 9획   부수: 心

'생각'이나 '심정', '정서'라는 뜻을 가진 글자이다. 思자는 田(밭 전)자와 心(마음 심)자가 결합한 모습이다. 田'은 사람 뇌(腦)의 모양이어서, 머리에서 생각하고 마음으로 느낀다는 의미에서 '생각하다'는 의미 생성

의사(意思) : 意(뜻 의)와 思(생각할 사)로, 무엇을 하고자 하는 생각.
(예문) 어물거리지 말고 자신의 의사를 명확히 밝혀야 할 것이다.

熟 : 익을 숙, 15획   부수: 灬

누구 숙(孰)과 불 화(火)가 합하여 이루어진 모습으로, '익다'나 '익히다', '여물다'라는 뜻을 가진 글자이다. 곡식이나 과일이 '익다'는 의미에서 '익숙해져서 경지에 이르렀다'는 의미까지 확대되었다.

숙지(熟知) : 熟(익을 숙)과 知(알지)로, 충분히 잘 알다.
(예문) 첫 출근을 한 김 씨는 복무규정을 숙지할 것을 지시 받았다.

考 : 생각할 고, 6획   부수: 耂

늙을 노(耂)와 공교할 교(丂)가 합하여 이루어진 모습으로, '생각하다'나 '깊이 헤아리다'라는 뜻을 가진 글자이다. 늙다(老)는 의미에서 '노련하다'는 의미를 파생하고, 후에 '옛 것을 헤아려 곰곰이 생각한다', '헤아리다'는 의미가 생성되었다.

고려(考慮) : 考(생각할 고)와 慮(생각할 려)로, 어떤 대상에 대하여 생각하고 헤아려 봄.
(예문) 김 대리가 제안한 내용은 전혀 고려해 볼 필요가 없는 것이었다.

숙의(熟議) : 여러 사람이 모여 어떤 문제를 깊이 생각하여 충분히 의논함.
[예문] 장기간의 숙의를 거쳐 문제의 중요성을 명확하게 했다.

반숙(半熟) : 음식 따위를 반쯤 익힘.
[예문] 나는 계란을 반숙으로 익힌 것을 좋아한다.

완숙(完熟) : 매우 능숙하고 성숙하다 또는 음식이나 과일 등이 완전히 익음
[예문] 냉면에는 완숙된 삶은 달걀이 반쪽 들어 있었다.

[[　　심사숙고, 이럴 때 이렇게　　]]

1. 중요한 계약을 체결하기 전에, 그는 심사숙고하여 모든 조건을 꼼꼼히 검토했습니다.

2. 그 문제에 대하여 회원들끼리 머리를 맞대고 심사숙고를 거듭했지만 마땅한 해결책을 찾지 못했다.

3. 그 계획은 장시일을 요하는 것이므로 심사숙고해서 결정하여야 합니다.

4. 그들은 과연 그 대처 방안을 심사숙고했는지 심히 의심스럽다.

5. 교육 개혁에 관한 문제는 항상 심사숙고해야 할 필요가 있다.

6. 회사를 그만두기 전에, 그는 심사숙고하여 가족과 미래에 미칠 영향을 충분히 고려했습니다.

어쩔 도리가 없어
아무런 대책이 없음을 표현할 때

束手無策

속수무책

속수무책(束手無策)은 손을 묶어 놓은 듯이 대책이 없다는 뜻으로, 어떤 어려운 상황에서 아무런 방법이나 대응책이 없어 전혀 할 수 있는 일이 없는 상태를 표현할 때 사용하는 말입니다. 이 표현은 직면한 문제나 위기 상황에서 어떻게든 해결할 방법을 찾지 못하고 무기력하게 되는 상황을 의미합니다. 예를 들어, 갑작스러운 자연재해나 예기치 못한 재정 위기에 처했을 때, 제대로 된 대비책이 없어서 혼란스러워하고 속수무책으로 대응할 수밖에 없는 상황의 경우를 들 수 있습니다. 이러한 상황을 피하기 위해서는 철저한 준비와 계획이 필요합니다. 사전에 가능한 모든 문제를 예상하고, 이에 대한 대응책을 마련해 두는 것이 중요합니다. 또한 상황에 맞는 대처를 위해 여러 방안을 고려하고 필요하다면 전문가의 조언을 듣는 것도 좋은 방법입니다.

〖　　한자를 알면 뜻이 보인다　　〗

束手無策 : 손을[手] 묶인[束] 듯이 대책이[策] 없다[手]
뻔히 보면서 어찌할 바를 모르고 꼼짝 못한다는 뜻.

束 : 묶을 속, 7획 ──────────────── 부수: 木

나무 목(木)과 입 구(口)가 합하여 이루어진 모습이다. 나무를 다발로 묶은 모양에서 '묶다', '결박하다'라는 뜻을 가지게 되었다.

결속(結束) : 結(맺을 결)과 束(묶을 속)으로, 뜻이 같은 사람끼리 굳게 뭉침.
(예문) 김 부장은 부서원의 결속을 강화하고자 노력했다.

手 : 손 수, 4획 ──────────────── 부수: 手

다섯 손가락을 펼치고 있는 '손'의 모양을 본뜬 모습으로, '손'이나 '재주', '수단', '방법'이라는 뜻을 가진 글자이다.

착수(着手) : 着(붙을 착)과 手(손 수)로, 손을 대어 시작하다.
(예문) 이미 이 일에 착수를 한 지 몇 개월이 지났다.

無 : 없을 무, 12획 ──────────────── 부수: 灬

'없다'나 '아니다', '~하지 않다'라는 뜻을 가진 글자로, 사람이 소꼬리를 들고 춤추는 모양에서 없어서는 안 될 일로 인해 '없다'는 의미로 생성되었다.

무사(無事) : 無(없을 무)와 事(일 사)로, 사고가 없어서 편안함.
(예문) 어머니는 날마다 군대 간 아들의 안녕과 무사를 빌었다.

策 : 꾀 책, 12획 ──────────────── 부수: 竹

대나무 죽(竹)과 가시 자(束)가 합하여 이루어진 모습이다. '채찍'이나 '계책'이라는 뜻을 가진 글자이다. 가시를 뜻하는 '대나무로 만든 채찍'을 뜻했으나, 후에 말을 달려 승리하기 위해서는 계책이 필요하다는 의미가 확대되어 '꾀하다'나 '기획하다'라는 뜻을 갖게 되었다.

시책(施策) : 施(베풀 시)와 策(꾀 책)으로, 어떤 정책을 시행함. 또는 그 정책.
(예문) 정부는 물가 안정을 위해 갖가지 시책을 강구하고 있다.

방책(方策) : 일을 하는 방법과 꾀.
예문 그는 민주화 운동을 전진시키기 위한 방책을 모색하였다.

책정(策定) : 따지고 참작하여 정하다
예문 등록금 책정을 놓고 학생과 대학 간의 갈등이 계속되고 있다.

미봉책(彌縫策) : 어떤 일을 임시변통으로 해결하는 방책
예문 미봉책이 아닌 근본적인 차원에서 통일 정책을 수립해야 한다.

〚 속수무책, 이럴 때 이렇게 〛

1. 갑자기 서버가 다운되어 업무가 중단되었을 때, 회사는 아무런 대책이 없이
   속수무책으로 당황했다.

2. 날쌘 도둑이 훔친 물건을 들고 달아나는 모양을 속수무책으로 바라보고만 있었다.

3. 갑자기 기계가 서도 고칠 수 있는 기술자가 없으니 속수무책이다.

4. 워낙 기습적인 폭우여서 속수무책으로 당할 수밖에 없었습니다.

5. 약체인 상대 팀은 우리 선수들의 강타에 속수무책이었다.

6. 예상치 못한 홍수로 집이 침수되었을 때, 준비가 전혀 되어 있지 않아
   속수무책으로 대응할 수밖에 없었다.

세상이 몰라볼 정도로
변화했을 때

桑田碧海

상전벽해

상전벽해(桑田碧海)는 뽕나무밭이 푸른 바다가 된다는 뜻으로, 세상이 덧없이 변하여 전혀 다른 모습으로 바뀌는 상황을 표현할 때 사용하는 말입니다. 이 표현은 원래의 상태나 모습이 완전히 변하여 전혀 다른 모습으로 탈바꿈했을 때를 말합니다. 예를 들어, 한때 농경지였던 지역이 시간이 지나면서 바다로 변하거나, 지역의 전반적인 환경이 급격히 바뀌는 상태를 의미합니다. 상전벽해의 변화가 일어날 때 우리는 새로운 변화의 기회로 삼아야 합니다. 변화의 과정에서 얻을 수 있는 교훈과 기회를 적극적으로 활용하고 변화를 기회로 삼아 새로운 방향으로 나아가는 것이 중요합니다. 변화를 저항하기보다는 이를 긍정적으로 받아들이고 활용하는 태도가 중요합니다. 변화는 피할 수 없는 부분이며, 이를 효과적으로 관리하고 기회로 삼는 것이 성공의 열쇠가 될 수 있음을 알아야 합니다.

〖   한자를 알면 뜻이 보인다   〗

桑田碧海 : 뽕나무[桑]밭이[田] 푸른[碧] 바다가[海] 된다
세상일의 변천이 심함을 비유적으로 이르는 말.

222

桑 : 뽕나무 상, 10획 ──────────────────── 부수: 木
나무 목(木)과 땅이름 약(叒)이 합하여 이루어진 모습이다. 뽕잎의 많음으로 보거나 사람
의 손이 많이 가는 나무를 의미하여 '뽕나무'나 '뽕잎을 따다'라는 뜻을 가진 글자가 되
었다.

　상엽(桑葉) : 桑(뽕나무 상)과 葉(잎 엽)으로, 뽕나무의 잎.
　[예문] 삼촌은 상엽을 따다가 누에를 먹였다.

田 : 밭 전, 5획 ──────────────────── 부수: 田
밭과 밭 사이의 도랑을 그린 것으로 '밭'이나 '경작지'를 뜻하는 글자이다. 갑골문에서부
터 지금까지 원형 그대로의 모습을 간직하고 있다.

　전답(田畓) : 田(밭 전)과 畓(논 답)으로, 논과 밭을 아울러 이르는 말.
　[예문] 아버지는 자식들 학비에 전답을 거의 팔아 없애 농삿거리도 제대로 없었다.

碧 : 푸를 벽, 14획 ──────────────────── 부수: 石
호박 박(珀)과 돌 석(石)이 합하여 이루어진 모습으로, '푸르다'나 '푸른빛', '푸른 옥'이라
는 뜻을 가진 글자이다. 푸른 옥돌의 의미에서 '짙은 푸른빛'의 의미가 만들어졌다.

　벽류(碧流) : 碧(푸를 벽)과 流(흐를 류)로, 맑고 푸른 물의 흐름.
　[예문] 이곳은 한강의 벽류가 흐르는 아름다운 곳입니다.

海 : 바다 해, 10획 ──────────────────── 부수: 氵
물 수(水)와 매양 매(每)가 합하여 이루어진 모습으로, 큰물을 의미하여 '바다'나 '바닷
물', '크다', '널리'라는 뜻을 가진 글자이다.

　해류(海流) : 海(바다 해)와 流(흐를 류)로, 일정한 방향과 속도로 이동하는 바닷물의 흐름.
　[예문] 바다에는 연중 일정한 방향으로 흐르는 해류가 있다.

해양(海洋) : 바다와 관련된 넓은 수역

예문 해양 쓰레기 문제는 전 세계적으로 심각한 환경 문제 중 하나입니다.

해풍(海風) : 바다에서 육지로 불어오는 바람.

예문 해안가에서 느껴지는 시원한 해풍이 더위를 식혀주어 매우 기분이 좋다.

해조(海藻) : 바다에서 자생하는 식물.

예문 일부 해조는 식용으로 사용되며, 아시아 요리에서는 중요한 재료로 쓰입니다.

해중(海中) : 바다 속, 바다의 내부

예문 해중에는 다양한 해양 생물과 지형이 있습니다.

〖 　상전벽해, 이럴 때 이렇게 　〗

1. 어린 시절 뛰놀던 고향은 상전벽해라는 비유가 어울릴 만큼 큰 변화가 있었다.

2. 허허벌판이었던 곳에 주택이 빈틈없이 들어섰으니 상전벽해가 따로 없구나.

3. 요즘 세상은 상전벽해처럼 빠르게 변화되어 기성세대들은 적응하기가
   힘들어진다.

4. 그는 오랜만에 고향을 방문했지만, 도로와 건물들이 모두 새롭게 변한 모습을
   보고 상전벽해를 실감했다.

5. 코로나 이후 교육 현장은 상전벽해처럼 많은 변화가 있었다.

6. 환경 오염과 개발로 인해 그 지역의 자연경관이 상전벽해가 되어 예전의
   아름다움을 찾기 어려워

문제의 뿌리를 뽑고 원천을 막아야
근본적인 해결이 됨을 표현할 때

拔本塞源

발본색원

　　발본색원(拔本塞源)은 근본을 뽑고 근원을 막는다는 뜻으로, 문제의 근본 원인을 제거하고 그로 인해 발생할 수 있는 문제를 사전에 차단하는 경우를 표현할 때 사용하는 말입니다. 이 표현은 단순히 문제의 증상이나 표면적인 문제를 해결하는 데 그치지 않고, 문제를 발생시키는 근본적인 원인을 철저하게 제거하여 같은 문제가 다시 발생하지 않도록 하는 경우를 말합니다. 예를 들어, 학교에서의 폭력 문제를 해결하기 위해서 학생들에게 경각심을 주는 것뿐만 아니라, 근본 원인을 찾아내어 다시는 학교 폭력이 발생하지 않도록 발본색원하는 경우입니다. 발본색원은 문제를 해결한 뒤에는 그 문제가 재발하지 않도록 예방 조치를 취하는 것이 중요합니다. 문제의 근본 원인을 제거함으로써 문제가 다시 발생할 가능성을 최소화하고, 지속적인 관리와 안정성을 보장하는 것이 더 중요한 것입니다.

〖　　한자를 알면 뜻이 보인다　　〗

拔本塞源 : 근본을[本] 뽑고[拔] 근원을[源] 막는다[塞]
사물의 폐단을 없애기 위해서 그 뿌리째 뽑아 버림.

225

拔 : 뽑을 발, 8획 ────────────────────── 부수: 扌

손 수(手)와 달릴 발(犮)이 합하여 이루어진 모습이다. 손으로 어떤 물건을 뺀다는 의미에서 '빼다'나 '뽑다'라는 뜻을 가진 글자로 쓰이고 있다.

발췌(拔萃) : 拔(뽑을 발)과 萃(모을 췌)로, 글 가운데에서 필요하거나 중요한 부분만을 뽑아냄.
[예문] 이 책은 일반 독자가 쉽게 읽을 수 있도록 원래 책의 단편적인 내용만 발췌하였다.

本 : 근본 본, 5획 ────────────────────── 부수: 木

나무 목(木)과 한 일(一)이 합하여 이루어진 모습으로, 나무(木)의 아래쪽에 점을 찍어 뿌리의 의미를 가르키는 '근본'이나 '뿌리'를 뜻을 가진 글자가 되었다.

본의(本意) : 本(밑 본)과 意(뜻 의)로, 본디의 의도나 생각.
[예문] 그녀는 본의 아니게 이 일에 말려들게 되었다.

塞 : 막힐 색, 변방 새, 13획 ────────────────── 부수: 土

틈 하(実), 흙 토(土)가 합하여 이루어진 모습으로 '변방'이나 '요새', '보루'라는 뜻을 가진 글자이다. 집처럼 생긴 상자 안에 죽간(竹簡 : 문자를 기록하던 대나무 조각)을 넣고 있는 모습이 그려져 있다.

북새풍(北塞風) : 北(북녘 북), 塞(변방 새), 風(바람 풍)으로, 북쪽에서 불어오는 찬바람.
[예문] 해가 뚝 떨어지며 북새풍이 슬슬 불더니 검은 구름 한 장이 올라온다.

源 : 근원 원, 13획 ────────────────────── 부수: 氵

물 수(水)와 근원 원(原)이 합하여 이루어진 모습으로, '근원'이나 '원천', '기원'이라는 뜻을 가진 글자이다. 언덕(厂)과 샘(泉)을 함께 그린 것으로 바위틈 사이에서 물이 쏟아져 나오는 모습을 표현한 것이다.

어원(語源) : 語(말씀 어)와 源(근원 원)으로, 어떤 단어의 근원적인 형태.
[예문] 언어 역사에 관한 연구는 어원의 관심에서 시작된다.

발군(拔群) : 기술이나 능력 등이 여럿 가운데 특히 빼어남.

[예문] 그 배우는 여러 영화에서 발군의 실력을 발휘하여 팬들의 사랑을 독차지하였다..

발출(拔出) : 빼내서 나오게 함 또는 특출하게 뛰어남.

[예문] 그는 여러 학생 중에서 발출했기 때문에 다른 학생들의 부러움을 사곤 했다.

발치(拔齒) : 이를 뽑음.

[예문] 이 환자는 발치 후 대량 출혈로 일시적인 빈혈 증세를 보였습니다.

【 　발본색원, 이럴 때 이렇게 　】

1. 경찰이 조직폭력배들의 발본색원에 나섰다.

2. 유흥가에 기생하는 폭력 조직을 발본색원하기 위해서 수많은 경찰이
   투입되었다.

3. 검찰의 한 관계자는 이 사건의 배후 세력을 끝까지 발본색원하겠다고 했다.

4. 대학 입시에서의 부정행위는 발본색원해야 합니다.

5. 이번 정부는 공약 중 관료들의 부정부패를 발본색원하여 청렴한 정부를
   만들겠다고 선언하였다.

6. 환경 오염 문제를 해결하기 위해서는 오염의 원인인 산업 활동을 근본적으로
   차단하고 조절하는 발본색원의 방법이 필요하다.

227

알려진 것과 실제의 상황이나 능력에
차이가 없음을 표현할 때

名實相符

명실상부

명실상부(名實相符)는 이름과 실상이 서로 일치한다는 뜻으로, 겉으로 드러나는 명칭이나 표면적인 설명과 실제 내용이나 본질이 일치하는 상태를 표현할 때 사용하는 말입니다. 즉, 어떤 것이 표면적으로 보이는 것과 실제로 존재하는 것 사이에 차이가 없으며, 이름과 실상이 완전히 부합하는 상황을 의미합니다. 명실상부는 종종 개인이나 조직, 또는 사물의 겉과 속이 일치하는지를 평가할 때 표현합니다. 예를 들어, 기업의 마케팅 슬로건이 실제 제품의 품질과 부합하는지, 정치인의 공양이 실제 성과와 일치하는지를 판단할 때 이 표현이 사용됩니다. 명실상부는 자신의 이름이나 주장과 실제 행동이 일치해야 한다는 책임감을 수반합니다. 개인이나 조직은 자신의 역할과 책임을 충실히 이행하여야 하며, 이를 통해 신뢰를 얻고 긍정적인 평판을 쌓을 수 있음을 일깨워주는 지혜의 가르침입니다.

〖　　한자를 알면 뜻이 보인다　　〗

名實相符 : 이름과[名] 실상이[實] 서로[相] 일치하다[符]
알려진 것과 실제의 상황이나 능력에 차이가 없음.

名 : 이름 명, 6획 ───────────────────────────── 부수: 口

저녁 석(夕)과 입 구(口)가 합하여 이루어진 모습으로, '이름'이나 '평판'이라는 뜻을 가진 글자이다. 어두운 저녁(夕)에 만난 상대를 확인하기 위해 부른다(口)는 의미에서 '이름'의 의미 생성되었다.

> **명분(名分)** : 名(이름 명)과 分(나눌 분)으로, 신분이나 이름에 걸맞게 지켜야 할 도리.
> (예문) 김 장관은 명분 외교와 실리 외교 사이에서 갈등하였다.

實 : 열매 실, 14획 ───────────────────────────── 부수: 宀

집 면(宀)과 꿸 관(貫)이 합하여 이루어진 모습이다. 본래 집안에 재물을 넣는 궤짝의 모양에 화폐의 상징의 '貝'를 더한 것으로, 중요한 재물의 의미로 인해 '실질', '열매', '재물' 등의 글자로 쓰이고 있다.

> **구실(口實)** : 口(입 구)와 實(열매 실)로, 핑계 삼을 밑천 또는 변명할 거리.
> (예문) 그는 틈만 나면 술 마실 구실을 찾았다.

相 : 서로 상, 9획 ───────────────────────────── 부수: 目

나무 목(木)과 눈 목(目)이 합하여 이루어진 모습으로, '서로'나 '모양', '가리다'라는 뜻을 가진 글자이다.

> **상거(相距)** : 相(서로 상)과 距(떨어질 거)로, 서로 거리나 시간이 떨어져 있음.
> (예문) 학교는 자전거를 타고 10분 상거한 거리에 있다

符 : 부호 부, 11획 ───────────────────────────── 부수: 竹

대나무 죽(竹)과 줄 부(付)가 합하여 이루어진 모습으로, 본래 상급기관이나 국왕의 병부가 있어야만 병력을 이동할 수 있었는데 그 병력을 이동하는 데 쓰였던 '증표'를 의미한다. 후에 '부호'나 '기호', '증표'라는 뜻을 가진 글자가 되었다.

> **부동(符同)** : 符(부신 부)와 同(한가지 동)으로, 그릇된 일에 함께 어울려 한통속이 됨.
> (예문) 정부의 관리와 기업이 부동이 되어 물의를 일으키는 경우가 많다.

고명(高名) : 높이 알려진 이름 또는 상대방의 이름을 높여 이르는 말.

예문 제가 함부로 선생님의 고명을 도용한 점 깊이 사과드립니다.

차명(借名) : 남의 이름을 빌려서 씀. 또는 그 이름.

예문 금융 실명제로 인해 차명으로 되어 있는 계좌들이 모두 실명으로 전환되었다

예명(藝名) : 연예인이 본명 외에 따로 지어 부르는 이름.

예문 요즘 탤런트들은 자신의 본명 대신 예명을 쓰는 일이 종종 있다.

〖　　　명실상부, 이럴 때 이렇게　　　〗

1. 수원 문화원은 명실상부 전국에서도 손꼽히는 으뜸 문화원이다.

2. 금년 올림픽은 100여 개국 이상이 참여하여 그야말로 명실상부한 세계 대회가
   되었다.

3. 이번 선거는 명실상부하게 민주적으로 치러졌다.

4. 그 가수는 반세기 동안 연예계에 몸담고 있었으니 명실상부한 한국 연예계의
   살아 있는 역사라 할 만하다.

5. 그는 이번 일을 통하여 회사 내에서 명실상부하게 대표성을 확보하였다.

6. 학자의 이론은 겉으로 보이는 설명과 실제 실험 결과가 일치하여 명실상부한
   연구 결과로 평가받고 있다.

우쭐하여 뽐내는 기세가
대단함을 표현할 때

氣高萬丈

기고만장

기고만장(氣高萬丈)은 기운이 만장의 높이에 이른다는 뜻으로, 자신이나 상대방의 성취나 상황에 대해 지나치게 자만하거나 교만한 상태를 표현할 때 사용하는 말입니다. 예를 들어, 어떤 사람이 최근에 크게 성공을 거두었을 때, 그 성공으로 인해 지나치게 자만하거나 자신이 모든 것을 잘한다고 믿는 태도를 보일 수 있습니다. 이때, 그 사람의 상태를 기고만장하다고 표현하게 되는 경우를 들 수 있습니다. 즉, 자신의 능력이나 성취를 과도하게 높게 평가하고, 이를 통해 타인에 대한 배려나 겸손함을 잃어버리는 상황을 의미합니다. 기고만장의 자만심에 빠지게 되면 자신의 한계나 부족한 점을 인식하기 어려워지고 개인적인 성장과 인간관계를 유지하는 데에 방해가 될 수 있습니다. 따라서 기고만장의 상태를 경계하고 자신의 성공이나 성취에 대해 겸손함을 유지하며, 타인의 의견과 조언을 중요하게 여기는 마음을 가져야 할 것입니다.

〖   한자를 알면 뜻이 보인다   〗

氣高萬丈 : 기운이[氣] 만장[萬][丈]의 높이[高]에 이른다
일이 뜻대로 잘되어 뽐내는 기세가 대단함.

氣 : 기운 기, 10획 ──────────────── 부수: 气

기운 기(气)와 쌀 미(米)가 합하여 이루어진 모습이다. 자연에 존재하는 기의 흐름을 세 개의 가로 선으로 표현하여 '기운'이나 '기세', '날씨'라는 뜻으로 쓰이는 글자가 되었다.

> **기색(氣色) :** 氣(기운 기)와 色(빛 색)으로, 어떤 마음의 작용으로 드러나는 얼굴빛.
> (예문) 일이 실패로 돌아가자 상훈이는 풀죽은 기색으로 탄식을 했다.

高 : 높을 고, 10획 ──────────────── 부수: 高

돼지해머리 두(亠)와 입 구(口), 들 경(冋)이 합하여 이루어졌으며, 口(입 구)와 전망대가 있는 높은 누각의 모양을 본뜬 모습으로, '높다'나 '크다'라는 뜻을 가진 글자이다.

> **고조(高調) :** 高(높을 고)와 調(고를 조)로, 감정, 사상, 세력 등이 가장 많이 높아진 상태.
> (예문) 이야기가 고조에 이르자 사람들은 다들 침을 삼켰다.

萬 : 일만 만, 12획 ──────────────── 부수: 艹

풀 초(艹)와 긴꼬리원숭이 우(禹)가 합하여 이루어진 모습으로, '일만'이라는 뜻을 가진 글자이다. 본래 전갈의 모양을 본뜬 글자인데, 본 의미는 사라지고, 후에 수의 '일만'을 의미하였다.

> **만무(萬無) :** 萬(일만 만)과 無(없을 무)로, 결코 있을 수 없다.
> (예문) 혼자서 범행을 저질렀을 리 만무하니 공범을 찾아야 한다.

丈 : 어른 장, 3획 ──────────────── 부수: 一

'어른'이나 '남자'라는 뜻을 가진 글자이다. 十에 손(又)을 더해 한 뼘인 1尺(척)의 열배를 한 '丈'으로 표현하거나, '8尺'을 '丈'으로 보아 성인의 키로 인해 '어른' 의미로 파생되었다.

> **졸장부(拙丈夫) :** 拙(못날 졸), 丈(어른 장), 夫(지아비 부)로, 도량이 좁고 좀된 남자.
> (예문) 그 사람을 알고 봤더니 겁 많고 소심한 천하의 졸장부야.

생기(生氣) : 활발하고 힘찬 기운.

예문 오랜만에 만난 친구는 여전히 생기 있고 발랄한 모습이었다.

오기(傲氣) : 남에게 지기 싫어하는 마음. 또는 앞뒤 가리지 않고 어떤 일에 끝까지 덤비는 경향.

예문 그는 심통이 사나운 데다 오기도 남 못지않았다.

독기(毒氣) : 독이 있는 기운 또는 사납고 모진 기운이나 기색.

예문 정치인들 사이에 폭로전, 독기 서린 말싸움이 이어졌다.

〖　　　기고만장, 이럴 때 이렇게　　　〗

1. 태식은 사업이 뜻대로 되어 가자 더욱 기고만장해졌다.

2. 그는 어쩌다 한 번 이긴 것으로 기고만장한 그들의 태도가 여간 아니꼽지
   않았다.

3. 역성을 들어 주는 사람이 있으니까 저 아이가 저렇게 기고만장이라고요.

4. 그는 회사에서의 승진에 기고만장해졌지만, 동료들에게는 인기가 없었다.

5. 작은 일에도 기고만장한 그의 모습은 주변 사람들에게 불편함을 끼쳤다.

6. 그 선수가 경기에서 승리를 거두자 기고만장한 태도로 인터뷰에 임했는데, 펜들
   사이에서는 자만이 지나치다고 지적하는 목소리가 있었다.

궁한 나머지 생각다 못해 짜낸
대책이나 계획을 표현할 때

窮餘之策

궁여지책

궁여지책(窮餘之策)은 궁한 끝에 내는 대책이라는 뜻으로, 막다른 골목에
몰려 더 이상 방법이 없을 때 급하게 생각한 계책을 표현할 때 사용하는 말
입니다. 이 표현은 상황이 매우 어려울 때 남아 있는 최후의 수단이나 대책
을 뜻합니다. 즉, 거의 모든 대안이 소진된 상태에서 마지막으로 시도할 수
있는 방법을 의미합니다. 예를 들어, 사업을 운영하다가 자금 부족으로 회
사가 파산 위기에 처했을 때, 기존의 재정 지원 방법이나 사업 전략이 모두
실패한 상황에서, 마지막으로 시도할 수 있는 새로운 자금 조달 방법이나
비상 계획이 바로 궁여지책입니다. 궁여지책은 상황이 매우 심각하다는 점
을 인식하고, 최선의 노력을 기울이는 것이 중요합니다. 위기 상황에서 마
지막 대책이 성공할 가능성은 불확실하지만, 신중하고 혁신적인 접근을 통
해 문제를 해결하려는 노력이 필요하다는 점을 일깨워주고 있는 말입니다.

〖　　한자를 알면 뜻이 보인다　　〗

窮餘之策 : 궁한[窮] 끝에[餘] 내는[之] 대책[策]
막다른 골목에서 국면을 타개하려고 생각다 못해 짜낸 꾀.

窮 : 다할 궁, 15획 ——————————————————————— 부수: 穴

구멍 혈(穴)과 몸 궁(躬)이 합하여 이루어진 모습이다. 본래 들어가기도 어려운 '좁은 굴'을 의미에서 '다하다', '궁구하다'는 뜻으로 파생하고 후에 '궁색하다'는 의미까지 파생되어 극에 달하다', '가난하다', '궁하다'라는 뜻을 가진 글자로 쓰이고 있다.

> 궁핍(窮乏) : 窮(다할 궁)과 乏(모자랄 핍)으로, 몹시 가난하고 궁하다.
> 〔예문〕 그는 부유한 부모님 덕에 궁핍을 모르고 자랐다.

餘 : 남을 여, 16획 ——————————————————————— 부수: 食

밥 식(食)과 나 여(余)가 합하여 이루어진 모습으로, 먹을 것이 충분하다는 의미에서 '남다', '나머지', '여분'이라는 뜻을 가진 글자로 쓰이고 있다.

> 여력(餘力) : 餘(남을 여)와 力(힘 력)으로, 일을 하고 난 나머지의 힘. 또는 다른 일을 할 수 있는 힘.
> 〔예문〕 내게 여력이 있으면 그를 돕고 싶지만 내게는 그런 힘이 없다.

之 : 갈 지, 4획 ——————————————————————— 부수: 丿

사람의 발을 그린 것으로, '가다'나 '~의', '~에'와 같은 뜻으로 쓰이는 글자이다.

> 부부지간(夫婦之間) : 부부의 사이
> 〔예문〕 부부지간이라도 서로 지켜야 할 예의가 있다.

策 : 꾀 책, 12획 ——————————————————————— 부수: 竹

대나무 죽(竹)과 가시 자(朿)가 합하여 이루어진 모습이다. '채찍'이나 '계책'이라는 뜻을 가진 글자이다. 가시를 뜻하는 '대나무로 만든 채찍'을 뜻했으나, 후에 말을 달려 승리하기 위해서는 계책이 필요하다는 의미가 확대되어 '꾀하다'나 '기획하다'라는 뜻을 갖게 되었다.

> 묘책(妙策) : 妙(묘할 묘)와 策(꾀 책)으로, 매우 교묘한 꾀.
> 〔예문〕 꼬일 대로 꼬여 버린 상황을 타개할 묘책은 어디에도 없었다.

궁상(窮狀) : 어렵고 궁한 상태.

[예문] 궁상 그만 떨고 이리 와 앉아.

궁색(窮塞) : 아주 볼품이 없고 가난하다.

[예문] 집이 가난하다고 그렇게 궁색스럽게 입고 다닐 거야?

궁극(窮極) : 어떤 과정의 마지막이나 막다른 고비.

[예문] 그들은 궁극에 가서는 다시 우리에게 도움을 요청할 것이다.

〚　·　궁여지책, 이럴 때 이렇게　〛

1. 대기업 규제에 대한 정부의 이번 조치는 다분히 여론을 의식한 궁여지책의 느낌이 짙다.

2. 논밭 여기저기에서 산견되는 허수아비들은 참새떼를 쫓기 위한 궁여지책이었다.

3. 전세가 안 빠지자 매도자와 상의해 잔금일을 연기하거나 궁여지책으로 담보 대출을 받는 사람들이 늘고 있다

4. 그 계책은 위기에 내몰린 그가 생각해 낸 궁여지책이었다

5. 도저히 사업 비용을 조달할 길이 없어 궁여지책으로 살고 있는 집을 팔아 자금을 댔다.

6. 시험 준비가 부족해 점수를 올릴 방법이 없던 지영이는 궁여지책으로 시험 당일 밤에 기출문제를 반복해서 풀어보았다.

문제를 일으킨 사람이
그 문제를 해결해야 한다고 표현할 때

結者解之

결자해지

결자해지(結者解之)는 맺은 사람이 풀어야 한다는 뜻으로, 문제를 일으킨 사람이 책임지고 그 문제를 해결해야 한다고 표현할 때 사용하는 말입니다. 즉, 자신이 시작한 일은 자신이 마무리해야 한다는 의미입니다. 인간은 자신의 행동에 따른 결과를 회피할 수 없으며, 그 결과가 긍정적이든 부정적이든 간에 책임을 져야 합니다. 예를 들어, 직장에서 프로젝트를 맡아 일을 진행하는 사람이 그 과정에서 발생한 문제를 해결하지 않고 남에게 미룬다면, 이는 결코 바람직한 태도가 아닙니다. 오히려, 그 사람이 직접 문제를 해결해야만 비로소 그 책임을 완수했다고 할 수 있습니다. 이는 우리에게 책임감이란 무엇인지 그리고 그 책임을 다하는 것이 얼마나 중요한지를 깨닫게 해주는 말입니다. 따라서 결자해지는 우리의 일상과 인간관계, 그리고 개인의 성장을 깊이 있게 이끌어 줄 수 있는 중요한 가르침을 내포하고 있는 표현입니다.

〔   한자를 알면 뜻이 보인다   〕

結者解之 : 맺은[結] 사람이[者] 풀어야[解] 한다
일을 저지른 사람이 그 일을 해결해야 한다는 말.

結 : 맺을 결, 12획 ——————————————— 부수: 糸

가는 실 사(糸)와 길할 길(吉)이 합하여 이루어진 모습으로, '맺다'나 '모으다', '묶다'라는 뜻을 가진 글자이다. 실로 묶는다는 의미에서 '묶다'는 의미 생성되었으며, 후에 묶어서 끝맺었다는 의미로 '마치다','맺다'는 의미로 파생되었다.

> **결실(結實)** : 結(맺을 결)과 實(열매 실)로, 노력이나 수고로 이루어진 보람 있는 성과.
> (예문) 피나는 연습을 끊임없이 되풀이할 때 그 땀의 결실은 얻어진다.

者 : 놈 자, 9획 ——————————————— 부수: 耂

늙을 노(耂)와 흰 백(白)이 합하여 이루어진 모습으로, '놈'이나 '사람'이라는 뜻을 가진 글자이다. 본래 장작불을 태우면서 제사 지내는 모양에서 출발해, 후에 단순한 대명사로 전용되어 사용되고 있다.

> **후자(後者)** : 後(뒤 후)와 者(놈 자)로, 두 가지 사물이나 사람을 들어서 말할 때, 뒤의 사물이나 사람을 이르는 말.
> (예문) 제 생각에는 전자보다는 후자의 의견이 타당성이 있는 것 같습니다.

解 : 풀 해, 13획 ——————————————— 부수: 角

뿔 각(角)과 칼 도(刀), 소 우(牛)가 합하여 이루어진 모습으으로, '풀다'나 '깨닫는다', '벗기다'라는 뜻을 가진 글자이다. 칼(刀)로 소(牛)의 뿔(角)을 발려내는 의미에서 '해체하다.'의 의미로 생성되었으며, 후에 '해결하다'는 의미까지 파생되었다.

> **해소(解消)** : 解(풀 해)와 消(사라질 소)로, 좋지 않은 일이나 감정 따위를 풀어서 없앰.
> (예문) 우리 정치권이 안고 있는 가장 큰 숙제는 국민의 정치 불신 해소이다.

之 : 갈 지, 4획 ——————————————— 부수: 丿

사람의 발을 그린 것으로, '가다'나 '~의', '~에'와 같은 뜻으로 쓰이는 글자이다.

> **애지중지(愛之重之)** : 매우 사랑하고 소중히 여기다.
> (예문) 우리 집에는 할아버지께서 애지중지 아끼시는 조선 시대의 백자가 하나 있다.

해직(解職) : 직책에서 물러나게 함

예문 몇몇 해직 교사들이 아직도 복직 투쟁을 계속하고 있다.

양해(諒解) : 사정을 잘 헤아려 이해하고 받아들임.

예문 종업원이 우리에게 와서 자리를 좀 옮겨 달라며 양해를 구했다.

해원(解寃) : 가슴속에 맺혔던 원통함을 풂.

예문 돌아가신 할아버지께서 해원하지 못한 것이라도 있으신지 요즘 자꾸 내 꿈에 나타나신다.

〖　　결자해지, 이럴 때 이렇게　　〗

1. 제가 이 사업을 시작했으니, 결자해지 차원에서 제가 수습하겠습니다.

2. 정부의 정책이 비난받자 결자해지 차원에서 적극적으로 해결해 나가기로
　하였다.

3. 시민단체들은 정치인들이 공약으로 내세운 정책들을 결자해지할 것을 강조하며,
　목소리를 높이기 시작하였다.

4. 또 다른 사업을 진행 중인 사장님은 결자해지 차원에서 자신이 책임지고 회사의
　어려움을 극복하겠다고 다짐하였다.

5. 이번 사업의 프로젝트는 우리 부서가 결자해지 차원에서 성공적으로 마무리할
　수 있도록 최선을 다할 것입니다.

여러 사물이 거의 비슷비슷하여
특색이 없음을 표현할 때

千篇一律

천편일률

천편일률(千篇一律)은 천 개의 책이 한가지 법칙으로 되어 있다는 뜻으로, 사물이 모두 비슷비슷하여 개성이나 다양성이 없고, 단조롭고 획일적인 상태를 표현할 때 사용하는 말입니다. 이 표현은 다양한 상황에서, 반복적이고 창의성이 결여된 상태를 비판할 때 주로 사용합니다. 천편일률은 본질적으로 획일성과 단조로움에 대한 비판을 담고 있습니다. 예를 들어, 한 사회나 조직이 특정한 틀에 맞추어 구성원들에게 동일한 생각이나 행동을 요구할 때, 이는 천편일률적인 상태로 이어질 수 있습니다. 이러한 상황에서는 개개인의 창의성이나 독창성이 발휘되기 어려워지고, 결과적으로 사회나 조직 전체가 정체되거나 발전하지 못하는 위험이 있습니다. 천편일률은 우리에게 단조롭고 획일적인 방식에서 벗어나 다양성과 독창성을 추구할 때 진정한 발전과 성장이 가능하다는 가르침을 주고 있는 말입니다.

〖   한자를 알면 뜻이 보인다   〗

千篇一律 : 천 개의[千] 책이[篇] 한가지[一] 법칙으로[律] 되어 있다
여러 사물이 거의 비슷비슷하여 특색이 없음을 뜻함.

千 : 일천 천, 3획 ——————————————————————— 부수: 十

사람(人)에 하나(一)를 그어 많다는 '일천'의 의미로 생성되어, 숫자 '일천'을 뜻하는 글
자이다.

일사천리(一瀉千里) : 강물이 빨라, 한 번 흘러 천 리에 다다른다는 뜻.
[예문] 재판이 일사천리로 진행되어 그는 징역 2년을 선고받았다.

篇 : 책 편, 15획 ——————————————————————— 부수: 竹

대나무 죽(竹)과 넓적할 편(扁)이 합하여 이루어진 모습으로, '책'이나 '서책', '편'이라는
뜻을 가진 글자이다.

예고편(豫告篇) : 豫(미리 예)와 告(알릴 고), 篇(책 편)으로, 영화나 텔레비전 프로를 미리
알리기 위하여 그 내용의 일부를 뽑아 모은 것.
[예문] 새로 방영될 드라마는 예고편만 보고도 그 내용이 짐작될 만큼 뻔한 스토리였다

一 : 한 일, 1획 ——————————————————————— 부수: 一

막대기를 옆으로 눕혀놓은 모습을 그린 것으로, '하나'나 '첫째', '오로지'라는 뜻을 가진
글자이다.

일로(一路) : 一(한 일)과 路(길 로)로, 그 상황이나 상태가 그렇게 되어 나가는 추세.
[예문] 두 사람의 관계는 거듭 악화 일로를 치달았다.

律 : 법칙 률(율), 9획 ——————————————————————— 부수: 彳

조금 걸을 척(彳)과 붓 율(聿)이 합하여 이루어진 모습이다. 손에 붓을 쥐고 있는 모습을
그린 것으로, '법령을 만들어 널리 공포한다'라는 뜻에서, '법률'이나 '법칙', '법령'이라
는 뜻을 가진 글자로 쓰이고 있다.

법률(法律) : 法(법 법)과 律(법 률)로, 국가의 강제력을 수반하는 온갖 사회 규범.
[예문] 그녀는 법률을 공부하여 법으로부터 소외된 이웃을 돕는 일을 하겠다고 다짐했다.

음률(音律) : 음악의 소리와 가락.

예문 그날 저녁 나는 잔잔한 플루트의 음률 속에서 책을 읽고 있었다.

법률안(法律案) : 법률의 바탕이 되는 원안이나 초안
또는 그 사항을 정리하여 국회에 제출하는 문서.

예문 국회는 이번 회기에서 원전의 방사성 폐기물 처리에 대한 법률안을 심의할 계획이다.

일률적(一律的) : 사물의 상태나 어떤 일을 하는 방법 따위가 한결같은.

예문 사람들의 다양한 개성을 일률적 기준에 따라 평가할 수는 없다

〖　천편일률, 이럴 때 이렇게　〗

1. 아이들의 논술 답안은 독창적인 논리의 전개가 없이 모두 모범 답안을 베낀 듯이
천편일률이었다.

2. 그들 나름대로는 요즘의 유행대로 한껏 멋을 부린 것이지만 내게는 모두
천편일률로 보일 뿐이었다.

3. 으레 이곳에 초청되어 오는 설교자는 열이면 열 천편일률적인 설교를 했다.

4. 오늘도 예식장에서 듣는 주례사는 대개 천편일률적이라는 사실이라는 것이다.

5. 관련 단체들은 이번 사건에 대한 입장을 천편일률적으로 반복하고 있을 뿐,
구체적인 해결 방안은 내놓지 않고 있다.

여러 가지 사물이
모두 차이가 있고 구별이 있음을 표현할 때

千差萬別

천차만별

천차만별(千差萬別)은 천 가지의 차이와 만 가지의 구별이라는 뜻으로, 세상에 존재하는 사물이나 현상이 매우 다양하고, 각각이 고유한 특성과 차이가 있음을 표현할 때 사용하는 말입니다. 즉, 천차만별은 다양성과 개성이 중요하다는 점을 일깨워주는 말입니다. 이 세상에는 수많은 사람과 사물이 존재하지만, 그 누구도 똑같지 않으며, 각기 다른 특성과 능력을 갖추고 있습니다. 예를 들어, 사람마다 성격, 재능, 취향이 다르기 때문에 각자의 개성과 장점을 존중하고 이해하는 것이 중요하다는 점입니다. 천차만별은 우리가 상대의 가치를 인식하고, 서로 다름을 인정하며 존중하는 마음을 가져야 함을 가르치고 있는 말입니다. 이 표현은 직장, 가정, 사회 전반에서 서로 다른 사람과 협력하고 공존하는 데 필수적인 덕목임을 깨닫고, 더욱 성숙하고 포용하는 마음과 존중하는 마음을 갖기 바랍니다.

〖　　한자를 알면 뜻이 보인다　　〗

千差萬別 : 천 가지[千] 차이와[差] 만 가지[萬] 구별이[別] 있다
여러 사물이 거의 비슷비슷하여 특색이 없음을 뜻함.

千 : 일천 천, 3획 ——————————————————————— 부수: 十

사람(人)에 하나(一)를 그어 많다는 '일천'의 의미로 생성되어, 숫자 '일천'을 뜻하는 글자이다.

천만다행(千萬多幸) : 어떤 일이 뜻밖에 잘 풀려 몹시 좋음.
예문 천만다행하게도 아이들은 집에 없어 변을 피할 수 있었다.

差 : 다를 차, 10획 ——————————————————————— 부수: 工

보리 맥(麥)과 왼 좌(左)가 합하여 이루어진 모습이다. 왼손이 아래로 드리워져 있어 오른손과 맞지 않아 '어긋나다'는 의미로 생성되어 '다르다', '어긋나다', '차별'이라는 뜻을 가진 글자가 되었다.

편차(偏差) : 偏(치우칠 편)과 差(다를 차)로, 수치, 위치, 방향 등이 일정한 기준에서 벗어난 정도나 크기.
예문 이제 내게도 이상과 현실의 편차를 인정해야 할 때가 왔다.

萬 : 일만 만, 12획 ——————————————————————— 부수: ⁺⁺

풀 초(⁺⁺)와 긴꼬리원숭이 우(禺)가 합하여 이루어진 모습으로, '일만'이라는 뜻을 가진 글자이다. 본래 전갈의 모양을 본뜬 글자인데, 본 의미는 사라지고, 후에 수의 '일만'을 의미하였다.

만약(萬若) : 萬(일만 만)과 若(같을 약)으로, 있을지도 모르는 뜻밖의 경우에.
예문 만약 내가 시골에 못 가게 되면 너희들끼리라도 가도록 해라.

別 : 나눌 별, 7획 ——————————————————————— 부수: 刂

헤어질 령(另)과 칼 도(刀)가 합하여 이루어진 모습으로, 칼로 가른다는 의미에서 '나누다'나 '헤어지다'라는 뜻을 가진 글자가 되었다.

개별(個別) : 個(낱 개)와 別(나눌 별)로, 여럿 중에 하나하나 따로 나뉘어 있음.
예문 여기 있는 상자들은 한꺼번에 포장하지 말고 개별 포장해 주세요.

감별(鑑別) **: 잘 살펴보고 알아서 구별함.**

예문 본격적인 수술에 앞서서 환자에 대한 감별 진단이 필요합니다.

별반(別般) **: 보통의 것과 특별히 다르게.**

예문 정부가 이번 사태에 대한 별반의 대책을 마련하고 있다는 보도가 나왔다.

식별(識別) **: 성질이나 종류 따위를 알아서 구별하다**

예문 수입 소고기와 한우의 식별은 매우 어렵다.

〖　　　천차만별, 이럴 때 이렇게　　　〗

1. 학생들의 학습 스타일은 천차만별이기 때문에, 개별 학생의 특성에 맞춘 교육
   방법을 찾아야 한다.

2. 농산물의 가격은 지역에 따라 천차만별이다.

3. 자동차 수리비가 제조사별로 천차만별인 것으로 나타났다.

4. 세계 각국의 문화는 천차만별이기 때문에, 여행을 통해 다양한 문화를
   체험하면서, 서로 다른 문화를 존중하는 법을 배울 수 있다.

5. 시장에서 파는 제품은 가격이 천차만별이기 때문에 소비자가 제품만 보고
   가격을 어림잡기는 힘들다.

적당한 재능을 가진 자에게
적합한 지위나 임무를 맡겨야 할 때

適材適所

적재적소

적재적소(適材適所)는 알맞은 인재를 알맞은 자리에 쓴다는 뜻으로, 사람이나 사물의 특성에 따라 가장 적절한 위치나 역할에 배치하는 상황을 표현할 때 사용하는 말입니다. 이 표현은 각 개인의 능력, 성격, 자질 등을 파악하여 그에 맞는 역할을 부여함으로써, 전제적인 효율성과 성과를 극대화할 수 있는 방향을 제시할 때 사용합니다. 조직이나 팀에서 사람의 능력과 자질을 정확하게 파악하는 것은 매우 중요한 일입니다. 예를 들어, 창의력이 뛰어난 사람에게는 새로운 아이디어를 구상하는 역할을, 세밀한 분석이 강한 사람에게는 데이터 분석을 맡기는 것이 적절합니다. 따라서 적재적소는 각자의 장점을 최대한 발휘할 수 있는 위치에 배치함으로써, 자원을 효율적으로 사용하고, 개인과 조직 모두에게 최상의 결과를 가져다줄 수 있음을 일깨워주는 말입니다.

〖　　한자를 알면 뜻이 보인다　　〗

適材適所 : 알맞은[適] 인재[材]를 알맞은[適] 자리에[所] 씀
어떤 일에 적당한 재능을 가진 자에게 적합한 지위나 임무를 맡김.

適 : 맞을 적, 15획 ———————————————— 부수: 辶

쉬엄쉬엄 갈 착(辶)과 밑동 적(啇)이 합하여 이루어진 모습이다. 필요한 곳으로 '나아가다'는 의미에서 '가다', '마땅하다' 등의 의미가 생성되었으며, '맞다'나 '마땅하다'라는 뜻을 가진 글자가 되었다.

> **적기(適期) : 適**(갈 적)과 **期**(만날 기)로, 어떤 일을 하기에 알맞은 시기.
> 예문 이곳의 파종기는 일러야 사월 하순, 대개의 작물은 오월이 파종의 적기다.

材 : 재목 재, 7획 ———————————————— 부수: 木

나무 목(木)과 재주 재(才)가 합하여 이루어진 모습으로, 상태나 재질이 좋은 나무라는 뜻에서 '재목'이나 '재료', '재능'이라는 뜻을 가진 글자로 쓰인다.

> **식자재(食資材) : 食**(밥 식)과 **資**(재물 자), **材**(재목 재)로, 음식을 만드는 재료를 통틀어 이르는 말.
> 예문 학교의 급식으로 사용되는 식자재의 품질 관리는 엄격해야 한다.

適 : 맞을 적, 15획 ———————————————— 부수: 辶

쉬엄쉬엄 갈 착(辶)과 밑동 적(啇)이 합하여 이루어진 모습이다. 필요한 곳으로 '나아가다'는 의미에서 '가다', '마땅하다' 등의 의미가 생성되었으며, '맞다'나 '마땅하다'라는 뜻을 가진 글자가 되었다.

> **적법(適法) : 適**(갈 적)과 **法**(법 법)으로, 정해진 법규에 들어맞아 알맞다.
> 예문 우리가 회사를 상대로 한 일련의 행동은 적법 행위였다.

所 : 바 소, 8획 ———————————————— 부수: 戶

지게 호(戶)와 도끼 근(斤)이 합하여 이루어진 모습으로, '곳'이나 '지역', '지위', '위치', '얼마'와 같이 다양한 뜻으로 쓰이는 글자이다. 도끼로 나무를 찍는 소리를 뜻했던 글자였으나 불완전 명사의 의미로 '~하는 바'의 뜻으로 쓰이거나 '장소'의 의미로 사용되고 있다.

> **소신(所信) : 所**(바 소)와 **信**(믿을 신)으로, 굳게 믿거나 생각하는 바.
> 예문 나는 어떤 외압에도 굴하지 않고 소신을 지켜 나가겠다.

소산(所産) : 어떤 사건이나 물질적, 정신적 활동의 결과로 생겨나는 바.

예문 이번 신작은 김 작가의 기나긴 노력의 소산이다.

소임(所任) : 맡은 바 직책이나 임무.

예문 대학은 학문을 발전시키고 자유와 정의를 수호할 소임이 있다.

요소(要所) : 중요한 장소나 지점.

예문 정부는 만일에 있을지도 모를 테러에 대비해서 공항 내 요소에 경찰과 병력을 배치했다.

〖　　적재적소, 이럴 때 이렇게　　〗

1. 인재들이 적재적소에 쓰일 때 나라가 발전한다.

2. 대기업뿐만 아니라 중소기업에도 뛰어난 인재들이 적재적소에 수급되어야 합니다.

3. 탁월한 지도자가 되려면 무엇보다도 적재적소에 인재를 등용하는 능력이 있어야 한다.

4. 적재적소에 알맞은 선수를 기용한 것이 승리의 밑거름이 되었다.

5. 타월은 세차용과 광택용처럼 종류별로 구분되어 있으니 잘 골라서 적재적소에 사용하는 게 좋다.

자기가 한 일을
스스로 자랑할 때

自畵自讚

자화자찬

자화자찬(自畵自讚)은 자신이 그린 그림을 스스로 칭찬한다는 뜻으로, 자신이 한 일이나 성과를 지나치게 자랑하거나 스스로 높이 평가하는 상황을 표현할 때 사용하는 말입니다. 이 표현은 자기 자신을 과도하게 치켜세우거나 자랑하는 태도를 비판적으로 묘사하는 데 사용합니다. 자기 자신이 한 일이나 성과를 지나치게 자랑하는 것은, 종종 다른 사람들에게 불쾌감을 줄 수 있습니다. 예를 들어, 직장에서 팀장이 자신의 성과를 지나치게 강조하고 자랑할 때, 동료들에게 자칫 불편함을 줄 수 있다는 말입니다. 자기 자랑이 지나치면 자신의 성과가 다른 사람들의 협력이나 기여에 의해 이루어진 것이 아닌 것처럼, 보일 수 있으며, 결과적으로는 조직이나 관계에 부정적인 영향을 미칠 수 있습니다. 결국 자화자찬은 지나친 자기 자랑과 과도한 자기 칭찬의 문제를 지적하며, 겸손하게 자신의 성과를 인정하고, 타인의 의견을 존중하며 객관적으로 평가하는 것이 중요하다는 점을 일깨워 주는 말입니다.

〚   한자를 알면 뜻이 보인다   〛

自畵自讚 : 자신이[自] 그린 그림을[畵] 스스로[自] 칭찬함[讚]
자기가 한 일을 자기 스스로 자랑함을 뜻하는 말.

自 : 스스로 자, 6획 ──────────────── 부수: **自**

사람의 코 모양을 본뜬 것으로, 자신을 가리키는 의미에서 '스스로'나 '몸소', '자기'라는 뜻을 가진 글자이다. 지금은 鼻(코 비)가 '코'라는 뜻을 대신 쓰이고 있다.

> **자각(自覺)** : 自(스스로 자)와 覺(깨달을 각)으로, 스스로 깨달음.
> (예문) 환경 문제가 날로 심각해지는데도 사람들은 여전히 자각을 못하고 있는 것 같다.

畫 : 그림 화, 12획 ──────────────── 부수: **田**

붓 율(聿)과 밭 전(田)이 합하여 이루어진 모습으로, '그림'이나 '그리다', '긋다'라는 뜻을 가진 글자이다. 밭의 경계를 '긋다'는 의미에서 사물의 경계나 한계를 정한다는 뜻으로 쓰였으나 후에 그림, '그리다'의 뜻으로도 사용되었다.

> **식자재(食資材)** : 食(밥 식)과 資(재물 자), 材(재목 재)로, 음식을 만드는 재료를 통틀어 이르는 말.
> (예문) 학교의 급식으로 사용되는 식자재의 품질 관리는 엄격해야 한다.

自 : 스스로 자, 6획 ──────────────── 부수: **自**

사람의 코 모양을 본뜬 것으로, 자신을 가리키는 의미에서 '스스로'나 '몸소', '자기'라는 뜻을 가진 글자이다. 지금은 鼻(코 비)가 '코'라는 뜻을 대신 쓰이고 있다.

> **자립(自立)** : 自(스스로 자)와 立(설 립)으로, 남의 힘을 빌리지 않고 스스로 섬.
> (예문) 그는 고등학교를 졸업하면서 경제적으로 부모님으로부터 자립하려고 노력했다.

讚 : 기릴 찬, 26획 ──────────────── 부수: **言**

말씀 언(言)과 도울 찬(贊)이 합하여 이루어진 모습으로, '기리다'나 '찬양하다'라는 뜻을 가진 글자이다. 言을 더해 남을 돕는다는 의미에서 확대되어 '칭찬하다'는 의미까지 파생되었다.

> **예찬(禮讚)** : 禮(예도 례)와 讚(기릴 찬)으로, 매우 좋게 여겨 찬양하고 기림.
> (예문) 그의 시는 자연을 예찬하거나 자신의 고독감을 다룬 것들이 많다.

찬탄(讚歎) : 좋은 점을 들어 칭찬하며 감탄함.
예문 : 우리나라의 웅장하고 화려한 궁중 복식을 보고 외국인들은 찬탄을 금치 못했다.

과찬(過讚) : 정도에 지나치게 칭찬함.
예문 : 그렇게 저를 과찬해 주시니 몸 둘 바를 모르겠습니다.

절찬리(絶讚裡) : 더할 나위 없는 칭찬을 받는 가운데.
예문 그 배우가 주연을 맡아 열연하는 영화가 절찬리에 상영되고 있다.

〚 　자화자찬, 이럴 때 이렇게　 〛

1. 아무리 훌륭한 일을 했더라도 자화자찬이 너무 심하면 다른 사람들이 싫어한다.

2. 자화자찬이 될지 모르지만, 우리가 그동안 이 사업에 쏟았던 노력은 정말로 가치 있는 것이었습니다.

3. 그는 자신이 세계 최고의 요리사임을 자화자찬하고 있다.

4. 부장은 자신이 회사 안에서는 최고 전문가라고 자화자찬했다.

5. 그는 자신의 논문을 매우 훌륭하다고 자화자찬하고 다닌다.

6. 그녀는 자신의 요리 실력을 자화자찬했지만, 손님들은 그리 감동하지 않았다.

작은 일에 감정의 기복이
지나치게 반응함을 표현할 때

一喜一悲

일희일비

일희일비(一喜一悲)는 한편으로 기쁘고 한편으로 슬프다는 뜻으로, 감정이 극단적으로 변화하거나 상황에 따라 기쁘거나 슬퍼하는 모습을 나타낼 때 표현하는 말입니다. 즉, 감정의 기복이 심하거나, 작은 일에 지나치게 반응하는 상태를 표현하는 데 사용합니다. 예를 들어, 어떤 사람이 작은 성과나 행복한 일에는 극도로 기뻐하고, 사소한 문제나 실패에는 심각하게 슬퍼하는 경우를 말합니다. 이런 경우, 그 사람은 감정의 기복이 심하여 일상생활에서 심리적으로 안정되지 못할 수 있습니다. 따라서 감정을 안정적으로 유지하는 것이 중요합니다. 작은 일에 지나치게 기뻐하거나 슬퍼하기보다는 차분하고 균형 잡힌 태도를 유지하는 것이 좋으며, 감정에 휘둘리기보다는 상황을 냉철하게 바라보고 대응하는 것이 개인의 심리적 안정과 일상적인 생활에도 균형 잡힌 삶을 유지할 수 있습니다.

〖　　한자를 알면 뜻이 보인다　　〗

一喜一悲 : 한편[一] 기쁘고[喜] 한편[一] 슬픔[悲]
기쁜 일과 슬픈 일이 번갈아 일어남.

一 : **한 일, 1획** ──────────────────── 부수: 一

막대기를 옆으로 눕혀놓은 모습을 그린 것으로, '하나'나 '첫째', '오로지'라는 뜻을 가진 글자이다.

> 일종(一種) : 一(한 일)과 種(씨 종)으로, 일종의'의 꼴로 쓰여, 막연하게 '어떤'의 뜻을 나타내는 말.
> (예문) 중국의 원시 문자는 일종의 소박한 그림으로 생각을 표현하는 수단이었다.

喜 : **기쁠 희, 12획** ──────────────────── 부수: 口

악기 이름 주(壴)와 입 구(口)가 합하여 이루어진 모습으로, '기쁘다'나 '즐겁다'라는 뜻을 가진 글자이다. 변형된 북의 모양에 사람의 입을 더해 기쁨의 소리를 낸다는 의미에서 '기쁘다'는 의미가 생성되었다.

> 희색(喜色) : 喜(기쁠 희)와 色(빛 색)으로, 기뻐하는 얼굴빛.
> (예문) 김 부장의 얼굴에 오랜만에 희색이 만면했다.

一 : **한 일, 1획** ──────────────────── 부수: 一

막대기를 옆으로 눕혀놓은 모습을 그린 것으로, '하나'나 '첫째', '오로지'라는 뜻을 가진 글자이다.

> 동일(同一) : 同(한가지 동)과 一(한 일)로, 어떤 것과 구별됨이 없이 똑같음.
> (예문) 동일한 사건에 대하여 각 신문사의 논설은 약간의 관점 차이가 있다.

悲 : **슬플 비, 12획** ──────────────────── 부수: 心

마음 심(心)과 아닐 비(非)가 합하여 이루어진 모습으로, '슬프다'나 '서럽다'라는 뜻을 가진 글자이다. '마음(心)이 영 아니다(非)'라는 의미로, 기분이 좋지 않다는 뜻이다. 그래서 悲는 슬픈 감정을 표현하는 뜻으로 쓰이고 있다.

> 비참(悲慘) : 悲(슬플 비)와 慘(참혹할 참)으로, 매우 슬프고 끔찍하다.
> (예문) 주인에게 갖은 학대와 부림을 받던 노예들의 생활은 말할 수 없이 비참했다.

희열감(喜悅感) : 기쁘고 즐거운 마음.

예문 : 수희는 평소 존경하는 선생님과 함께 일을 하면서 짜릿한 희열감을 느꼈다.

희소(喜笑) : 매우 드물고 적음 또는 기뻐서 웃음.

예문 : 강 선생님이 요즘 희소하며 다니는데 보는 사람들은 기분이 영 안 좋다.

희사(喜捨) : 남에게 즐거운 마음으로 자기의 재물을 내놓음.

예문 신도들이 교회 증축에 필요한 자금을 교회에 희사하였다.

〖　　일희일비, 이럴 때 이렇게　　〗

1. 그는 작은 승리에 일희일비하며 하루 종일 기뻐했지만, 사소한 실패에 금방 박담했다.

2. 미국 금융 시장의 소식 하나하나에 일희일비하는 것은 요즘 누구나 공감하는 일이다.

3. 너 그렇게 칭찬이나 비난에 일희일비해서는 일상이 피곤하고 줏대가 없어진다.

4. 이번 시험에 큰아이는 합격하고 작은아이는 불합격했다는 소식에 어머니는 일희일비하셨다.

5. 구조 조정의 칼자루를 건네받은 은행권이 일희일비하고 있다.

6. 그는 일희일비하는 성격으로 인해 주변 사람들이 그의 감정 변화를 따라가기 힘들어했다.

어리석은 질문에
현명하게 대답할 때

愚問賢答

우문현답

우문현답(愚問賢答)은 어리석은 질문에 현명한 대답을 한다는 뜻으로, 수준이 낮거나 논리적이지 못한 질문에도 불구하고, 질문의 핵심을 꿰뚫어 매우 현명하고 적절한 답변을 하는 상황을 표현할 때 사용하는 말입니다. 이 표현은 질문이 어리석거나 명백하다고 해서 답변도 간단하거나 부족해도 된다는 것이 아니라, 오히려 그러한 질문에 대해 더욱 신중하고 깊이 있는 답변을 하는 것이 중요하다는 의미를 내포합니다. 예를 들어, 어떤 사람이 매우 기본적이거나 비논리적인 질문을 하더라도 그 질문에 대해 깊이 있는 통찰과 명쾌한 답변을 제공하면, 그 답변은 질문의 가치와 중요함을 높이는 동시에, 답변자의 지혜와 성숙함을 보여주는 것입니다. 따라서 우문현답은 우리에게 모든 질문에 신중하게 답하고, 지혜를 발휘해 답변의 품격을 높여야 한다는 가르침을 주고 있는 말입니다.

〚　　한자를 알면 뜻이 보인다　　〛

愚問賢答 : 어리석은[愚] 질문[問]에 현명한[賢] 대답[答]
논리적이지 못한 질문에도 매우 현명하고 적절한 답변을 뜻함.

愚 : 어리석을 우, 13획 ———————————————————— 부수: 心

禺(원숭이 옹)과 心(마음 심)이 합하여 이루어진 모습으로, 원숭이처럼 머리가 나쁘고 어리석은 행동을 하는 사람이라는 의미에서 '어리석다'나 '고지식하다'라는 뜻을 가진 글자이다.

우롱(愚弄) : 어리석을 우(愚), 희롱할 롱(弄)으로, 어리석게 여기며 놀림.
[예문] 그 회사는 소비자를 우롱하는 광고를 내어 큰 비판을 받았다.

問 : 물을 문, 11획 ———————————————————— 부수: 口

문 문(門)과 입 구(口)가 합하여 이루어진 모습으로, '묻다'나 '방문하다'라는 뜻을 가진 글자이다. 입으로 상대에게 묻는다는 의미에서 '묻다'가 생성되었고, 門(문)은 발음 역할을 한다.

문의(問議) : 들을 문(問), 의논할 의(議)로, 물어서 의논함.
[예문] 고객 서비스 팀은 고객의 문의에 신속하게 답변해야 한다.

賢 : 어질 현, 15획 ———————————————————— 부수: 貝

어질 현(臤)과 조개 패(貝)가 합하여 이루어진 모습으로, 신하가 일을 능히 잘 해낸다는 의미에서 '어질다'나 '현명하다'라는 뜻을 가지게 되었다.

현인(賢人) : 어질 현(賢)과 사람 인(人)으로, 지혜롭고 어질며 덕망 있는 사람.
[예문] 현인의 충고는 항상 많은 사람들에게 큰 도움이 되었다.

答 : 대답 답, 12획 ———————————————————— 부수: 竹

대나무 죽(竹)과 합할 합(合)이 합하여 이루어진 모습으로, '대답하다', '회답하다'라는 뜻을 가진 글자이다. 合(합)'이 음식을 담는 그릇의 개념에서 '갚는다'는 의미를 지니고 있고, '竹(죽)'은 발음 요소로 작용한다.

답례(答禮) : 대답할 답(答)과 예도 례(禮)로, 예의에 따라 감사의 마음을 표현하거나 보답하는 것.
[예문] 결혼식에 참석해 주신 분들에게 답례로 감사의 마음을 담은 카드와 선물을 보내드렸다.

일문일답(一問一答) : 질문 하나에 대답 하나를 하는 방식.

예문 인터뷰 중에 일문일답 형식으로 진행되어, 각 질문에 대한 답변이 분명하게 전달되었다.

언행불부(言行不符) : 말과 행동이 일치하지 않다는 뜻.

예문 정치인들이 공약을 남발하며 언행불부의 모습을 보일 때, 유권자들은 실망하게 된다.

동문서답(東問西答) : 묻는 말에 전혀 맞지 않는 엉뚱한 대답을 함.

예문 고객의 문제에 대해 해결책을 묻자, 상담원이 동문서답으로 답하여 문제 해결이 어려웠다.

【　　우문현답, 이럴 때 이렇게　　】

1. 비록 질문이 단순했지만, 그의 우문현답 덕분에 문제의 본질을 깊이 이해할 수 있었다.

2. 어리석어 보이는 질문에도 불구하고, 선생님은 우문현답으로 훌륭한 해답을 제공하셨다.

3. 그는 간단한 질문에 대해 항상 우문현답으로 깊이 있는 통찰을 보여주었다.

4. 회의에서 일어난 우문현답은 그 질문이 단순했음에도 불구하고 유익한 논의를 이끌어냈다.

5. 그의 우문현답 덕분에 우리는 복잡한 문제에 대한 새로운 시각을 얻을 수 있었다.

지나친 것은 오히려 해가 됨을 표현할 때

過猶不及

과유불급

과유불급(過猶不及)은 지나친 것은 미치지 못한 것과 같다는 뜻으로, 어떤 일이나 행동이 정도가 지나쳐 목적을 달성하지 못하거나 부정적인 결과를 가져오는 상황을 표현할 때 사용하는 말입니다. 즉, 지나친 노력이나 행동이 오히려 문제를 악화시킬 수 있다는 뜻입니다. 예를 들어, 운동을 지나치게 열심히 하거나 일에 과도하게 몰두할 경우, 처음에는 긍정적인 효과를 기대할 수 있지만, 결국에는 신체적 또는 정신 건강에 부정적인 영향을 미칠 수 있는 경우를 말합니다. 어떤 일을 할 때는 적절한 균형을 유지하는 것이 중요합니다. 지나치게 열심히 하거나 과도한 행동을 하면 오히려 목표를 달성하는 데 방해가 될 수 있습니다. 따라서 과유불급은 감정이나 행동이 지나치면 상황을 악화시킬 수 있으므로, 자신의 감정이나 행동을 조절하는 자제력과 절제가 필요하다는 점을 일깨워주는 말입니다.

〖 **한자를 알면 뜻이 보인다** 〗

過猶不及 : 지나친[過] 것은 미치지[及] 못한[不] 것과 같다[猶]
정도가 지나치게 되면 오히려 문제를 악화시킬 수 있다.

258

過 : 지날 과, 재앙 화, 13획 ——————————————— 부수: 辶

쉬엄쉬엄 갈 착(辶)과 가를 과(咼)가 합하여 이루어진 모습으로, '지나다'나 '경과하다', '지나치다'라는 뜻을 가진 글자이다.

> 과로(過勞) : 지날 과(過), 일할 로(勞)로, 지나치게 일하여 피곤해짐.
> (예문) 많은 직장인들이 과로로 인해 스트레스와 피로를 호소하고 있다.

猶 : 오히려 유, 원숭이 유, 12획 ——————————————— 부수: 犭

개 견(犬)과 묵은 술 추(酋)가 합하여 이루어진 모습으로, 본래 원숭이의 일종을 뜻하기 위해 만든 글자였으나, 지금은 이와는 관계없이 '망설이다', '오히려'와 같은 뜻으로 쓰이고 있다.

> 유유자적(猶猶自適) : 속세를 떠나 아무 속박 없이 자유롭게 살아가는 모습
> (예문) 그는 도시 생활을 떠나 시골로 이사한 후, 유유자적하며 자연 속에서 삶을 즐기고 있다.

不 : 아닐 불, 4획 ——————————————— 부수: 一

땅속으로 뿌리를 내린 씨앗을 본뜬 것으로, 아직 싹을 틔우지 못한 상태라는 의미에서 '아니다'나 '못하다', '없다'라는 뜻을 갖게 되었다.

> 불신(不信) : 아니 불(不), 믿을 신(信)으로, 신뢰하지 않음, 믿음이 없음.
> (예문) 그는 정치인들의 말에 불신을 가지게 되어 선거에 참여하지 않기로 했다.

及 : 미칠 급, 4획 ——————————————— 부수: 又

갑골문을 보면 사람 인(人)에 또 우(又)가 그려져 있는데, 마치 누군가를 붙잡으려는 듯한 모습이다. 이것은 누군가에게 다다르고 있다는 뜻을 표현한 것으로, '미치다', '이르다'라는 뜻을 가진 글자가 되었다.

> 급급(及及) : 어떤 일에 온 마음을 다하여 정신이 없다는 뜻. '급급하다'라고도 함.
> (예문) 급급한 상황 속에서도 그는 정확한 결과를 내기 위해 최선을 다하고 있다.

급기야(及其也) : 결국, 마침내라는 뜻으로, 어떤 일이 일어나는 마지막 순간.
(예문) 경제 위기가 심화되면서 급기야 정부의 긴급 대책 발표로 이어졌다.

급급무언(及及無言) : 매우 바빠서 말을 할 여유도 없다는 뜻.
(예문) : 일이 너무 많아 급급무언 상태가 되어 가족과의 대화가 거의 불가능했다.

급부제천(及富齊天) : 부유함이 하늘과 같은 정도에 이른다는 뜻.
(예문) 이 기업은 급부제천에 도달하여 세계 최고의 부유한 기업으로 자리매김했다.

【　　과유불급, 이럴 때 이렇게　　】

1. 그는 건강을 위해 하루 3시간씩 운동을 했지만, 과유불급으로 인해 결국 몸에 무리가 가고 말았다.

2. 매일 밤늦게까지 공부하느라 피곤했지만, 과유불급으로 인해 오히려 학업 성적이 떨어졌다.

3. 그는 프로젝트를 완벽하게 하겠다고 지나치게 신경을 썼지만, 과유불급으로 인해 팀원들과의 관계가 악화되었다.

4. 그는 자주 카페에 가서 일을 했지만, 과유불급으로 인해 비용이 너무 많이 들었다.

5. 그녀는 요리를 지나치게 많이 준비했지만, 과유불급으로 인해 음식이 남아버려 낭비가 되었다.

모든 일은 반드시
바른길로 돌아감을 표현할 때

事必歸正

사필귀정

　사필귀정(事必歸正)은 모든 일은 반드시 바른길로 돌아간다는 뜻으로, 어떤 일이 비록 잘못되거나 불공정하게 보일지라도 정의가 승리하고 올바른 이치대로 돌아간다는 의미로 표현할 때 사용하는 말입니다. 이 표현은 정의와 공정이 궁극적으로 실현된다는 믿음을 담고 있는 말입니다. 예를 들어, 사회적으로 불공정한 사건이 일어나거나 개인이 부당한 대우를 받을 때, 이러한 부정적인 상황이 시간이 지나면서 바로잡히고 정의가 실현된다는 믿음을 표현합니다. 사필귀정은 부당하거나 혼란스러운 상황에서도 인내심을 가지고 기다리는 연습이 필요합니다. 시간이 지나면 상황이 해결될 것이라는, 믿음을 가지고 조급해야지 말고, 기다리는 것이 중요하다는 가르침을 전하고 있는 말입니다. 따라서 사필귀정은 올바른 이치대로 돌아올 것이라는 믿음을 가지고 현재의 어려움을 극복하고 현재의 부정적인 상황에서도 긍정적인 태도를 유지하며 올바른 방향으로 나아가는 것이 중요할 것입니다.

〖　　**한자를 알면 뜻이 보인다**　　〗
事必歸正 : 모든 일은[事] 반드시[必] 바른길로[正] 돌아감[歸]
현재는 부당하지만, 시간이 지나면 올바른 이치대로 바로잡힌다는 뜻.

事 : 일 사, 8획 ——————————————————————— 부수: 亅

뜻 지(旨)와 붓 사(肀)가 합하여 이루어진 모습으로, 정부 관료인 '사관'을 의미하여, '일'
이나, '직업', '섬기다'라는 뜻을 가진 글자가 되었다.

> **사태(事態)** : 일 사(事)와 모양 태(態)로, 특정한 사건이나 상황의 진행 상태.
> (예문) 사태가 안정될 때까지 모든 외출을 자제해 달라.

必 : 반드시 필, 5획 ——————————————————————— 부수: 心

갑골문을 보면 必은 바가지 주위로 물이 튄 모습이 그려져 바가지나 두레박을 의미하였
고 후에 '반드시', '틀림없이'라는 뜻으로 사용되고 있다. 心(마음 심)이 부수로 지정되어
있지만 '심장'이나 '마음'과는 아무 관계가 없다.

> **필시(必是)** : 반드시 필(必), 옳을 시(是)로, 어긋남이 없이 확실히.
> (예문) 그 사건의 진실은 오래지 않아 필시 드러날 것이다.

歸 : 돌아갈 귀, 18획 ——————————————————————— 부수: 止

언덕 부(阜)와 발지(止), 비 추(帚)가 합하여 이루어진 모습으로, '돌아가다', '돌아오다'
라는 뜻을 가진 글자이다. 본래는 아녀자가 빗자루를 들고 '시집가다'는 의미에서 친정
으로 '돌아가다'는 뜻으로 생성되었다.

> **귀추(歸趨)** : 돌아갈 귀(歸), 달릴 추(趨)로, 일이 되어 나가는 형편이나 상황.
> (예문) 이번 선거에서는 시민 후보가 당선될 수 있을지 귀추가 주목된다.

正 : 바를 정, 5획 ——————————————————————— 부수: 止

발지(止)와 한 일(一)이 합하여 이루어진 모습으로, 바르다', '정당하다'라는 뜻을 가진
글자이다. 正(정)은 전쟁을 일으키는 데는 정당한 명분이 있어야 한다는 의미에서 '바르
다'라는 뜻을 갖게 되었다.

> **시정(是正)** : 옳을 시(是), 바를 정(正)으로, 잘못된 것을 바로잡음.
> (예문) 인권 단체들은 장애인을 차별하는 법률 조항의 즉각적 시정을 요청했다.

공정무사(公正無私) : 공정하고 사심이 없다.
(예문) 그는 항상 공정무사하게 업무를 처리하여 신뢰를 얻었다.

불의부당(不義不當) : 의롭지 않거나 부당하다.
(예문) : 그의 행동은 불의부당하며, 정당한 절차를 따르지 않았다.

부당무례(不當無禮) : 부당하고 무례하다.
(예문) 그의 부당무례한 태도는 동료들 사이에서 논란을 일으켰다.

〖   사필귀정, 이럴 때 이렇게   〗

1. 그의 노력에도 불구하고 부당한 대우를 받았지만, 사필귀정이라 믿으며 인내하고 기다리기로 했다.

2. 사회가 혼란스럽고 불공정해 보일지라도, 사필귀정에 따라 결국에는 올바른 방향으로 정리될 것이다.

3. 현재의 상황이 어려워 보이지만, 사필귀정의 원칙을 믿고 계속해서 최선을 다하는 것이 중요하다.

4. 사필귀정의 믿음으로 그는 법적 절차를 신뢰하며 결국 올바른 결과를 기대하고 있다.

5. 그의 부당한 처우에도 불구하고, 사필귀정에 따라 결국에는 정당한 평가를 받을 것이라 생각한다.

점점 더 좋아져 좋아지고 있음을 표현할 때

漸入佳境

점입가경

점입가경(漸入佳境)은 점점 더 좋은 경지에 들어간다는 뜻으로, 어떤 상황이나 상태가 처음에는 보통이지만 점차 발전하여 최상의 상태에 이르는 과정을 표현할 때 사용하는 말입니다. 이 표현은 주로 이야기나 상황이 처음에는 평범하거나 단조로울 수 있지만, 시간이 지남에 따라 점점 더 흥미롭고 매력적으로 변화하는 경우 사용합니다. 예를 들어, 영화나 소설의 초반부가 다소 평범하게 느껴질 수 있지만, 이야기가 전개되면서 점점 더 흥미진진하고 복잡해지는 상황을 설명할 때 표현할 수 있습니다. 또한 어떤 상황이 더욱 악화하거나, 어이없는 방향으로 흘러갈 때 부정적인 의미로 사용되기도 합니다. 예를 들어, '그들의 다툼은 점입가경으로 치달았다'와 같은 경우입니다. 점입가경은 어떤 분야에 대해 깊이 있게 파고들수록 더 큰 즐거움과 만족감을 얻을 수 있다는 가르침을 주고 있는 말입니다.

〖   **한자를 알면 뜻이 보인다**   〗

漸入佳境 : 점점[漸] 더 좋은[佳] 경지에[境] 들어간다[入]
경치나 문장 또는 어떤 일의 상황이 점점 갈수록 재미있게 된다는 뜻.

漸 : 점진할 점, 14획 ───────────────── 부수: 氵

물 수(水)와 벨 참(斬)이 합하여 이루어진 모습으로, 중국 저장성(浙江省)에 있는 첸탕강(錢塘江)을 말하는데, 이전에는 젠슈이(漸水)라고 불렸다. 그러나 강의 유속이 느려져 후에 '차츰'이나 '점점', '천천히 나아가다'라는 뜻을 갖게 되었다.

점진(漸進) : 점진할 점(漸), 나갈 진(進)으로, 조금씩 앞으로 나아감. 또는 점점 발전함.
예문 기술은 점진적으로 발전하면서 우리의 생활을 더 편리하게 만들고 있다.

入 : 들 입, 2획 ───────────────── 부수: 入

나무를 끼워 맞추기 위해 끝을 뾰족하게 다듬은 형태를 그린 것으로, '들다', '빠지다', '간여하다'라는 뜻을 가진 글자이다. 장'이나 '마음'과는 아무 관계가 없다.

납입(納入) : 바칠 납(納), 들 입(入)으로, 세금이나 공과금 따위를 냄.
예문 은행에서 대출 상환금을 정해진 날짜에 납입하였다.

佳 : 아름다울 가, 8획 ───────────────── 부수: 亻

사람 인(人)과 홀 규(圭)가 합하여 이루어진 모습이다. 천자가 제후를 봉할 때 하사하던 긴 막대 모양의 증표를 그린 것으로 '아름답다', '좋다', '훌륭하다'라는 뜻을 가진 글자이다

가작(佳作) : 아름다울 가(佳), 지을 작(作)으로, 훌륭한 작품.
예문 그 소설은 문학계에서 가작으로 평가받는다.

境 : 지경 경, 14획 ───────────────── 부수: 土

흙 토(土)와 다할 경(竟)이 합하여 이루어진 모습이다. 영토의 끝자락을 의미하여 지경'이나 '경계', '경우'라는 뜻을 가진 글자이다.

경우(境遇) : 지경 경(境), 만날 우(遇)로, 개인이나 집단이 처해 있는 상황이나 환경.
예문 그의 어려운 경우는 많은 사람에게 감동을 주었다.

일진월보(日進月步) : 날마다 발전하고 매월 성장한다는 뜻.
〔예문〕 이 프로젝트는 일진월보로 발전하고 있다.

돌비맹진(突飛猛進) : 갑작스럽게 발전하거나 향상되는 상태.
〔예문〕 : 이 기술 분야는 돌비맹진으로 성장하고 있다.

보보고승(步步高升) : 매 단계마다 상승하고 발전한다는 의미.
〔예문〕 그의 경력은 보보고승으로 계속해서 발전하고 있다.

〚　　　점입가경, 이럴 때 이렇게　　　〛

1. 그 소설의 초반부는 다소 지루했지만, 점입가경으로 이야기가 전개되면서 점점 더 흥미로워졌다.

2. 드라마의 첫 회는 평범했지만, 후반부로 갈수록 점입가경이라고 긴장감과 몰입도가 높아졌다.

3. 이 연주회는 처음에는 조금 지루했지만, 후반으로 갈수록 점입가경으로 큰 감동을 주었다.

4. 그의 직장 생활은 처음에는 많은 어려움이 있었지만, 점입가경으로 점차 안정되고 성공적인 생활을 하게 되었다.

5. 이 프로젝트는 초기에 많은 어려움이 있었지만, 점입가경으로 시간이 갈수록 성과가 나기 시작했다.

좋은 일이 생기면
예상치 못한 어려움도 찾아옴을 표현할 때

好事多魔

호사다마

호사다마(好事多魔)는 좋은 일에는 많은 방해가 따른다는 뜻으로, 좋은 일이 있을 때는 그와 관련된 어려움이나 장애도 함께 발생할 수 있음을 표현할 때 사용하는 말입니다. 즉, 성공이나 긍정적인 변화가 찾아올 때, 그것을 방해하거나 도와주지 않는 여러 가지 문제들이 함께 따라오는 경우가 많다는 것을 의미합니다. 따라서 성공이나 행복을 경험하면서도, 그에 따라 생길 수 있는 문제들에 대해 미리 준비하고, 그 문제들을 잘 해결하는 것이, 중요하다는 가르침을 주고 있는 말입니다. 따라서 이 표현은 긍정적인 변화를 맞이하면서도 그에 따른 도전과 장애에 대한 경각심을 가지라는 의미를 담고 있습니다. 결국, 성공과 행복이 반드시 순탄하게만 오는 것은 아니라는 점을 이해하고, 좋은 일과 함께 찾아오는 도전을 현명하게 극복하는 자세를 갖는 것이 중요합니다.

〚   한자를 알면 뜻이 보인다   〛

好事多魔 : 좋은[好] 일에는[事] 많은[多] 방해가[魔] 따른다
좋은 일에는 흔히 방해되는 일이 많음. 또는 그런 일이 많이 생김.

好 : 좋을 호, 6획 ──────────────────────── 부수: **女**

여자 여(女)와 아들 자(子)가 합하여 이루어진 모습으로 '좋다'나 '아름답다', '사랑하다'
라는 뜻을 가진 글자이다. 여자가 아이를 안고 '좋아한다'는 뜻으로 보거나 남녀가 서로
안고 좋아한다는 뜻으로 보기도 한다.

> **호의(好意)** : 좋을 호(好), 뜻 의(意)로, 친절한 마음씨. 또는 좋게 생각해 주는 마음.
> [예문] 이 선물은 당신의 호의에 대한 작은 감사의 표현입니다.

事 : 일 사, 8획 ──────────────────────── 부수: **亅**

뜻 지(旨)와 붓 사(⺕)가 합하여 이루어진 모습으로, 정부 관료인 '사관'을 의미하여, '일'
이나, '직업', '섬기다'라는 뜻을 가진 글자가 되었다.

> **사후(事後)** : 일 사(事), 뒤 후(後)로, 일이 끝난 뒤. 또는 일을 끝낸 뒤.
> [예문] 그 일은 사후 조치를 신속하게 취해야 한다.

多 : 많을 다, 6획 ──────────────────────── 부수: **夕**

저녁 석(夕)과 저녁 석(夕)이 합하여 이루어진 모습이다. 고기(肉)가 쌓여있는 모습을 그
린 것으로 '많다'라는 뜻을 갖게 된 글자이다.

> **다원(多元)** : 많을 다(多), 근원 원(元)으로, 근원이 많음. 또는 많은 근원.
> [예문] 다원적 사회는 다양한 가치와 문화가 공존하는 사회입니다.

魔 : 마귀 마, 21획 ──────────────────────── 부수: **鬼**

귀신 귀(鬼)와 삼 마(麻)가 합하여 이루어진 모습으로, '마귀', '악마', '요술'이라는 뜻을
가진 글자이기도 하며, 여러 번 되풀이하여 몸에 깊이 밴 버릇을 의미하는 '인이 박이다'
는 뜻으로도 쓰인다.

> **마법(魔法)** : 마귀 마(魔), 법 법(法)으로, 초자연적인 힘이나 기술.
> [예문] 어린 시절, 나는 마법의 세계를 꿈꾸며 동화를 자주 읽었다.

마력(魔力) : 사람을 현혹시키거나 까닭을 알 수 없는 이상한 힘.
> 예문　그의 연설은 마력처럼 사람들을 감동시켰다.

마물(魔物) : 재앙을 끼치는 요사스러운 물건.
> 예문 : 게임 속에서 마물을 처치하는 것이 다음 레벨로 가는 열쇠이다.

마장(魔障) : 일에 뜻밖의 방해나 탈이 생기는 일.
> 예문 작가는 이야기에 마장 같은 장애물을 삽입하여 독자들에게 긴장감을 주었다.

〚　　　호사다마, 이럴 때 이렇게　　　〛

1. 새로 시작한 사업이 잘 풀리다가 호사다마로 인해 예기치 못한 어려움이 생겼다.

2. 성공적인 사업 확장에도 불구하고, 호사다마처럼 여러 가지 어려움이 계속해서 따라오고 있다.

3. 고전 문학에서는 호사다마를 통해 인간의 복잡한 감정과 상황을 묘사하기도 했다.

4. 모든 일이 순조롭게 흘러가는 것 같았지만, 호사다마처럼 작은 문제들이 계속 발생했다.

5. 성공이 가까워질수록 호사다마처럼 예상치 못한 장애물이 나타나는 것은 자연스러운 일이다.

6. 회사가 성장하면서 호사다마처럼 경쟁이 심해지고, 새로운 도전 과제들이 나타났다.

MEMO

지적 대화를 위한
이럴 때 이런 한자 3

초판 1쇄 펴낸날 2024년 11월 01일

지은이 김한수
펴낸이 이종근
펴낸곳 도서출판 하늘아래

주소 경기도 고양시 일산동구 하늘마을로 57- 9 3층 302호
전화 (031) 976-3531
팩스 (031) 976-3530
이메일 haneulbook@naver.com
등록번호 제300-2006-23호

ISBN 979-11-5997-104-4 (04700)
ISBN 979-11-5997-101-3 (세트)

＊잘못 만들어진 책은 바꾸어 드립니다.
＊이 책의 저작권은 도서출판 하늘아래에 있습니다.
＊하늘아래의 서면 등인 없는 무단 전재 및 복제를 금합니다.